学問の共和国

H・ボーツ／F・ヴァケ

学問の共和国

池端次郎／田村滋男 訳

知泉書館

La République des Lettres

by

Hans Bots, Françoise Waquet

凡例

一、原著で La République des Lettres とある場合はすべて《学問の共和国》と訳出した。同じ意味のラテン語その他の場合も同様である。

一　学者や知識人をあらわすフランス語（およびそれに相当するラテン語など）は、次のように訳出した。

lettrés（学識教養人）、savants（学者）、hommes de lettres（文人）、érudits（碩学）、doctes（博学者）、auteurs（著述家）、écrivains（作家）。

なお、intellectuels の場合、十九世紀末のフランスで使われ始めた特定の社会的集団をさす場合には「知識人」と記し、広く一般的な意味で用いられている場合には、「　」を外して同じ語を用いた。

一、人名のカナ表記については、『岩波世界人名大辞典』（二〇一三年版）に採録されているものはそれに依拠し、それ以外の人名については専門書や論文を参照したうえで、それぞれの国語の原音に近い表記にした。地名のカナ表記についても、数種の辞典類を参照したうえで原則として原音に近い表記にしたが、慣用に従った場合もある。

一、本文ならびに巻末の参考文献のうち著書名については、すでに邦訳のある場合はその書名を使用させてもらったが、個々の論文名および雑誌・学会誌・新聞の名については、その邦訳の有無をすべて調べることができなかったことをお断りしておきたい。

一、巻末の「人名索引」は原著の Index にもとづき、そして「事項索引」は訳者の判断で項目を選定して、それぞれ作成したものである。

はじめに

最初におことわりしておくと、本書はジョルジュ・ギュスドルフが一九六六年に刊行をはじめた記念碑的な叢書『人文諸科学と西洋思想』を模倣し簡略化したような近世における知的ヨーロッパの歴史ではない。だから本書はあの一大認識論的な変化の跡を、すなわち一六世紀、一七世紀、一八世紀をはっきりと区切り、アレクサンドル・コイレとポール・アザールが『閉じた世界から無限宇宙へ』（一九五七年）と『ヨーロッパ精神の危機』（一九三五年）という名著のなかで、その連続する二つの輝かしい時期について描いたあの精神的革命に到達する一大認識論的な変化の跡を、たどったものではない。また本書は、ロベール・マンドルーが一九七三年に『人文主義者から科学者へ』という書名で公やけにした研究の延長上にある、ヨーロッパの「知識人」の歴史でもない。フランスのこの偉大な歴史家は古典的な思想史に敢然と背をむけ、「歴史的状況のなかで自分たちの思想、夢、感情を表現する人びと」に関心のまとをしぼった。そこで彼は人びとが当時の社会とのあいだに保っていた複雑な関係について、また彼らがその所産でありかつ媒体でもあったさまざまなイデオロギーについて、そして彼らに固有の制度であり彼らが注目をあつめ威信を獲得するのに貢献した制度について、問いかけをおこなったのである。最後に、読者は本書のなかで、あのおびただしい数のモノグラフィーのヨーロッパ大陸全体にわたる総括を見いだすこともないであろう。すなわち一都市、一地域、あるいは一国を対象とし、文学と科学の変遷をかなり長期にわたって追跡するとともに、この文学と科学を代表する有名なそして謙虚な人物の運命をたどった数多くのモノグラフィーの総括を、である。

しかしながら本書は、つぎつぎと現れては対立をくりかえした思潮も、精神の世界に消えることのない痕跡をきざみ込んだ人びとも、ヨーロッパのあらゆる所で知的生活を特徴づけていた現実も、無視してはいない。それどころか、本書ではそうしたさまざまな要素にもとづきながら研究の対象を解明しようとした。その対象とは、《学問の共和国》（「レースプーブリカ・リテラーリア」とラテン語で称されることが多い）、つまりルネサンス期から啓蒙期にかけて学識教養人《レットレ》が、政治的、宗教的国境を越えて独自の国家を建設しようという二重の関心のもとにつくり上げた共同体のことである。これが西欧近世の知性史におけるきわめて重要な現象のひとつであることは、疑う余地がない。

ところでこの現象は、その規模と重要性にもかかわらず、全体としてはあまり知られていない。筆者が埋めようとしたのは、この空白にほかならない。三世紀にわたるこの密度の高い歴史を包括的にとらえるにあたって筆者はあえて選択をおこない、微細なもの、寓話的なもの、特異なものは犠牲にして、主要な骨格と目立った特徴を優先せざるをえなかった。詳細な点については、本書の末尾にかかげた参考文献が読者の理解を深めるのに役立つであろう。ただし筆者はできるだけ多くの具体例をあげることにより、今日ではおびただしい数の書物の山にされがちな知識の世界に本来の豊饒な生命を復元させようと心がけた。

最初の課題は、この独創的な共同体を定義することであった。それが第一章の目的であり、筆者はこの時代の人びとに多くを語らせつつ《学問の共和国》とは何かという問題を提起した。つづいて筆者は、一六世紀から一八世紀にわたるこの国の「建設」の跡をたどり、その歴史にリズムをあたえている主要な区切りを確定しようとした。時間のつぎは空間が問題になる。《学問の共和国》がみずからのものとして要求した領土はどのようなものであったか、それはどこまで広がっていたのか、それはどのような秩序をもっていたのか、という問題である。こうした年譜と地誌は、《学問の共和国》の市民を対象とした第四章の前提となっている。第四章では、かぎりなく多様な個人の運命をこえて、いくつかの価値とイメージを通じてみずからを認識した人びとをとらえること、が課題であった。この共同体は、二人の著名人を指標とするとエラスムスからヴォルテールにいたるまで、現実的にないし観念的に——その違いはここでは重要でない——実在した。この「団体」を三百年以上にわたり存続させ、しかも知の世界を調整のきいた有力な交流システムとしてつくり上げた思想的動因は何であったか。この疑問にたいする回答とともに、筆者は最終章で《学問の共和国》の活動について、とくにこの共同体組織とかたく結ばれていた知の諸形態について記述することができた。

本書をとおして筆者は、学者たちがかかげる理想と事実が示すきびしい教訓のあいだに横たわっていた緊張を、いいかえるとユートピアと現実のあいだの緊張関係を明らかにすることになった。《学問の共和国》は、けっして実現されることはないがつねに実現される可能性をもっていた大いなる夢であった。この夢は歴史のある時点で、それまで知られていなかった力、団結力、一体性を精神の世界にあたえたのである。ヨーロッパにかんする研究は、学者たちがみずからを普遍的共同体と考えていた近世に生まれたこの自覚を無視することができない。《学問の共和国》がなかったなら、「知識人」も存在しなかったであろう。

第二章（第四節をのぞく）と第五章はハンス・ボーツが、第一章、第二章（第四節）、第三章、第四章、第六章はフランソワーズ・ヴァケが執筆した。ただし全体の構想は、両者が共同して練りあげたものである。

目　次

目　次

学問の共和国

(Y. -M. Berce, A. Molinier, M. Péronnet, *Le XVIIe siècle, 1620–1740*, Paris, Hachette, 1992. による)

図Ⅰ　1620年頃のヨーロッパの国家

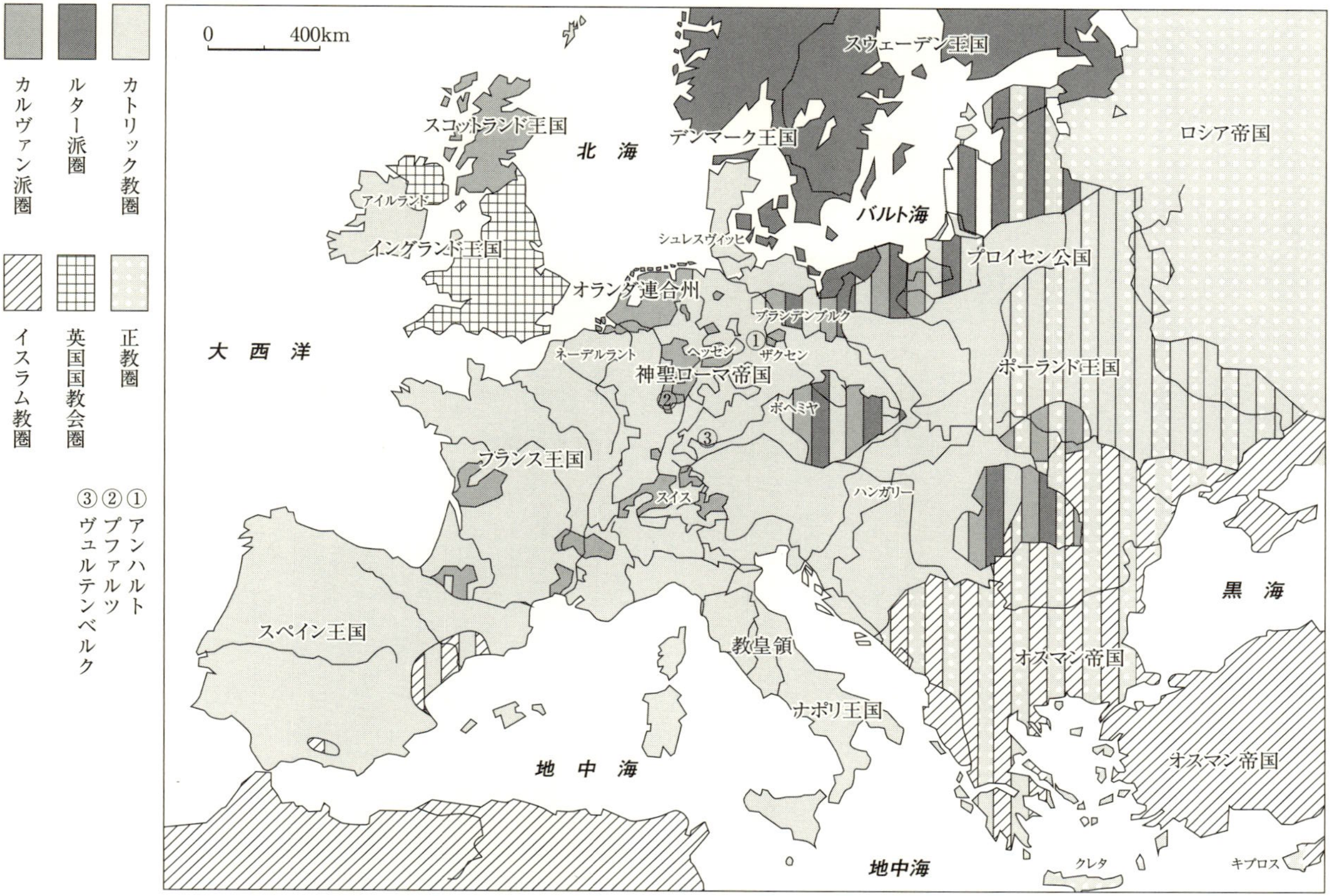

(M. Péronnet, *Le XVIe siècle, 1492-1620*, Paris, Hachette, 1992. による)

図Ⅱ　1620年頃のヨーロッパの宗教

第一章　《学問の共和国》とは何か

《学問の共和国《レピュブリック・デ・レットル》》という表現は、歴史家によってしばしば使われるにもかかわらず、その定義がなされることはまれである。それは、少し気取って反復を避けるために手軽な代用語として使われる以外は、文人や知識人といった包括的で比喩的な意味で用いられることが多い。この場合、それはまったく意味のない、単なるラベルに矮小化されてしまう。

この表現の使用は最近に始まったものではなく、ルネサンス期や近世でしばしば使われていた。第一章でたどろうとするのは、この表現の歴史の跡である。まずその起源、伝播、そして通俗化の輪郭が語誌的分析によって明らかにされる。つぎにこの分析をとおして、当時の人々がこの表現にあたえていた意味が明確にされる。たとえば、エラスムス（一四六九―一五三六年）やライプニッツ（一六四六―一七一六年）、あるいはヴォルテール（一六九四―一七七八年）が《学問の共和国》という言葉を書いたり読んだりしたとき、彼らは何を考えていたのであろうか。

こうした観点に立つと、この概念の歴史は、学者たちが彼ら自身についてつくり上げた表象の歴史という性格をおびてくる。当然のことであるが、彼ら学者たちがつくり上げた自分たちのイメージは、ある種の世界観、すなわち、これらの人々が自らの思想と行動をきざみ込んだ世界観そのものに対応しているのである。

1 《学問の共和国》の起源

この表現が最初に用いられたことが確認できるのは一四一七年であり、厳密にいうと七月六日のことである。それはフランチェスコ・バルバロ（一三九〇―一四五四年）に送った書簡の中に、「レースプーブリカ・リテラーリア」というラテン語の形であらわれる。ポッジオ・ブラッチョリーニ（一三八〇―一四五九年）がポッジオは当時、教会大分裂に終止符をうつために招集されたコンスタンツ公会議（一四一四―一四一八年）に「教皇特派書記官」として列席していた。このヴェネツィアの人文主義者バルバロは、ポッジオが公会議の中断によって学術研究に専念できるようになってからドイツの図書館で発見した手稿の一覧を送ってくれたことにたいし謝礼をのべたあと、より一般的にはポッジオが「共通の利益のために」(*pro communi utilitate*)このような仕事をしていることを称賛している。つづけてバルバロは、ポッジオがクインティリアヌス、ルクレティウス、テルトゥリアヌスなどのラテン作家の作品をふたたび表舞台に引き上げたことにたいし、学者たちは彼に感謝すべきだ、と書いている。さらにバルバロは、古代にあっては文人が戦士と同等の名誉をさずけられていたことを想起させたあと、彼の友人こそ「この学問の共和国に多大な援助と栄誉をもたらした」(*qui huic litterariae Reipublicae plurima adjumenta atque ornamenta contulerunt*)人々にのみ与えられる最高の称賛を受けるのにふさわしいと断言している。これは、現在知られている最初の用例にすぎず、今後の語誌的研究によってこの日づけがさらにさかのぼることがありえることを強調しておきたい。したがって、この表現が一四一七年にイタリアの地で誕生したと結論づけることは軽率であろう。日時と場所は目安にすぎない。

その後この表現は、一四九一年にヴェネツィアとニュルンベルクで印刷された二冊の著作にやはりラテン語の形であらわれるまで見られない。その一冊は文法教師ドナトゥス（六世紀）をまねた「教本」で、生徒たちに《学問の共和国》へ近づくことを可能にする文法の基本を提供しようとしたものである。くだんの表現は、『《学問の共和国》への加入をのぞむ若者にたいし文法学の基礎を教示する書』(*Pro impetrando ad Republicam litterariam aditu novitiis adolescentibus grammatices rudimenta*)という書名にふくまれている。もう一冊は聖ボナヴェントゥラの著作であるが、その序文で出版者は「《学問の共和国》に何らの貢献もしたことがないのに」(*cum nihil unquam ad litterariam rempublicam conferre*)彼の著作を非難するような「批評家たち」に言及している。一五世紀にかぎっていうと、この表現はその他二つのインクーナーブラにも見いだされる。第一のものは一四九二年にアウグスブルクで公刊されたもので、人文主義者コンラート・ツェルティス（一四五九―一五〇八年）がインゴルシュタット大学でおこなったバイエルン公を讃える演説文がふくまれている。彼はまず自分のへたなラテン語について弁明しているが、それは「聴衆が《学問の共和国》にたいして抱いている愛情を黙殺」(*amorem...vestrum...in rempublicam litterariam taciturnitate praeterire*)したくないからだと述べている。それから五年後、ヨハンネス・スタビウスが一四九八年度のための『予想《ユーディキウム》』をバンベルクで出版した。彼はこの本を「きわめて繁栄しているインゴルシュタットの《学問の共和国》全体に」(*florentissime litterarie reipublicae Ingelstadiensi universe*)捧げたのである。

一六世紀初めの四半期より後になると、《学問の共和国》という言葉はさらにひんぱんにあらわれる。ヴェネツィアの人文主義者で印刷業者であるアルドゥス・マヌティウスは一五〇二年、苦心のすえにやっとオウィディウスの二つの著作を出版したが、彼がこの二冊のために書いたそれぞれの献辞のなかにこの言葉が見られる。またバーゼルの彼の同業者ヨハンネス・アーメルバッハは、一五〇四年にドイツの学者コンラート・フォン・ローヴェンベルク（レオントリウス）から、そして一五〇九年にベネディクト会の修道士アレキシウス・スタブから、それぞれ受け取った書簡のなかで、この同じ表現を目にしている。彼の息子ボニファティウスは、一五二〇年にエラスムスを「《学問の共和国》全体の君主」に祭りあげた。つぎはこのロッテルダムの人文主義者自身の例であり、彼はこの表現を自著『反蛮族論』（一五二〇年）のなかで使用している。同じ表現は、一五一七年にクリストフ・フォン・ウッテンハイムがバーゼルから、また一五二三年にポリドール・ヴァージルがロンドンから彼にあてた書簡のなかでも使われている。《学問の共和国》という言葉が、一五一九年にはナヴァール学寮の教授ジャン・ティクシエによって、そして一五二二年にはパリの印刷業者ピエール・ヴィドウによって、さらに一五二五年と一五二六年にはヴェネツィアの同業者アンドレア・アソラーノによって使われていたことをつけ加えると、この表現は一六世紀初頭には知られていなかったどころではないと断言することができよう。そして一五世紀の原典にかんする新たな研究が結実して、いつの日にか一四一七年と一四九一年とのあいだに別の標識が立てられると考えることも無謀ではない。

一五二五年以降この表現が使われたという指摘をすべてここに列挙することは無益である。これ以後、この表現は日常的なものとなるからである。それがイタリア、スイス、ドイツ諸邦、フランス、イングランドで使われていたことは右にあげた例で明らかであり、広大な地理的範囲に広がっていたことに注目させられる。それが一五三六年にポーランドでも使用されていたことをつけ加えると、その伝播力はさらに強かったと思われる。

この表現は、さきに引用した文書のなかではすべて《学問の共和国》《レースプーブリカ・リテラーリア》というラテン語の形であらわれている。この表現がヨーロッパのさまざまな地方語（langues vernaculaires）で最初に、あるいは右の例より古い時期に使われていたか否かという研究はまったくおこなわれてこなかった。それは途方もない企てであったであろうし、そのうえ純粋に逸話的な関心の対象でしかなかったであろう。じじつ、ラテン語から俗用語（langues vulgaires）への移行は意味の変化を伴っていない。ラテン語を母語と同じように使っていた人々は、「レースプーブリカ・リテラーリア」と書くか、あるいはフランス語、英語、イタリア語だけを例にとると、「レピュブリック・デ・レットル」、「リパブリック・オブ・レターズ」、「レプブリカ・リテラーリア」と書くかによって、その表現の意味を調節したりはしなかったのである。

さらに、ラテン語による表現のほうがより高邁で含蓄のある語義をふくんでおり、地方語によるその同義語は低次元の現実をさしている、と考えることも間違いであろう。一六四五年にギ・パタンは、学識ゆたかな言語文献学者クロード・ソーメーズ（一五八八―一六五三年）のことを、「《学問の共和国》の偉大な英雄」と評している。ただ、このフランス語での表現は知のエリート集団、すなわち「その世紀の光輝あふれる第一人者」として通用する人が属する知のエリート集団そのものをさすのに使われていた。これにたいして、その前年に刊行された『方法序説』のラテン語版では、翻訳者は「読者」という言葉を訳すのに《学問の共和国《レースプーブリカ・リテラーリア》》という表現を使っている。しかしながら、この読者という言葉はデカルト（一五九六―一六五〇年）の書いたものでは「博学ではない好奇心の強い人」や女性にすら広げられた、ひじょうに広い意味をもっていたのである。

この二例でわかることは、この表現は柔軟性が大きいため、それを使う人の意図に応じてその意味が変わるということだが、そうした意図はかならずしも明白ではないし、文脈も明瞭であるとは限らない。さらに、当時の人々によって定義がなされることはまれであり、なされたとしても、後からおこなわれる。それゆえ私たちは多くのばあい謙虚でなければならず、少なくとも慎重でなければならない。さもなければ、この表現を使った人の本来の見解とは異なるものを引き出してしまうことになるからである。

2 語義、定義、記述

ラテン語の《学問の共和国》《レースプーブリカ・リテラーリア》とその地方語での表現が意味するものは、本質的にみて二つの意味グループに分けられる。一方はどちらかというとばく然としており、たとえば学者、知、文人、「学問」といった包括的なものである。もう一つはもっと深くて豊かなものであり、学者の共同体を意味する。後者は一七世紀末からのさまざまな定義をへて明確で詳細な意味を獲得してきた。ただここで強調しておきたいのは、これらの意味が年代順に大きく二つに分けられる訳ではなく、また著述家たちはこの表現を使うときにいつも同じ意味で使っていたわけでもないことである。たとえば、クリストフ・アウグスト・ホイマン（一六八一―一七六四年）は一七一八年に、『《学問の共和国》の展望、あるいは、勉強好きな若者を学問の歴史へとみちびく道程』（*Conspectus Reipublicae litteriae, sive via ad historiam litterariam juventi studiosae aperta*）という提要を刊行したが、彼はこの書名中のくだんの表現に「知」というばく然とした意味をあたえている。しかし彼はまた、この同じ提要のなかでこの表現を、まさしく学者の特別な共同体をさすためにも使用しているのである。

A アカデミーあるいは大学

《学問の共和国》《レースプーブリカ・リテラーリア》という表現は、「アカデミー」というきわめて専門化された意味で用いられることがあった。たとえばクルスカのアカデミア、すなわちフィレンツェでイタリア語の純化と安定化に努めていた学識教養人たちの協会は、一六六七年にその一会員によって「我らが《学問の共和国》《ノストラ・レプッブリカ・レッテラーリア》」と紹介されている。しかしながらこれは特殊な例であり、じじつこの語義での使用はまれにしか見られない。

「大学」という意味での用例は、『ポーランド人のためのラテン語小辞典』(*Lexicon mediae et infimae latinitatis Polonorum*)の編纂者が、「クラクフにある《学問の共和国》の学頭、博士、教師」(*rectori, doctoribus et magistris litterariae Republicae Cracoviensis*)について一五三六年に書きとめたもののなかに見られる。同じ意味での用例がドイツの大学でおこなわれた演説の演題のなかにも見いだされる。たとえば、ヨハン・ムスラーがライプツィヒでおこなった「《学問の共和国》における称号と威信について」(*De titlis et dignitatibus Reipublicae litterariae*)とか、ハレで学頭ヨハン・フリートマン・シュナイダーが弁じた「《学問の共和国》の形態について」(*De forma Reipublicae litterariae*)という演説である。こうした用法については、ヘルマン・コーンリング(一六〇六―八一年)のような法律学者らも大学を共和国と同様に考えていたのだから、何ら驚くには当たらない。なぜなら、大学の内部組織はこれらの政治団体組織に似通ったところがあり、大学は当時の言葉でいうと「母なる折衷的帝国」と形容される独自の裁判権をもっていたからである。

B　文人と学問

《学問の共和国》が、学問に関心をいだく人々をさす集合名詞として使われていた場合も多い。そうした人々とは、時代によって、より正確にいうと「学問《レットル》」という言葉がつたえる意味に応じて、変化する。ロベール・エティエンヌは『羅仏辞典』(一五四三年)のなかで、「学問《リテラエ》」を「手紙と書物に含まれる教養および学業」と定義した。『アカデミー・フランセーズの辞典』(一六九四年)は、「レットル」を「あらゆる種類の科学および学説」

と解している。当時の「レットル」という語には、現在使われているような「文学」という意味がなかったことは明らかである。いや、それはむしろ文学を除外していたが、じっさいにはそれは知の総体を包括していたのである。一七世紀とつぎの世紀の初頭についてみると、オランダ人のG・J・フォシウスとドイツ人のホイマンは、リテラエという言葉を「学識《エールディーティオー》」すなわち、知識、知という意味で使っている。それゆえ、ギ・パタン（一六〇一—七二年）が使った「良き文学《ボンヌ・レットル》の共和国」や、ピエール・ベール（一六四七—一七〇六年）が使った「科学《シャンス》の共和国」は、《学問の共和国》の同義語と解されるのである。

したがって《学問の共和国》は学者、碩学、博学者、すなわち「知」をその総体において研究する人々を、つまり科学《シャンス》と同様に文学《レットル》（ほぼ今日の文学部で教えられているもの）を研究する人々をさしている。たとえばバルバロの場合、「学問の共和国《レースプーブリカ・リテラーリア》」という表現は「碩学《エールディティ》」ないし「学識の高い人びと《ドクティシーミ・ホミネース》」の同義語として使われている。だからこの表現は、このヴェネツィアの人文主義者が彼の手紙の他の個所で言及した学識教養人たち、彼と同様にポッジオの発見に関心をもっていたあの学識教養人たちのことをさしているのである。この点で大きな説得力をもっているのは、ギ・パタンが一六六五年に書いた手紙である。彼は、当時のすぐれた古銭学者であった息子のシャルルが『ジュルナル・デ・サヴァン』できびしい批判にさらされ、反ばくすることも封じられたあとで、手紙にこう書いている。「それにもかかわらず、一つのことが私を慰めてくれる。それは、われわれが誤ってはおらず、学者や知的な人々もわれわれと同じ意見であるということだ。ただ、あの人たち（新聞の編集者）は彼らに与えられた信用を悪用している。学問の共和国はわれわれの側にあり、コルベール氏は反対側にいるのだ」と。最後に、各種の地方語とラテン語でひんぱんに使われていたつぎのような表現も、これと同じ意味を伝えている。すなわち「《学問の共和国》に奉仕する」、「《学問の共和国》にとり有益である」、「《学問の共和国》のために働く」といった表現である。

この点でいうと、《学問の共和国》には多くの類義語がある。たとえば、学者の世界全体をさすものとしては「学識教養の世界《オルビス・リテラーリウス》」、「学識教養人の世界《オルビス・リテラトールム》」、「碩学の世界《エールディトウス・オルビス》」、あるいは「学問の帝国《インペリウム・リテラーリウム》」が使われている。一四七〇年にソルボンヌの学頭ギヨーム・フィッシェが使った「学識ある人びとの団体《コエトウス・ドクトールム・ホミニウム》」すなわち「学者の団体」という表現は、約二世紀のちには《学問の共和国《レピュブリック・デ・レットル》》とフランス語に訳されていることを指摘しておくことは有益であろう。「パルナッソス山」も同じ意味で使われている場合がある。たとえば、ジャン・シャプラン（一五九六―一六七四年）は一六五六年に、在スウェーデン大使に任命されたばかりのオランダ人の言語文献学者ニコラス・ヘインシウス（一六二〇―八一年）にあてた手紙のなかで、彼の監督役として、その職務が彼を学術研究から遠ざけるのではないかと懸念して、こう書いている。「当然ですが、私には貴君の苦痛がすべてよく分かります。そして、貴君が《学問の共和国》から借りる時間、貴君の国が《学問の共和国》から盗む時間によって、《学問の共和国》が貴君という人物を介してこうむる損害を考えると、私の苦痛は増すばかりです。お願いですから、貴君をその共和国にそっくり与えないように頑張り、貴君がパルナッソス山でしめている地位を思い出してください……。」同じ考え方は、ピエール・ベールの用いた「文芸の女神の共和国」という表現（一六七五年）にもみられる。シャプランの用いた「学識教養人」や「学問のある人々」も同じものをさしているのである。さらに説得力があるのは、イギリスの医師トマス・ブラウン（一六〇五―八二年）の文章にみられる「ラテン語の共和国」という表現であり、学者に共通の言語のことをほのめかしている。この表現は、さきに引用したアーメルバッハあての手紙でコンラート・フォン・ローヴェンベルクが使っている「ラテン語の世界《オルビス・ラティーヌス》」と類似しており、それはこのドイツの人文主義者にとっては、同じ文書に出てくる「優れた学問の愛好者《ボナールム・リテラールム・アマトーレス》」や

「学問の追究者《ストゥディ・オーシ》」と同じ意味をもっている。最後に、《学問の共和国》という表現が予想される個所で「公衆《ピュブリック》」という言葉が用いられていることもある。たとえば、パリ高等法院の評定官クロード・サロー（?—一六五一年）は一六四二年、ライデン大学が言語文献学者ヨハンネス・フレデリクス・グロノウィウス（一六一一—七一年）を採用するようアンドレ・リヴェ（一五七二—一六五一年）——当時オラニエ公に仕えていた——に協力をもとめたが、彼はこのグロノウィウスが「学識教養のある公衆にたいして多大の恩恵をもたらすであろう」と付言している。同じ年代に、ペイレスク（一五八〇—一六三七年）は生地プロヴァンスから「公衆を援助する」という意図を何度も表明している。この公衆とは、文脈が示すように、彼が書物、手稿、自然の珍奇なもの、そして古い事物をおしげもなく提供してきた碩学や学者のことである。これこそは、サローの言葉が目ざしていたあのエリートにほかならない。

その後《学問の共和国》は、もはや学者全体ではなく彼らのなかの一部を、たとえばある国の学者たちのことをさすようになる。一例をあげると、『ヴェネト文人新聞』の編集者は一六七一年に、ヨーロッパのさまざまな国の学者という意味で「すべての《学問の共和国》の知識人たち」といっている。さらに、何らかの形容詞的表現が「共和国《レースプーブリカ》」を修飾し、その意味を知の一部の領域に限定することもある。たとえば、「医術の《メディカ》」共和国あるいは「医療の共和国《イアートリカレースプーブリカ》」は医師を意味し、「歴史の共和国《レースプーブリカ・ヒストリカ》」は歴史家をさしている。これらの表現は一七世紀に使われたことが証明されている。

《学問の共和国》がもはや知を修める個人を対象とするのではなく、知そのものを対象としていることもある。ヴェネツィアで刊行されたドナトゥスの文法提要（一四九一年版）は、《学問の共和国》へと導くものとして紹介されている。いうまでもなく、それは長いキャリアーにおける最初の一歩にすぎない。他の用例では、最上にして最高に完成された知が対象になっている。たとえば、エラスムスはその著『反蛮族論』で《学問の共和国《レースプーブリカ・リテラーリア》》をおびやかす敵を告発しているが、彼はこの表現によって学者の敵そのものをさしているわけではなく、彼がその二行前に書いている知の敵、すなわち「古代の学問《アンティクアエ・リテラエ》」の敵をさしているのである。また、前に引用したクリストフ・フォン・ウッテンハイムとポリドール・ヴァージルの手紙についても同様である。彼らは《学問の共和国《レースプーブリカ・リテラーリア》》の健康状態、すなわち知の進歩や、時として生ずるかもしれない知の凋落《ちょうらく》をエラスムスの健康状態と重ね合わせているのである。やはりよく使われていた「《学問の共和国》を補強する」ないし「《学問の共和国》の名を高める」という表現も、さらに、カンタベリー大聖堂内に見られるメリック・カソボン（一五九九—一六七一年）の「彼は事物と言語にかんする重要な知識でもって《学問の共和国》を豊かにした」という墓碑——これはこの偉大な古典校訂者についてラテン語で記されている——も、同じような意味において解釈されなければならない。

《学問の共和国》という言葉は学者の世界をあらわすが、時としてその作品をあらわすこともある。そうした用法は、たとえば讃辞をささげたい学者たちの特集をくんで、その著作をその特徴や批評を交えて掲載しているような定期刊行物の誌名に見られる。そうした刊行物としては、『《学問の共和国》便り』、『《学問の共和国《レラチオーネス・レイプーブリカエ・リテラーリアエ》》報告』、『学者の共和国《レプブリイク・デル・ゲレールデン》』がある。またピエール・ベールの場合も同様である。彼は一七〇二年にプロイセン国王の修史官シャルル・アンシヨン（一六五九—一七一一年）に「ブランデンブルク諸邦における《学問の共和国》の状態について」何か一冊書くよう勧め、参考としてスウェーデンとラトヴィアについて書かれた二冊の伝記的書誌、『スウェーデンにおける学問』と『ラトヴィアにおける学問』を彼にあたえた。そのさいベールはあきらかに、この友人がブランデンブルクの著作家とともにその著書のこともあつかうよう求めていた。

右にのべたようなさまざまな意味をはっきりと区別することができない場合もあり、とくに日常的表現ではそうである。たとえば、ある学者の死は《学問の共和国》にとっての損失として追悼されることが多い。また同様に、ある学者が《学問の共和国》に大きく貢献したということもしばしば語られる。これら二つの場合には、「知」と「学者」という意味が同じように含まれているのである。

さらに、「学問《レットル》」という語の意味上の変化も、《学問の共和国》という表現の意味を変え、最初に理解されていた意味とは異なるものにした。ヴォルテールは、『百科全書』（一七五七年）の「文人《ジャン・ド・レットル》」という項目で学問《レットル》のことを、今日でいう一般教養的な知識とみなしている。彼は「あらゆる分野にわたる科学はもはや人間の手には届かない」と書き、つづけて「本物の文人は、これらのさまざまな領野に足を踏み入れることができる——たとえすべての領野を耕すことができないとしても。」と述べている。ただし彼らの知は、一六—一七世紀の「文法的批評」の後裔である「哲学的精神」の有無によって説明されなければならない。そこでヴォルテールは結論として、「それがよい趣味と一体化するとき、それは完成された文学者を形づくる」と述べる。こうして《学問の共和国》は「哲学者の共和国」に変わっていく。

『百科全書』を読むと、当時「学問《レットル》」という言葉が偉大な未来を約束されていたことを示す用法にであう。一七六五年に『百科全書』が「学問」に割いた項目では、騎士のジョークールが学問のことを「勉強、とくに文芸ないし文学の勉強がもたらす光明。この意味で、多様で奥ゆかしさにみちた学識を修める文人は、抽象的な科学や功利的な科学に専念する文人と区別される」と定義している。この定義には、「学問《レットル》」という言葉の専門化、文芸や文学というせまい領域への限定、ならびに自律的な範疇としての諸科学の登場をかいま見ることができる。

一七四四年、フラン・ド・ポンピニャンがその『《学問の共和国》の現状にかんする批判的試論』のなかで考察したのは、明らかに審美的な性格の著作の執筆で有名になった人々についてである。《学問の共和国》は「作家の共和国」に変わったのである。

バルバロの書いた手紙に戻ると、このヴェネツィアの人文主義者は《学問の共和国》《レースプーブリカ・リテラーリア》と「学　問《レース・リテラーリア》」を同じ意味で使っていただけでなく、「共和国《レースプーブリカ》」を学者の共同の利益であると解していたこともわかる。それは彼自身の言葉を取りあげると、「公共性《プーブリカ》」または「共同の利益《コムーニス・ウーティリタース》」ということであり、ポッジオが手稿を発見し、その発見を知らせることによって心がけていたものでもある。したがってこの場合は、他の場合もそうだが、言葉が本来もっていた固有の意味に固執しなければならない。そして、一五四三年刊の『羅仏辞典』でロベール・エティエンヌが下した定義にしたがって「事象《レース》」は利害、効用、利益を、そして「公共の《プーブリクス》」は「共通で万人に所属する、公衆の」を意味していたことを想起する必要がある。換言すれば、《学問の共和国》をつねに文字通りに解釈し、この表現にいつも学者の特殊な国家をみてとることは誤りであろう。それでもなお《学問の共和国》《レースプーブリカ・リテラーリア》という表現を使っていた人々は、彼らを一体化させるもの、すなわち彼らの共通の利益のことも考えていたのであり、そのおかげでさらに野心的な国家がじっさいに建設されるにいたった。「学者の国家」がそれである。

C　特殊な種類の国家

一七世紀末ごろ、《学問の共和国》は辞典があつかう疑問と定義の対象となった。リシュレ（一六八〇年）では「それは大まかにいうと文人全体をさす。つまり文人の団体のことである」とあり、フュルティエール（一六九〇年）は「共和国」という言葉について「研究にはげむ人々の集団をさして学問の共和国ともいう」と記している。

同様に、『アカデミー・フランセーズの辞典』（一六九四年）でも、「団体を構成しているかのようにみえる文人たちは、まとめて比喩的に《学問の共和国》と称される」という記述にであう。

フランス語の辞典に収録されているこれらの定義はきわめて簡潔だが、同年代に書かれたはるかにくわしい記述がそれを補ってくれる。以下にその中の重要なものを引用したあと、当時の人々が《学問の共和国》に認めていた構成上の特徴とともに、彼らがこの概念にあたえていた思想的特徴を浮きぼりにしてみたい。

一七〇〇年には、多面的作家ヴィニュール＝マルヴィルが、《学問の共和国》を正真正銘の国家として紹介している。彼はその『歴史および文学論文集』のなかで、つぎのように記している。すなわち、「いまだかつて共和国がこれほど大きく、これほど多くの人が住み、これほど自由で、これほど輝かしいことはなかった。それは地上のあらゆるところに広がり、あらゆる国、あらゆる身分、あらゆる年齢、あらゆる性の人々により構成されている。女性も子どももそこから排除されてはいない。そこでは、あらゆる種類の現代語や古典語が話されている。そこでは技芸が文学とむすびつけられ、力学もその地位をあたえられている。しかし、そこでは宗教は画一的ではなく、習俗にも他のすべての共和国と同様に、善と悪がまじり合っている。そこでは、敬虔さと無信仰がみられる」。

この定義のいくつかの要素――独自の国家、普遍的広がり、特別な住民――は、一七世紀末ごろにアントン・マリーア・サルヴィーニ（一六五三―一七二九年）がフィレンツェのアカデミア会員を前にしておこなった演説中にも出てくる。このトスカーナの学者はこう明言している。「学識教養人、文学と科学の学者、知の愛好者がつくる国家――そこには、教養、礼儀、文明がみられます――は全世界に広がっており、一般に《学問の共和国》とよばれる特別な政府をつくりあげました」。

これ以外の要素、とくにこの種の国家に内在する自由は、ピエール・ベールの『歴史批判辞典』（増補第三版、一七二〇年）の有名な一節にはっきりみてとれる。彼は「カティウス」という項目につけた注のなかで、こう記している。「この共和国はきわめて自由な国家である。そこに見られるのは真理と理性の支配だけであり、それらの支持のもとで人々は誰にたいしても率直に戦いを挑む……。そこでは、各人が各人の君主であり、各人は各人の審判にゆだねられる。この社会の法律は、誤謬と無知については、自然状態の独立性を損なっていない。この点にかんし個人はだれでも剣をふるう権利をもち、統治者に許可を求めることなくそれを使うことができるのである」。

この定義は、ピエール・デメゾー（一六六六―一七四五年）がベールの書簡集の出版（一七二九年）によせて書いた序文のなかでもさらに凝縮した形で使用され、《学問の共和国》は、自由のしるしのもとに置かれた特別な国家として提示されている。まさしくそれは「あらゆる国家にまたがり広がっている国家であり、その構成員は一人ひとりが完全に独立している。これは自分自身に対して定める法律以外の法律を認めない共和国である」。

一七一八年にはクリストフ・アウグスト・ホイマンが、すでに引用した『《学問の共和国》の展望』という表題の提要をハノーヴァーで刊行した。著述家たちのことをあつかった章で、このゲッティンゲンの教授はつぎのように明言している。「もっと先に進むまえに、簡単にのべておきたい。世界の隅ずみにまで散在している学識教養人たちの国家は、厳密な意味では共和国や団体ではないにしても、多くの類似点があるので、《学問の共和国》と呼ぶことができる」。彼はまた《学問の共和国》という言葉に注をつけ、つぎのように的確にのべている。「《学問の共和国》はその形態からして、見えざる教会に酷似している。この教会にはいかなる君主もいかなる世俗的権力もなく、きわめて広範な自由が存在し聖書のみがそれを支配しているように、ここでは理性のみが支配し、何人も他者にたいして権利をもたない。この自由こそ《学問の共和国》の魂なのである……」。ホイマンは、ベールの『辞典』の「カティウス」の項目やイエナ大学に提出した論文を引用しながら、さらに言葉をつづけている。

彼の結論について論じるまえに、ドイツ大学の世界が生み出したもう一つの著作に注意をむけておこう。それは、ライプツィヒの若い学生でカロルス・フレデリクス・ロマーヌスというラテン語化した名前の人が一六九八年に書きあげた、『《学問の共和国》にかんする学術的論究』(*Dissertatio academica de Republica litteraria*)である。彼は《学問の共和国》の構成要素について、国家とたえず比較しながら、二六章にわたって考察している。彼はその起源、それを構成する市民について問いかけ、それを支配する原理と追求する目的を検討し、その繁栄を促す手段やそれを弱体化する災禍を指摘している。第一九章では、この主題にかんする彼の考察の本質がつぎのように要約されている。「それ(《学問の共和国》)はあらゆる地域に、少なくとも教養豊かな地域ならどこにでも存在する……。そこでは、自然から理性にその判断力が与えられている事柄については、理性そのものが自分の能力と手腕を誇示して女王のように支配している。この理性は、しかしながら、全能の叡知が決定をくだした事柄については自己判断をつつしみ、神の事柄について発言すべきときには教令により従う。このようにこの共和国はその権利として命令をくだすことができる広大な地方をふくんでおり、その市民は人類の精華として数えられる。これら市民は、すぐれた知的資質をもつ人々が平等のなかに何らかの相違を招き入れる場合をのぞき、たがいに平等である。しかしながら、この共和国の全市民は、ひじょうに特別で比類のない自由を行使する。彼らは、人間精神がはっきりと明確に認識できないことは真理と合致しないので承認できない、という考えを嫌うような暴君の支配を恐れないのである。」

一七〇八年にはクリスティアン・レーバーという人が、『《学問の共和国》の統治形態にかんする政治学的論考』(*Dissertatio politica de forma regiminis Republicae litterariae*) をイエナ大学に提出した。この著作は、標題から明らかなように、政治学的考察の分野に位置づけられる。著者は初めからつぎのような問題を提出する。一般に《学問の共和国》と称される「学識教養のある団体」あるいは「学者と学識教養人の団体」は、法律上の国家であるか。もしそうならば、その性質と統治はどのようなものか、と。レーバーはまず《学問の共和国》をアカデミー・大学と区別することからはじめ、後者は特殊な団体であり前者は普遍的団体である、という。そしてこの指摘は、定義の形をとった詳細な説明へとつづく。すなわち、「われわれは、全世界に遍在しているその構成員が正真正銘の知と学識に奉仕し、それらを教え、擁護し、それらを後輩に伝えるべく人類の安泰をめざして結集する、この普遍的団体について論じているのである」。レーバーはこのように自分の研究の主題を限定したうえで、《学問の共和国》の性質とその統治様式について問いかけている。

彼はこの組織の内的特徴を構成する知の原理と認識手段の分析から、この点にかんして「学問の団体はいかなる主権も認めず、したがっていかなる統治形態ももたず、完全な自由を享受している。それは……知性というものが、法律により、力により、他の人間により、抑圧されることがありえないからである」という考え方を引きだした。ついで彼は、結論に先だって、この最初の指摘を掘りさげて説明する。すなわち「学問の団体は、その内的性格を考慮すれば、それ自体は君主と臣下という階層をもたない。だからそれは正確には、共和主義的とも民主主義的ともよべないし、ましてや貴族主義的ともよべない……。それは人間的なあらゆる権力と体制から……完全に自由であり、行政・司法官や教授の団体からも自由なのである」。

つづいて彼は、学識教養人の団体の外的特徴、すなわち知の文書化された表現と口頭による表現に移り、たとえば検閲をおこなったり大学の学位・資格を保証したりするのは、都市の行政・司法官であることを想起させる。そしてつぎのように結論づける。「共和国は至上権をふくむが学識教養人の団体は最高権力をもたない。そのうえ、この一般的な叙述で明らかになったとおり、この団体はいかなる権利ももたないので、それは共和国ではない」と。この公法専門家にとっては、《学問の共和国》とは言葉の誤用による表現にすぎないのであった。

3 《学問の共和国》の構成

以上のようなさまざまな性格と来歴をもつテキストから、多くのことを指摘することができる。

A 遅まきの登場

《学問の共和国》についての定義と記述があらわれるのは、かなり遅かった。《学問の共和国《レースプーブリカ・リテラーリア》》という表現が一四一七年には使われていたとしても、辞典編集者たちがこの表現を辞典にとり入れるには一七世紀末を待たなければならなかった。それだから人文主義者の印刷業者ロベール・エティエンヌが一五四三年に刊行した『羅仏辞典』には、この表現は収録されていない。その後この概念について検討した規範的文書や記述的文書は、一六九〇年代になるまで見あたらない。

当時おこなわれていたいくつかの定義はいずれも酷似しており、じっさいのところ同じ発想にもとづく変種や詳解にすぎない。《学問の共和国》がもつ「学者の特別な共同体」という意味は、ひとたび確立されるとそれ以上は進化せず、そのまま凝結することとなった。一七五二年、ヴォルテールが『ルイ一四世の世紀』のなかで、

《学問の共和国》のことを「あまねく遍在しそれぞれの地で独立している、精神の偉大な組合」と紹介したときにも、彼はほとんど革新を加えていない。したがって、この定義と記述は、長期にわたる一種の発酵作用の結果を認定したものではないのかどうか、それは凝結した時点で固まりつつ性質を変えたさまざまな思潮のことではないのかどうか、他の概念について考察したときのように、問うことができよう。ようするに、こうして認定されることでこの表現は、その力を、さまざまな観念とむすびついていたその力を失ったのではあるまいか。

こうした変遷は、《学問の共和国》の制度化をめざしてこの時代に展開された努力の挫折のなかにみて取ることができよう。オランダの法学者ヘンリイク・ブレンクマン（一六八一―一七三六年）は、一七一二年と一七二一年の二回にわたって、ヨーロッパの知的エリートを結集するために「学術協会《ソキエタース・リテラーリア》」の設立構想を表明した。その本拠地をオランダに、中継地をさまざまな国の首都におくこの集権化された組織は、学者たちの研究を公刊し普及する物的手段を提供していたであろう。さらに、それはヨーロッパ全域に散在する人々のあいだに「公的交流」を確立し、三か月おきの会報の刊行によって彼らの意見交換を容易にしていたであろう。こうして、大規模な知的共同体が形成されると、その結果、全構成員をむすびつける友愛が、学者の世界を引きさいて知識の進歩に害をなしていた論争を永久に沈黙させていたにちがいない。この「組合」はプラトンやトマス・モアの共和国と同じように見なされるはずであったが、しかし財政的諸問題と諸国民の自主独立主義にさまたげられて発足することができなかった。

一七四七年に『ヨーロッパの学者たちの著作選集』（*Bibliothèque des ouvrages des savants de l'Europe*）に発表された「《学問の共和国》事務総局の設置にかんする計画」も、同様の目的をもっていた。それは普遍的な使命をもつ学術新聞の発刊にくわえ、事務総局の設置を企図していた。この事務総局はヨーロッパの主要都市に設置される事務支局を経由して、文通という方法で「この共和国の全構成員からなる一種の財産共同体または共済組合」を発足させることができよう。そのうえ、この新しい制度は学者の世界を、それを脅かしていた無政府状態からすくい出したであろう。それは「治安のよい国家には必要不可欠な統一の中心」となっていたであろう。しかし、この野心的な計画は実現に向けての素案さえつくられなかった。

B　政治的表現

右に引用した定義はおおむね比較、対照、借用という方法をとっているが、その際いちばんよく参照されたのが政治的語彙である。「共和国」という用語もそうであり、《学問の共和国》《レースプーブリカ・リテラーリア》と書いた人々は、いわば一種の言葉あそびをしていたのである。たとえばシャプランは、N・ヘインシウスが大使に任命されたときに彼にあてて書いた、さきに引用した手紙のなかで、《学問の共和国》を、彼がスウェーデンで代表することになるオランダ連合州という共和国と対比させていた。またアルドゥス・マヌティウスは早くも一五〇二年に、オウィディウスの恋愛作品の出版にさいしヴェネツィアの貴族マリーノ・サヌードに献辞を捧げるにあたって、「《学問の共和国》における《イン・レースプーブリカ・リテラーリア》」彼自身の活動と、献辞を受ける人の「有名なヴェネツィア共和国における」活動を対比していた。このように、古典的教養で育った人々が何度もローマ共和国との比較をくり返しているのは、なんら驚くに当たらない。一六八五年代には学識ゆたかな評論家アドリアン・バイエ（一六四九―一七〇六年）が、ある検閲のことを公平で見識に富むものとして弁護し、古代と彼の時代ではことなる意味をもっていたこの用語をたくみに使ってつぎのように記した。「検閲は、かつてのローマの共和国におけるのと同じくらい《学問の共和国》においても有益であり、……また前者においてよい市民をつくりあげたのに劣らず、後者においてもすぐれた作家をつくりあげているのである」。同じような対比は、ダニエル・ゲオルク・モルホーフ（一六三九―九一年）によってもおこなわれていた。彼は知の諸学問への専門分化のことを、ローマ共和政の農地法による土地分割になぞらえたのである。この有名な教授は一六六九年にキール大学でおこなった講演で、「今や《学問の共和国》は、いうなれば諸身分と諸部族に分割されており、農地法にもとづき鋤で境界を引いた後のように、資産家と地主はそれぞれの取り分を受けとった」とのべている。

このような型通りの比較に頼ることは、《学問の共和国》がじっさいには何であるかという説明がかなり困難であることを示している。レーバーのようにじっさいは共和国ではない共和国について語ったり、デメゾーのように国家を超越すると同時に各国家のなかに広がっている国家に言及したりする著作者らは、パラドックスに陥りさえしているのである。

C　主要な特徴

しかしながらこれらの記録は、《学問の共和国》の概念を明らかにするいくつかの要素を提供してくれる。じじつ、一七世紀末からおこなわれてきた定義と記述からはオリジナルな共同体の観念を、つまりそれが当時の組織に多くを借りているとしても、やはりアンシアン・レジームの現実とは対照をなす構築物の観念を、導きだすことができる。

国　家

《学問の共和国》は国家である。《学問の共和国》という表現はすでにみたように公法の専門家からすれば濫用であるにせよ、それは独自の政体として、すなわち固有の法律をもち、またその構成員がごく自然にお互いを

《学問の共和国》の「市民」とよび合うような国家として、特徴づけられることが多かった。ヨーロッパでは近代国家が建設されつつあったので、このような定式化は時宜をえていた。つまり学者たちは当時の政治学を宝庫として、自分たちを国家のように、固有の法律と主権をもつ組織のように、抽象的に想定したのである。しかしこの表現――その濫用性はここではあまり重要でない――は、この共和国の地位という問題、よりくわしくいうと現実の国家と比較した場合の正当性と役割という問題を提起した。学者たちは政治的次元での自分たちの組織を要求することによって、いずれは虚構からぬけ出して、自分たちを結集させている共同体の本質から着想をえた役割を演じようとしていたのではなかろうか。

普遍性

《学問の共和国》は普遍的である。この国は地球全体に広がっているだけでなく、学者の世界の同義語「オルビス・リテラーリウス」が示すように、地球と混同されてもいる。この点でこの国は、これ以降に描かれるヨーロッパの政治的地図とはいちじるしい対照をなす。この地図ではじっさい、ヨーロッパは国境によってますます厳密に遮断され、みずからの主権に執着してやまない国民国家に分断されてあらわれてくる。しかもそれは、普遍的支配という帝国の夢が、事実の試練によって最終的に一掃された時期に出現する。啓示的にいうと、当時導き出されたヨーロッパの均衡という概念は、カール五世の神聖ローマ帝国やフェリペ二世のスペイン、あるいはルイ十四世のフランスが育ててきた支配願望に対抗する自己防衛手段を提供することによって、この国民国家の勃興を法的に確認するものである。その後、領邦国家が唯一の拠点となり、空間が修復できないほど多様な主権に分裂したこの「キリスト教的君主たちのヨーロッパ」(M・ペロネ)においては、《学問の共和国》に認められる単一で巨大な地理的広がりは、全面的に独創性をそなえている。ただし学者たちには、普遍的共同体と個別的国家への二重の所属という問題が発生する。これら二つの市民権と、それに起因するたがいに異なる、しかもあい反する行動と関心は、どのようにして調和されるのであろうか。

文人の団体

この性格は、いくつかの辞典が試みたごく短い定義のなかでもまっ先に取り上げられている。それはまた、さきに引用した「学識教養のある人々」、「ナシヨン」、「学識教養人の組合」という表現に具体的な意味をあたえるものでもある。一五一一年にドイツの人文主義者ヨハンネス・コクラエウス（一四七九―一五五二年）は同じ考え方を採用し、ギリシア学者ウィリボールド・ピルクハイマー（一四七〇―一五三〇年）がその研究により「学識教養人の普遍的団体《ウーニウエルスス・リテラトールム・コエトウス》」に貢献したことに言及している。つぎの世紀には数学者のヴィンチェンツォ・ヴィヴィアーニ（一六二二―一七〇三年）が恩師ガリレイの死（一六四二年）を、「学識教養人の団体《ウニヴェルシータ・デレッテラッティ》」にとって取り返しのつかない損失であるとなげいている。

《学問の共和国》がそれ自身にあたえたこの集合的表象は、アンシアン・レジームの都市社会で支配的であったいくつかの表象と調和している。どの場合においても重要なのは、学識教養人が定義し定着させるのに寄与した団体としての模範的な社会であった。こうした考え方は、個人という孤立した人間を犠牲にして集団を優先させるものであり、知的団体に影響をおよぼさずにはいなかった。このような組織に個人的栄誉をたたえる余地が残っていたであろうか。そうした栄誉は一般的利益に譲歩してはいなかったか。個人的活動は、はるかに巨大な集団的活動に奉仕していなかったであろうか。「文人の団体」である《学問の共和国》は、知にかんするある種の考え方を、少なくとも理論的に、定着させたのではなかったか。

さらに、この同じ学識教養人は世俗的社会においては、他のいくつかの組織――もっとも基礎的な家族から、職業共同体や宗教的集団にいたるまで――にも属していた。ここでもまた、さまざまな連帯組織と所属組織の調停という問題が提起されてくる。

平　等

《学問の共和国》は平等な市民によって構成される。ピエール・ベールは『《学問の共和国》便り』の序文（一六八四年）のなかで、「学者はすべて兄弟であり、みな同じく良家の出身であると見なされるべきである。彼らは「われわれはみな平等であり、全員がアポロンの子どものように親戚である」というべきだ」と主張し、当時は一般的に出生にともなうと考えられていた権利と特権を否定した。同様に人々は、この平等を捨てさり学者の世界で専制君主政をおこなおうとしたユストゥス・リプシウス（一五四七―一六〇六年）のような人々を告発することも忘れなかった。くり返し主張されたこの平等主義的な構図は、アンシアン・レジームの社会を特徴づけていた階級制にたいする鋭敏な感覚とは対照的である。

こうした平等主義的な発想は、この共同体がみずから選んだ名称からも容易に浮かんだと思われる。ヴェネツィアの元老院議員ピエル・マリーア・コンタリーニ（一五四六―一六一六年）は、「平等のないところに共和国はつくれない。共和国は広範な平等が存在するところに、そして元首制は多くの不平等が存在するところに、つくられる」と記してはいなかったであろうか。

多宗派性

《学問の共和国》は多宗派的である。ヴィニュール＝マルヴィルは彼の有名な定義のなかで、「そこでは宗教は一様ではない」と指摘している。一例として書簡ネットワーク――これについてはのちほど詳しく説明する機会があるだろう――を調べてみると、たしかに宗派分裂についての記述はない。この特徴からみても、《学問の共和国》は当時の国家とはことなっている。じじつ、宗教改革によって中世の「キリスト教的共和国《レースプブリカ・クリスティアーナ》」の一体性が破壊され、「ヨーロッパの宗教的地図は諸教会のよせ集めと化した」（M・ペロネ）ときでも、《学問の共和国》は確固として揺るがなかった。さらに、宗派的要因は多かれ少なかれ決定的な与件であったが、しかし一世紀近くにわたりヨーロッパ全体に混乱と破壊をもたらした幾多の戦争と反乱のなかでも、つねに存在していたのである。最後に、一七世紀初頭、かの有名な「領土の属する《クーユス・レギオー》人に宗教も属す《エーユス・レリギオー》」という原理がほぼいたる所で強制的に適用されたころ、すなわち、各国が程度の差はあれ単一宗派的であることを断言し、寛容はそれを実践する人々にとっては次善の策にすぎなかったころ、「宗派的絶対主義」（G・パーカー）が確立されたのである。このようにヨーロッパにおける宗教的状況を簡潔に想起してみると、きわめて多様な宗派に属する人々（カトリック教会の信者のみならずさまざまな新教徒や、既成の教会のみならず多様な宗派の構成員）を結集している《学問の共和国》は、あらゆる意味で独創性をもっていることがわかる。さらに、《学問の共和国》は、一六世紀末からよく使われていた「学問のキリスト教的共和国《レースプブリカ・リテラーリア・エト・クリスティアーナ》」という表現で、よりいっそう際立っているのである。

自由

「自由は《学問の共和国》の魂である」。C・A・ホイマンが書きのこしたこの言葉は、表現の仕方が独特であるにすぎない。これまで引用してきた著述家の多くが、《学問の共和国》を定義するにあたっては何よりもそれを支配している自由をあげているからである。ヴィニュール＝マルヴィルによれば「これほど自由な……共和国」は存在しないし、ベールもその著作を出した出版者デメゾーも、そこに住む市民一人ひとりの独立と主権の重要性を強調している。博学な新聞記者アンリ・バナージュ・ド・ボーヴァル（一六五六―一七一〇年）は、一七世紀末にオランダ連合州から「文芸《ベル＝レットル》の共和主義的自由」について報告している。ライプツィヒにおける彼の同業者ヨハンネス・ブルクハルト・メンケ（一六七五―一七三二年）が一七一五年に使った「学識教養人の民主主義」という表現も、自由によって完全に支配される国家という論理の延長上にあるのである。その五〇年ほど前に「ガリレイ支持者」のジョヴァンニ・バッチスタ・チャンポーリ（一五九〇―一六四三年）が、「自由こそ君主制よりも《学問の共和国》にふさわしい」と書いたときも、彼は異なる考え方をしていたわけではない。このような自由が生み出さずにはいない行きすぎは、たしかに遺憾とされた。それにもかかわらず、その原理はけっして問題にされることがなかった。この点でもまた、絶対主義的であれ寡頭政治的であれ権威にかんしては同じような好みをもっていた当時のいくつかの国家とはひじょうに対照的である。この正反対の関係の表現そのものに、《学問の共和国》に住む人々と国家の行政官・司法官とのあいだにおこる必然的な葛藤がすでにみられるのである。

知的共同体

《学問の共和国》は知的共同体であり、またバイエによれば「精神の共和国」である。それは理性の庇護のもとにおかれ、レーバーが先駆者たちの残した定義を総合して明確にのべた、特殊な目的を追い求める。その目的とは「真の知と学識に奉仕し、それらを教授・擁護し、かつ子孫に伝達する」ことである。これ以外のアカデミーや大学といった組織も、たしかに知識の増強、保護、伝達という類似の機能をもってはいる。しかしながらそうした組織と《学問の共和国》との相違は明らかである。すなわち、レーバーによれば前者は「個別的組合」であり、後者は「普遍的組合」なのである。ディジョンの科学・芸術・文学アカデミー会長リシャール・ド・リュッフェは一七六三年、アカデミーのことを「《学問の共和国》のさまざまな住みか《コロニー》」と説明しているが、この表現には法的次元でのこうした区別の影響がわずかだがみてとれる。

しかしながら、《学問の共和国》がみずから作成した広大な計画は、そこから「神にかんする事柄」を排除したあの若いロマーヌスが示唆したように、限界のないものではなかった。このような排除がおこなわれたなら、《学問の共和国》の領土について、そして理性に認められた行動範囲について問いかけざるをえなくなる。そのうえ精神の事柄にかんして全面的に展開されるこの行動は、それ自体に目的を見いだすどころか「人類共通の救済」という、より高次の理想を目ざしていた。このような究極目的は、あらゆる個別的利害、あらゆる独我論、あらゆる個人主義を断罪するものであった。この目的を理想として、有益であると認められた知の寛大な伝達が推し進められてきたのである。

以上みてきたように《学問の共和国》は、ひじょうに古くからみられる表現である。それはエラスムスの時代にはひんぱんに使われていたが、少なくともその一世紀以前にあらわれていたことが証明されている。ついでそれは、きわめて可塑性に富む表現としてあらわれ、いうなれば弱い意味——学問、学識教養人——と強い意味——文人の共同体——とに分かれる。しかしながら、後者の意味では、いわば言葉と実体のあいだにずれが生じる。じじつその定義がおこなわれたのは遅く、一七世紀末以前のことではない。そこで、学者の国家である《学問の共和国》は、当時の社会とみずからとの違いを明確に主張しつつも、この社会と関連づけて定義されることになる。たとえば、ライプニッツはそれを「別の世界の住みか《コロニー》」として提示さえした。さらにいうと、《学問の共和国》とは、いくつかの国家に分裂したヨーロッパにおいて、国境よりもさらに閉鎖的な宗教的境界によって細分化された「キリスト教的世界《クリスティアーニタース》」において、知の集大成が日々破壊され、ますます専門化が進行する世界において、すぎ去った過去に対するノスタルジアを表明したものであるが、このノスタルジアに駆られてうしろ向きに歩くよりむしろ、壮大で一体的な知的建造物を構築したいという強い願望の表明でもあった。このように定義すると《学問の共和国》は、究極的には観念と事実、ユートピアと現実とのあいだにおける避けられない緊張の場としてあらわれてくるのである。

第二章　《学問の共和国》の時間

《学問の共和国》という表現がはじめてあらわれた時期とそれに定義があたえられた時期とのあいだには、このように少なくとも二世紀半以上の時間が流れていた。歴史のある一定の時期に起こって定着した学者の共同体にかんする自覚は一挙に実現したものではなく、長期にわたる生成の結果であった。ここでは、その主要な段階をたどりなおすこととしよう。

まず中世と初期人文主義の時代から出発し、さまざまな形で知的世界をつくり上げてきた社会的結合関係の諸形態をかんたんに見直してみよう。この前史につづいて、定礎の時代が訪れる。それはエラスムス（一四六九―一五三六年）を筆頭とする偉大な人文主義者たちの時代であり、彼らが学者の国際的共同体の基礎を築くのである。この共同体のもっともすぐれた表現は、《学問の共和国》の黄金時代である一五五〇―一七五〇年代（おおよその時期であるが）にみられる。この共同体が伝播した理想は一八世紀のあいだずっと保たれてきたが、しかしいくつかの新しい要因のもとで、とくに文人たちが要求した政治的役割の影響のもとで、大きな変容をこうむった。それは《学問の共和国》が「哲学者《フィロゾーフ》の共和国」となったことである。

1　「前史」（中世から一六世紀まで）

すでに見たとおり、《学問の共和国》という表現は、一四一七年にフランチェスコ・バルバロ（一三九〇―一四五九年）がポッジオ（一三八〇―一四五四年）にあてた書簡にはじめてあらわれる。このヴェネツイアの人文主義者は、この表現を使うことによって、たんに私的利益を追求するだけでなく学識教養人に共通の大義に奉仕していたこの文通相手に感謝の意を表明している。ただ、学者たちの間における一種の連帯性が描かれはじめたとしても、《学問の共和国》の誕生はこの表現がはじめて使われた時期とは一致しないであろう。

概して中世、とくにイタリア・ルネサンスの時代には、ここでは無視できないさまざまな形態の社会的結合関係が存在していた。それらは、のちに《学問の共和国》となるものと何らかの類似性を示していないわけではない。たとえば、ボローニャやパリ、あるいはオックスフォードといった中世大学は、すでにいちじるしい国際的性格をもつ知の中心を形成していた。多くの学生だけでなく教授たちもまた、一つの大学から他の大学へ移動していた。このように大学は、学業、知識の獲得、思想の交換が中心的地位をしめる「組合《ソダーリターテス》」、すなわち学者の国際的共同体として出現したのである。人文主義者たちがつくった学術サークルにも、同様な関心が息づいていた。メディチ家のコジモ一世によって一四五七年に創立されたプラトン・アカデミーは、マルシリオ・フィチーノ（一四三三―九九年）やピコ・デッラ・ミランドーラ（一四六三―九四年）のような著名な学者を集めていたが、これは一七世紀のアカデミーの先駆となっただけでなく、《学問の共和国》の理想をいわば予告していたのである。

《学問の共和国》の「前史」として無視できないこれらの社会的結合関係の諸形態は、一七世紀にあらわれるような学者の共同体とは根本的に異なっており、この時点ではまだ大学の世界やカトリック教会とむすびついた、孤立した小規模な集団にすぎなかった。何らかの制度への所属ではなく共同事業をめぐる協力にもとづいてつくられる学者の国際的な共同体という理想は、偉大な人文主義者たちの時代、エラスムスの時代にならなければ描かれないし、ほんとうの意味で具体化されないのである。

2　基礎づくりの時代（一六世紀前半）

A　一般的背景

一六世紀前半は、《学問の共和国》という概念の構築にとって決定的な段階となる。この時代に新しい世界が形成された。ここで、そのオリジナルな性格を大まかに思い出してみよう。

古代の神聖な源泉――「フーマーニタース研究《ストゥディアー・フマニターティス》」（古典人文学《ユマニテ》）――への復帰とそこから導き出される知と人間の尊厳にかんする新しい考え方は、新しい「組合《ソダーリタース》」の、つまり学者の国際的共同体の、知的基礎をつくり上げることになった。

この源泉への復帰によって聖典と教父たちの原典の解読がおこなわれ、一五世紀と一六世紀のキリスト教徒は伝統とスコラ学から遠ざかり、聖書と初代教会の純正さを再発見するよう導かれた。これは、周知のとおり、「キリスト教的世界《クリスティアーニタース》」に回復し難い分裂を招くことになる新教徒の改革をもたらし、その後カトリック教会側の改革がこの既成事実を認めるにいたった。このキリスト教世界の苦悩にみちた分裂――当時、ヨーロッパを荒廃させたさまざまな迫害と戦争を考えてみよう――は、その報償として、知的次元においてはこうした宗教的分裂を免れる共同体が存在するという感情を学者の世界に生み出した。

ヨーロッパが瓦解し一千年以上におよぶ一体性を失ったまさにその時に、ヨーロッパはその伝統を損なう二つの空間的変化の試練をうけた。それはまず、それまで知られていなかった世界の発見であった。つぎに、このような「地球全体の非孤立化」（P・ショニュ）に加えて、印刷術の発明につづくもう一つの途方もない伸展が重なった。この発明により、精神の事柄にかんする次元において、人文主義者たちがその研究をより速やかに広めるだけでなく、それをせまい限られた学者のサークル外に知らせることを可能にする、いま一つの世界の拡大がはじまったのである。

一五世紀末からはじまったこれらの宗教的、精神的変化は、《学問の共和国》が発展する基盤をつくることになった。ただその飛躍的発展が、この時期にヨーロッパを引き裂いた多くの内戦と強くなるいっぽうの国民的閉鎖性によって妨げられたのは事実である。しかし同時にまた、《学問の共和国》という概念が確立するのも、これら内的対立と分裂のおかげなのである。つまり《学問の共和国》は、現実的国家にたいして理想的国家のように、すなわち紛争や国境がなく――少なくとも理論的には――、平和と調和のみが支配する統一国家のように考えられていたのである。

B　重要な貢献――エラスムス

ここで「人文主義者の王」という異名をあたえられていたエラスムスに注目することが適切であろう。彼の立場、理想、経歴は、《学問の共和国》という概念の発生をたどる上で、そしてその概念の初期の現実化をうかがい知る上で、貴重な要素を提供してくれるからである。

エラスムスはその著『平和の訴え《クエレーラ・パーキス》』（一五一七年）のなかで、戦争はどれも恐ろしい猛威をふるうにもかかわらず、人間はおのずから協調と和合をこのむ性向をもっていることを指摘した。そこで彼は君主たちにむかって、統一と国内の平和を保証し保ちつづけるよう熱心に呼びかけている。とくに、みずからをキリスト教徒であると唱える君主たちにたいしては、一致協力してそれに取り組むよう勧めている。この平和は教会においても同様に不可欠であった。それは、どうすれば教会の一致を回復できるかを探求した一五三三年の『聖職者和合論』と題した論文で、彼がつぎのように強調しているとおりである。すなわち「……私たちは異なる意見や見解は別にしておき、このあらゆる聖徒の共同体のなかで仲よく暮らしていきましょう。そうすれば人々は当然のことながら、私たちについて、仲よく一緒に生きることはこんなにも楽しく快いことなのですね、と言うでしょう」と。さらにエラスムスは生涯をつうじて不和と葛藤にたいするはげしい嫌悪を表明していた。彼はそれらを人類にとってまぎれもない惨禍であると見なしていたのである。

この平和の使徒にとっては、彼の時代が内戦や個人的な憎悪・敵意によって引き裂かれていることを認めるのは耐えがたいことであった。同様に彼は、学者の世界を分裂させている葛藤を、より正確にいうと、神学者を相互に対立させている論争を悲しい思いで見ていた。彼は、そうした論争に明けくれている人々が瑣末なことがらに拘泥し、あらゆる屁理屈にこだわっているだけに一層はげしく彼らを非難した。みずからを神と見なしているこれらの人々が、平和の敵として行動していたからである。エラスムスは、一五一六年六月一九日付けのギヨーム・ビュデ（一四六七―一五四〇年）への手紙のなかで、彼としては「重大な問題についてくだらないことを言うよりも、くだらないことのなかに真摯な思想をすべり込ませることに喜びを感ずる」と書いて、自分自身の態度を彼らと対比している。

人文主義者エラスムスは、《学問の共和国》が当時の他の学識教養人たちとの思想的一致の追求をとおして、つまり「博士たちの合意《コーンセーンスス・ドクトールム》」をとおして形成されるということを確信していた。彼らはもっぱら「よい学識《いボーナエ・リテラエ》」の信仰に没頭しているが、それはこの学識が「良俗《ボーニー・モーレス》」とよりよい世界に導いてくれるはずだからである。しかも、この信仰はあらゆる国境を越えておこなわれている。この点でエラスムス自身の経歴は信念と結合し補強しあっていた。彼はみずからを、あらゆる国に属する「世界市民《キーヴィス・ムンディ》」と任じていた。彼は、フランス人のギヨーム・ビュデが祖国にたいして抱く深い愛情を称賛する一方で、「哲学者」たる者は「事物と人間にかんしては、この世界を万人に共通の祖国と見なして行動」すべきであることを彼に想起させている(一五一六年一〇月二八日)。さらに彼は、一五一九年三月一九日、もう一人のフランス人ルイ・リュゼあてにこう書いている。「学問を磨く人々のあいだでは、地方の区別などは……ほとんど重要でない」。というのも、「学芸の女神ミューズへの同じ信仰の道に入った人なら誰でも、私はわが同胞とみなす」からである。こうした理由で、エラスムスは、友愛の精神を共有する人々が共通の学問によって集結するような社会の実現をめざして働こうとしたのである(「同じストウディウムで学んだ者はみな、同じ神秘を学んだ市民である」*Cives inter se sunt ac symmystae, quicunque studiis iisdem initiati sunt*)。この友愛に根ざす共同体は全ヨーロッパに広がるであろう。

エラスムスの書簡はこの理想を具体的に物語っている。彼は学者の世界全体を対象に、ロンドンのトマス・モア(一四七八―一五三五年)、オックスフォードのジョン・コレット(一四六七―一五一九年)、ルーヴァンのファン・ルイス・ビベス(一四九二―一五四〇年)、パリのギヨーム・ビュデ、ヴィッテンベルクのフィリップ・メランヒトン(一四九七―一五六〇年)といった、偉大な人文主義者たちすべてと手紙を交換していた。そして彼ら

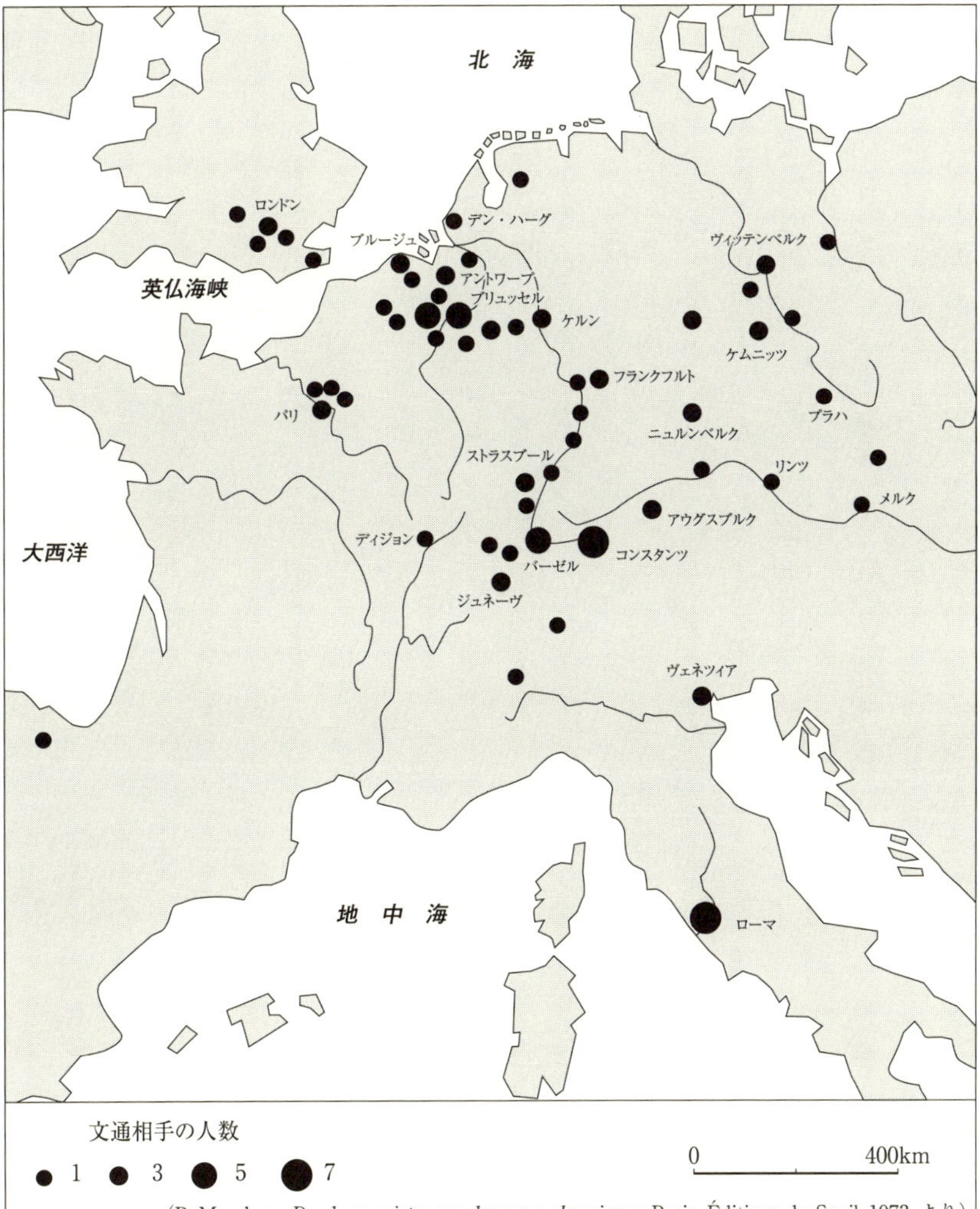

(R. Mandrou, *Des humanistes aux hommes de science*, Paris, Éditions du Seuil, 1973. より)

図Ⅲ エラスムスの文通相手（1517-24年）

のなかの何人かは有用な通信網をつくっていた。これら人文主義者のなかでは、トマス・モアが彼のもっとも親しい友人であったが、そのことは二人が交わした書簡のあちこちに示されている。エラスムスは一五二〇年のモアあての書簡において、つぎのようにスペインの人文主義者ファン・ルイス・ビベスのことを称賛したが、このようにして彼は共通の通信網を広げようとしたのである。「ルイス・ビベスの才能については、私の評価が君のそれと同じ方向にあることをうれしく思います……。私がこれほど関心を抱く人物は他におりませんし、君が彼をこれほど率直に評価しているのを知って私は、君にたいしてなお一層の友情を感じます。彼はすばらしい哲学者精神をもっています」。

『痴愚神礼讃』（一五一一年）と『新約聖書』（一五一六年）の刊行以後、エラスムスの名声は招待状や手紙があらゆる方面から来るほどになった。彼に声をかけたのは、イングランド王ヘンリー八世（一四九一―一五四七年）や枢機卿で大司教のトマス・ウルジ（一四五三―一五三〇年頃）、神聖ローマ皇帝カール五世（一五〇〇―五八年）やフランス国王フランソワ一世（一四九四―一五四七年）、そしてバーゼルの司教クリストフ・フォン・ウッテンハイム（一五二七年没）といった君主ならびに世俗や教会の第一級の権威者だけでなく、多数の人文主義者も、それからバーゼルのヨハンネス・フローベン（一四六〇―一五二七年）やヴェネツィアのアルドウス・マヌティウス（一四四九年ないし一四五〇―一五一五年）のような印刷業をいとなむ人文主義者も彼に連絡してきた。エラスムスは、その人間関係のネットワークと学問上の貢献――その著書は彼の生存中にたえず再版された――のおかげで、一六世紀はじめの数十年間のあいだに、《学問の共和国》の王者、かつ、そのもっとも模範的な代表者になったのである。

彼のこの理想的な共和国はキリスト教哲学にもとづいていた。キリストとその教会の一体性のなかにすべての民衆を結集させること、すなわち「キリスト教的共和国《レースプーブリカ・クリスティアーナ》」の実現は、彼が生涯にわたり追求しつづけた一大目的であった。こうした神学上の関心にくわえ、学問研究をキリスト教と教会のために役立てようとする意志は、つねにエラスムスの行動を導いていた。この人文主義者は、ロチェスターの司教ジョン・フィッシャー（一四六九—一五三五年）に出した一五二四年九月四日づけの手紙のなかで、三者を相手に戦ってきたことを認めている。すなわち、彼を嫌悪する無信仰者、彼の信用を落とすためならどんなことでもする当時の神学者、そして彼一人のために自分たちの勝利が妨げられていることに耐えきれないルター派にたいする戦いである。周知のとおりエラスムスは教会の分裂をさけるためにあらゆる手段をつくした。だから、もし彼がルターのように改革の必要性を確信していたとしても、彼は一五二七年三月三〇日づけのトマス・モアへの手紙で書いているように、けっして「新しい典礼を導入しなかっただろうし、また新しい組織も取り入れなかったであろう」。彼はこの手紙のなかで、神学上の問題のために困難な立場にあったことをいっさい隠していない。

　徒党と分裂を心の底から嫌悪し、「よい学識《ボナエ・リテラエ》」に奉仕すべく熱心に活動していたエラスムスは、人類が教会組織の腐敗と風俗の頽廃によってけがされないうちに、人類を原始キリスト教がもっていた純粋さへと連れもどすような「キリスト教哲学《フィロソフィア・クリスティ》」を再発見しようという気持ちに突きうごかされていた（O・ショッテンローヘル）。エラスムスにとって、学者の共同体である《学問の共和国《レースプーブリカ・リテラーリア》》は、ふたたび見いだされるべきキリスト教的一体性と不可分なものだったのである。

3 《学問の共和国》の黄金時代（一六世紀後半―一八世紀前半）

一六世紀末以降、さまざまな意味で《学問の共和国》に言及されることが多くなったとしても、それが研究と定義の対象となったのは、第一章でみたとおり、一七〇〇年前後の数十年間のことである。この表現の使用例が一六世紀後半から増加し、時とともにますます多くなったとしても驚くにはあたらない。というのも周囲の状況は、学者の世界内で共同体という概念が形成されるのに適していたからである。当時《学問の共和国》はその黄金時代をむかえ、開花期に入っていた。そのことは、宗教的、政治的、知的な次元のいくつかの要因によって説明できる。

A 学者の共同体の構築

宗教的次元の要因

聖書および初代教会の伝統によるキリスト教信仰回復の試みは、早くも一六世紀の第二次四半世紀から新教徒とカトリック教徒の双方の世界において、論争的なあるいは護教論的な著作を数多く生み出した。カトリック神学者たちは新教徒の誤謬《ごびゅう》に反ばくするため、一団となって筆をとるよう勧告をうけた。たとえば、カトリック教会の第一人者ロベルト・ベラルミーノ（一五四二―一六二一年）は、「異端が支配している所では、どのよう方法であれ書く能力のある者は全員その能力を駆使するように」と叫んでいる（『キリスト教信仰に関する議論《デ・コントロヴェルシイス・クリスチアーナエ・フィデーイ》』のまえがき「読者にあてて《アド・レクトーレム》」）。印刷術はこうした反ばくを広く普及させることによって、巨大な反響を彼らにもたらすことになろう。こうして、宗教上、宗派上の論争は、散りぢりになっている人材を同じ問題のまわりに糾合することになり、学者世界の内部における共同体の自覚の誕生にそれなりに貢献したのである。

しかし、その結果として生じた「神聖《サクラエ》にして《エト》よい《ボナエ》学識《リテラエ》」の開花は、キリスト教世界に亀裂がはしるのを防げなかった。その上、宗派的、神学的対立を克服して被害を最小限にくい止めようとする調停者たちの真摯な試みにもかかわらず、宗教改革派の陣営自体にも分裂が生じていた。

エラスムスにとって、キリストの一体性の名においてあらゆる民族、あらゆる宗派を統合することは、何にもまして重要な目的のひとつであった。そのためこの人文主義者は、諸宗派がいくつかの基本的な点について合意を得ようとして開いた何回かの会議を、注意深く見守っていた。たとえば、メランヒトンが起草したアウグスブルク信仰告白を採択した一五三〇年のアウグスブルクの会議がそうである。この会議ではルター派がカトリック教会に少しでも近づこうと努力したとはいえ、エラスムスの文通相手たちの眼からすれば、その結果はいかにも貧しいものであった。レーゲンスブルクの会議の前夜、一五三二年一月二日には、アウグスブルクの司教がエラスムスに手紙を送り、「キリスト教の名にあたいする何らかの事項について最終的合意を得るため」、キリストに会議への出席を仰ぎたいという願望を記している。それから約十年後の一五四一年には、まだ一条の希望の光がさしていた。当時レーゲンスブルクの会議でおこなわれたカトリック教徒と新教徒のあいだの和解の試みを、皇帝カール五世自身が支持したのである。新教側では、ルター（一四八三―一五四六年）、メランヒトン（一四九七―一五六〇年）、ヨハンネス・シュトゥルム（一五〇七―八九年）、マルティン・ブーツァー（一四九一―一五五一年）が、そしてカトリック側では、教皇特使ガスパロ・コンタリーニ（一四八三―一五四二年）、非妥協的なヨハンネス・エック（一四八六―一五四三年）、および二人のエラスムス主義者、Ｊ・グロッパー（一五〇二―五九年）

とJ・プフルーク（一四九九―一五六四年）が四か月にわたって議論をつづけたが、最終的にはけっきょく、挫折に終わった。平和を確立し、教義上、規律上の妥協によってドイツ諸邦における宗教的統一を維持するためのその後のさまざまな企ても、もはや期待された成果を生み出せなかった。

こうして、「キリスト教的な学問の共和国《レースプーブリカ・リテラーリア・クリスティアーナ》」たるキリスト教世界は、長期にわたって分裂しようとしていた。アウグスブルクの和約は、一五五五年にこの分裂をドイツ諸邦にかんして公けに認めたものであり、「領土の属する《クーユス・レギオー》人に宗教も属す《エーユス・レリギオー》」という原則にしたがい、領邦の臣民は君主の宗教にしたがうべきことを規定したものである。

カトリック教徒の方は、教会を内部から改革するだけでなく、新教徒の運動がもたらした事態に対処するためにも開くべき教会総会議の招集が大幅におくれていた。一五四五年一二月一三日、教皇パウルス三世はトリエントで万国公会議を開いたが、それは一八年にもわたり三回の会期でおこなわれるにいたった。このときカトリック教会は、新教徒の見解にたいしてひじょうに明確な教義をはっきりと定めたのである。キリスト教の一体性は、この公会議が終わってから後はずっと遠ざけられてしまった。しかしながら、カトリック教会はイエズス会の創立（一五四〇年）や、教会の義務を自覚させ教義典範を習熟させる位階制度のおかげで新たな飛躍をとげ、宗教改革に対抗して統一戦線を組めるようになった。

フランスの宗教改革は、一六世紀後半からカルヴァン主義の路線を全面的にたどっていたが、一五六一年九月、新旧両陣営は教会分裂を防ぎフランス王国に宗教的一体性を取りもどさせるため、「ポワシーの会談」を開いてあつまった。しかし、人文主義者たちに支援されていたこの会談もまた、成果をあげられなかった。カルヴァン主義の教義神学はジャン・カルヴァンの『キリスト教綱要』（一五三六年）のなかできわめて明瞭に体系化されていたので、それ以上の妥協が検討される余地がなかった。他宗派の信仰箇条もまた同様に明確に定義されていたし、カトリック教会もトリエント公会議以降「復興されて」いたので、本質的な点における教義上の和解という人文主義者たちの夢は一五六〇年代以降、もはや幻想でしかなかった。その上、カトリック教徒と新教徒のあいだの敵意はひじょうに激しかったので、一五六二年から一五九三年にかけてこの国を引きさく一連の内戦を一気に爆発させることとなった。ギヨーム・ポステル（一五一〇―八一年）やセバスティアン・カステリオン（一五一五―六三年）のような、和協神学をとなえる人文主義者たちの主張は聞き入れられなかった。カステリオンはその著『悩めるフランスに勧める』（一五六二年）で、何よりもまず暴力を避けなければならないと考えていた。彼はまた、『君主への勧告』（一五六一年）の匿名の著者と同様に、「二つの信仰の違いを明らかにして両者を自由にすること、そして各人が拘束されずに二つの信仰のうち自分の望む方を選ぶこと」が必要だと述べている。これこそ、まさにアンリ四世がおこなったことであり、彼は一五九八年、王国内において改革派の信仰を許容する「ナントの勅令」を発布したのである。

フランスでは、カトリック教徒と新教徒があまり闘争することもなく一世紀近くにわたり共存していたとはいえ、この王国の政治的、宗教的普遍性はヨーロッパの他の国ぐにと同様、はなはだしい混乱に陥っていた。国民的、宗派的感情がほとんどいたる所で優位をしめるようになり、その結果、超国家的、超宗派的な共同体、すなわち『学問的、キリスト教的共和国《レースプーブリカ・リテラーリア・エト・クリスティアーナ》』の理想がかつてないほど必要とされるようになった。

このような理想は、恩寵、自由意志、救霊予定説にかんする重大な神学的対立を解決するためにオランダ連合州で招集されたドルトレヒト教会会議（一六一八―一九年）以後、さらにいっそう必要になった。ネーデルラントとワロン地方の改革派教会によるこの大規模な教会会議は、さまざまな国の神学者が列席したきわめて国際的な性格をもつ会議であり、カルヴァン主義の信仰箇条と教義神学の定着をはかるものであった。しかしそれは、新教徒陣営にふたたび新しい分裂の種をまくことになった。ドルトレヒト教会会議では、恩寵と救霊予定説の面で穏健な神学的教義にしたがう信奉者を擁する抗議派が断罪され、その結果《学問の共和国》の偉大な市民たちが何人も、その教育職や行政的職務、あるいは牧師職を失うことになった。たとえば、フーゴ・グロティウス（一五八三―一六四五年）やシモン・エピスコピウス（一五八三―一六四三年）の場合がそうである。後者はまずアントワープへおもむき、そこで追放された同信者の指導者となった。いっぽう前者はパリに亡命し、神学からよりもむしろ自然法から、そして彼にとっては「キリスト教的共和国《レースプーブリカ・クリスティアーナ》」と符合する「共同体への志向《アペティートゥス・ソキエターティス》」から着想をえて、和協神学を奉ずる正真正銘の人文主義者として頭角をあらわした。

学者の世界内では、共同体という理想、宗派を越えた協力という理想は、信仰の異なる学者が交換しあった書簡が証明しているとおり、まぎれもない現実であった。ミニモ会の神父マラン・メルセンヌ（一五八八―一六四八年）は正統的カルヴァン主義の神学者アンドレ・リヴェ（一五七二―一六五一年）と文通しているが、これは少なくとも相互の尊敬を証明する「友愛的な反目」のしるしである。グロティウスなどの和協神学を奉ずる人文主義者たちは諸宗派の再統合を擁護していたが、たとえそれが大部分の同時代者から斥けられたとしても、一部の正統派の神学者たちは彼らの学識を正当に評価していた。同じ考え方で、ユグノーのジャーナリスト、アンリ・バナージュ・ド・ボーヴァル（一六五六―一七一〇年）は、一六八七年一一月、イエズス会の神父ルネ・ラパンの死にさいして、彼にたいする追悼文を、『学者の著書の歴史』（*Histoire des ouvrages des savants*）に迷うことなく掲載した。ボーヴァルはこの神父の死を、「彼がその栄誉の大きな部分をになっていたこの修道会にとり、そして彼が多数のすぐれた著書によっていっそう豊かにした《学問の共和国》にとり、きわめて大きな損失」であると考えていた。部分的には宗教的分裂から生まれた《学問の共和国》は、その内部では最高の原理たる知の認知を根拠のひとつとする「合同運動《エキュメニスム》」を展開していたのである。

政治的次元の要因

フランスにおける数かずの宗教戦争と、スペインにたいするネーデルラントの反乱——これは一五七九年に南（スペイン属領ネーデルラント）と北（オランダ連合州）の分裂をもたらした——ののち、一七世紀には全ヨーロッパ的規模の戦争が勃発した。まず三十年戦争がはじまる。すなわち、一六一八年におけるボヘミアの反乱は、帝国という構造を、ひいては王朝間の連帯行為を介して、ヨーロッパの君主制諸国家の存在を問う戦争の発端となった。ヨーロッパのいたる所に軍隊が駐留し、民衆はずっと戦争の恐怖の犠牲になった。一六四八年のウェストファリアの和平条約では、帝国の分裂と無力さを長期にわたり確認することとなった。各地の情勢は安定に復したというにはほど遠く、諸勢力の均衡は一七世紀後半におけるルイ一四世の領土拡張主義的な政策のため、ふたたび由々しい混乱におちいることになる。

文人たちは戦争の残忍さにひどく苦しめられ、その混乱からみずからを護ろうとした。ただし、彼らは自分たちの研究がつづけられるかぎり、政治的責任は政府、世俗的権力にゆだね、もっぱら研究に打ち込もうとしたように見える。戦争は可能なかぎり彼らの関心から遠ざけられた。一六五二年六月、フロンドがパリで猛威をふるっていたころ、ジャン・シャプランはニコラス・ヘインシウスに手紙を書き、そのなかで《学問の共和国》の市民は勇気と忍耐をもって不幸と混乱に耐えられることを説いている。というのも、「（私たちには）別の種類の慰めがあたえられるが、もしそれが慰めでなくても、かくも大きな不幸のなかでは少なくとも気晴らしにはなる。いかなる不幸にたいしても救済策をもち、いかなる苦悩も、たとえ癒してくれなくても、和らげてはくれる

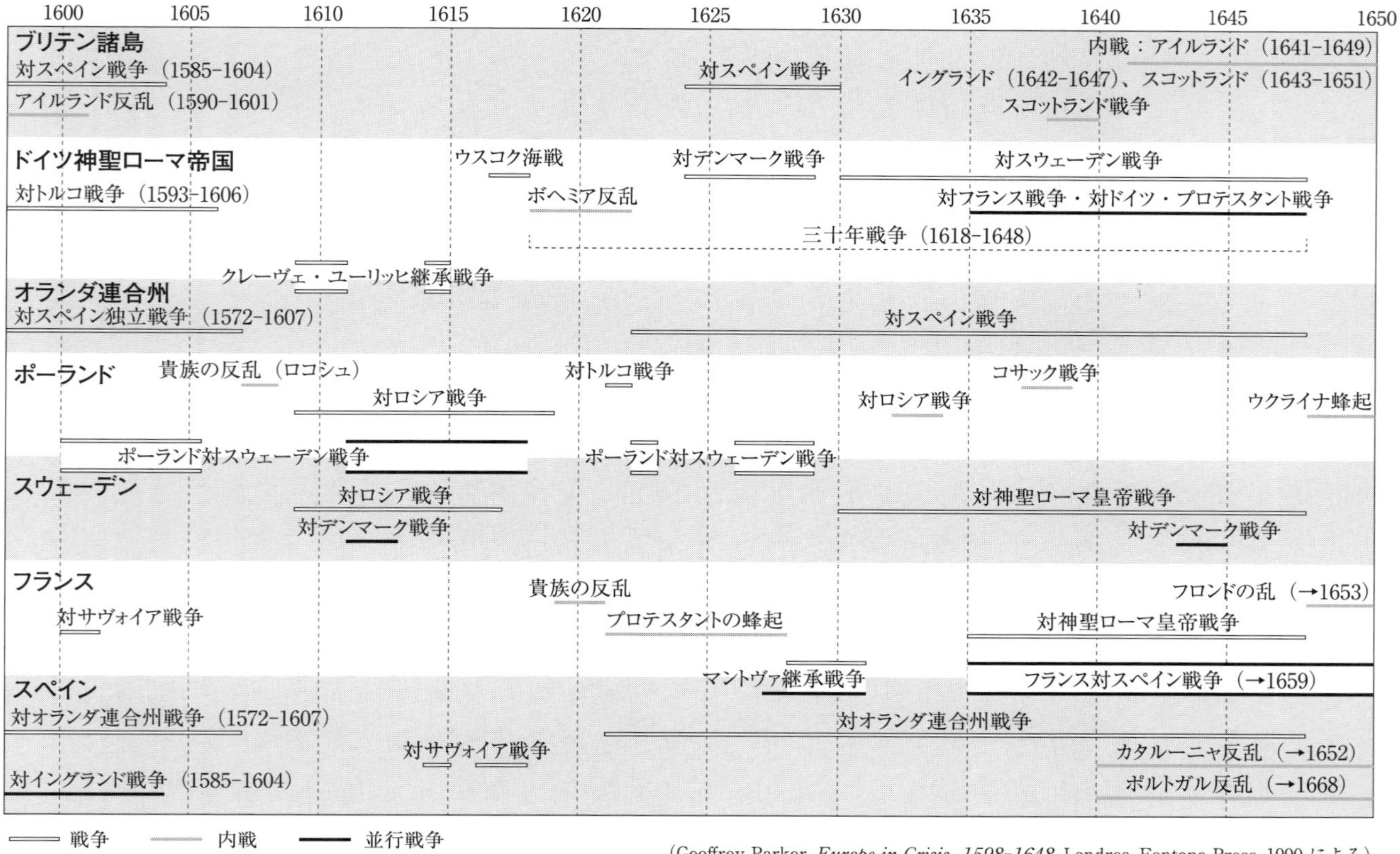

（Geoffrey Parker, *Europe in Crisis, 1598-1648*, Londres, Fontana Press, 1990 による）

表　ヨーロッパにおける戦争（1598-1650）

ミューズの女神たちの懐のなかにいて、できるかぎり戦争から逃れているほうがよい」からである。それのみか、知的活動、とくに他の学者との共同活動は、日々の有為転変に抗する保証であった。だから、ジャン・ル・クレールは一七〇六年、その『蔵書選集』の記事につぎのように書けたのである。「《学問の共和国》は、現在ヨーロッパのこれほど広い地域を荒廃におとしいれている戦争とは無関係の独自な国家であり、戦争状態にある国々の学者たちが、互いに学問上の口論さえしなければ、ともに平和に暮らしていける独自の国家である。そこでの紛争と独特の戦争で失われるのは、インクと紙でしかない。」

軍事的紛争とそれに起因する「学問的交流」の阻害は、コメニウス（一五九二―一六七〇年）やライプニッツ（一六四六―一七一六年）のような何人かの文人に普遍的平和を夢見させた。コメニウスは、当時の残酷で混沌とした現実を克服するために、そして「汎知《パンソフィア》」に、つまり誰ひとり排除することなく文化、平和、宗教を見守る国際的秩序をつくる普遍的な叡知に到達するために、多くの計画案を作成した。いっぽう、三十年戦争の結果を体験したライプニッツは熟慮をかさね、あらゆるユートピアの中でももっとも美しい「キリスト教的共和国《レースプーブリカ・クリスティアーナ》」を樹立する可能性を生涯にわたり夢見ていた。このドイツの哲学者は、国際的でコスモポリタンな社会がこの世の悲惨さを防ぐことができることを確信していた。彼が数かずの計画を描いたその社会においては、政治と経済は、正真な叡知（サピエンティア）とよき統治（ポテスタース）を保証するべき倫理と理性にその基礎をおいている。そこには、あらゆる宗派を統一した、万人のための唯一の普遍的宗教しか存在しない。ライプニッツの体系では、教育が第一義的な役割を演じていた。あくまでも該博な知識によってのみ、人間は神の調和をよく探し求めて発見することができ、その結果この地上で神の王国の実現に取りかかることができるのである。

しかし、壮大なユートピア体系の設計者はまれであって、大部分の文人はさほど極端ではない解決策を求め、政治的動乱への対策を講じようとした。彼らの多くは全面的に絶対的権力に期待をよせ、そこに無秩序と戦争の時代における保護を見いだした。たとえば、シャロン（一五四一―一六〇三年）やノーデ（一六〇〇―五三年）のようなフランスにおける碩学の自由思想家たちの態度がそうであり、彼らは宗教戦争とその混乱の翌日に、彼らに秩序と平和を保証してくれる強大な中央権力の弁護者となったのである。それでもなお、生まれつきの君主にたいする忠誠は、耐えがたい結果を招いていた。たとえば、長年にわたってパリで流浪の身にあったグロティウスは、一六四三年一一月七日、兄弟のヴィレムにあてて、君主が臣民全体を破滅に導かないかぎり、君主にたいして反抗する権利はないと書き送っている。グロティウスは、それをやむをえぬこととして甘受し、聖アウグスティヌスの忠告にしたがって、聖書と教父たちの著作を読むことによって慰めをえていた。同様に多数のユグノーは、亡命直前まで、彼らの正統な国王ルイ一四世に忠誠を捧げていたのである。

こうした反応から、学者や碩学が政治的行為を安易に断念し、《学問の共和国》という彼らが創造した世界にとじこもっていたことが理解できる。そこでは、政治にたいする沈黙によってえられた静謐《せいひつ》さのなかで、彼らは自分たちの研究に専念していた。じじつ、この意図的に非政治的な《学問の共和国》は、有名な『リヴァイアサン』（一六五一年）に由来するホッブスの契約説の論理に含まれている。イギリスの哲学者トマス・ホッブス（一五八八―一六七九年）は、人類の自然状態を不安定な状態であり、人間が人間にたいして狼であるような万人の万人にたいする永遠の闘争状態であると特徴づけた。だから人間は、その法律を万人に課す全能にして共同の権力をつくり上げることによってのみ、生き残るのに成功し平和と秩序を見いだすことができる。そのためには、一人ひとりが一種の契約によってたがいに和解し、その能力をひとりの人物にすべて委ねることにより自己統治の権利を放棄しなければならない。この不可分で抵抗し難い絶対権力を与えられた主権者は、それを万人の平和と公共の防衛のために行使する。学者たちの国家である《学問の共和国》は絶対主義と切り離せないものであった。すなわち、政治的行為の放棄は知的分野における自由の保障であったのである。

知的次元の要因

イタリア・ルネサンス期の人文主義者たちは古代の宝物を情熱的に再発見していったが、それは古代が何よりも美の理想として認識されていたからである。これらの人々にとって重要なことは、古代の偉大な権威ある模範にしたがい、それらを模倣することであった。ギリシア・ローマの文化と古代の哲学は彼らにとっては規範であって、彼らはこの遺産を復活させるべく、古代のテキストを純粋な形に復原して研究し、また中世の写字生たちが書きこんだ余計な加筆部分を削除した。このため彼らはつねに手稿や碑文をさがし求めていたが、それはこうしたテキストの校訂をおこない、それらに注釈をほどこすためであった。

すでに一六世紀から、学識教養人はギリシャ・ラテンとユダヤ・キリスト教の原典を校訂して自分たちの研究を進めるため、少しずつたがいの依存関係を強めていった。削除や脱落のある数行を復原するために、彼らは別のより古い、あるいはよりよい手稿を参照しなければならなかった。ところでこれらの文書は、遠い僻地にあって訪れにくい図書館や修道院に保存されていたが、長期の旅行をおこなう手段をもつ学識教養人はほとんどいなかった。このことは、その土地の近くにいる文通相手の世話に頼らざるをえないことを意味していた。さらに、他の学識教養人による研究の成果を知り、ほどこされた復原やその際につけられた注について彼らと議論することは、必要不可欠であった。こうして、テキスト研究である言語文献学は、集団という不可欠の次元にまたがり、広範な共同体に加わろうとする意欲をはぐくんだのである。

ところで、イタリアの人文主義者たちによって開拓された言語文献学は、一六世紀末から一七世紀前半にかけて重要な学問のひとつとなった。スカリゲル、リプシウス、カソボンにつづき、彼らにまったく劣らない人材が排出した。すなわち、クロード・ソーメーズ（一五八八―一六五三年）、ゲラルドゥス・ヨハンネス・フォシウス（一五七七―一六四九年）、ダニエル・ヘインシウス（一五八〇―一六五五年）である。そして今度はこの人々が、ニコラス・ヘインシウス（一六二〇―八一年）、ヨハンネス・フレデリクス・グロノウィウス（一六一一―七一）、ヨハンネス・ゲオルギウス・グラエウィウス（一六三二―一七〇三）といった著名な弟子をそだて上げた。この弟子たちはアムステルダムとライデンの有名な印刷業者エルゼヴィールに、「さまざまな書き込みが施された《クム・ノーティス・ワリオールム》」、つまり多数の言語文献学者の注をふくむ有名な校訂版を提供した。これらの校訂版を執筆した何人かは、ベールによれば（一六八四年の『《学問の共和国》便り』）、ほとんど「判断」を行わず剽窃家《ひょうせつか》と同然であったとしても、他の執筆者たちはその任務をみごとに果たした。それは「ひじょうにすぐれた考証について全面的に注釈を加え、他の考証のすぐれたものをすべて採択し、全面的に本文を改訂し、あらためて古い手稿を参照し、読者にすでにあたえられていた一切のものに推測と光明をつけくわえる」という任務である。

神学者や聖書研究者についても同様であった。言語文献学的、文学的な注釈をほどこす聖書解釈は、ロレンツォ・ヴァラ（一四〇七―一四五七年）やエラスムス（一四六九―一五三六年）によって導入された。彼らは聖書をそれ以外のヘブライ語やユダヤ教の原典と比較研究することの重要性を指摘していた。たとえばスカリゲル（一五四〇―一六〇九年）は、聖書の「校合ずみの本文《テクストゥス・レケプトゥス》」については細心の注意をはらいつつ慎重にあつかうべきだと考えていた。彼はそれを改竄《かいざん》されたものと見なしていたからである。したがって、ヘブライ語、ギリシア語、ラテン語の「三つの言語の知識《エールディーティオ・トリリングエ》」を前提とする聖書のこうした批判研究は、「聖典《サクラエ・リテラエ》」すなわち聖書の釈義に精通した人々すべての協力を必要としていた。それゆえに、スカリゲル、グロティウス（一五八三―一六四五年）、ジョン・ミル（一六四五―一七〇七年）、ジャン・ル・クレール（一六五七―一七三六年）、そしてリシャール・シモン（一六三八―一七一二年）といった近代的な聖書釈義学者は、あまりに厳格な教義神学に束縛されることなく、自分たちの考えをたがいに打ちあけ、自分たちの研究によって導かれる新しい読み方をすすんで教えあったのである。

知的研究におけるこうした協力は言語文献学的研究にふくまれる性質のものであるが、これはフランシス・ベーコン（一五六一―一六二五年）の著作をつうじて「理論的に」、より広く正当化された。ベーコンは科学者ではなく学識教養人であり、その活動は哲学的・文学的研究と、彼がイングランド王国の大法官となる一六一八年に頂点にたっした政治的キャリアーに二分される。彼は『ニュー・アトランティス』（一六二七年）のなかで、「サロモンの家」という学者の結社を内部にかかえる想像上の共和国について描写している。これらの学者は権威にもとづく議論をすべて拒否し、観察と経験によって研究をおこなっている。こうした方法は、必然的に研究の集団的組織をもたらし、研究者の共同体を要求する。それは、自然の認識というぼう大な作業を首尾よく成しとげ、その認識に達するより多くの機会をえるのに必要なものであった。

こうした方法は、同じくベーコンにより、『学問の進歩』（一六〇五年）と、とくに『ノーウム・オルガーヌム・スキエンティアールム』（一六二〇年）のなかですでに明示されている。彼はアリストテレスの権威から、つまりこのギリシア哲学者の『オルガノン』のなかで示され、じつに長い間伝達・強制されてきた伝統的権威から解放されていた。そのかわり彼は、その書名が示すように、「ノーウム・オルガーヌム」、すなわち文字どおりの新しい道具を提案したのである。ベーコンが強く願っていたことは自然にたいする人間の支配の拡大であり、この『ノーウム・オルガーヌム』は、自然をさらに深く認識することでこの目的を達成する方法を提供するために執筆された。彼の方法は経験と帰納にもとづいていた。ベーコン自身は実験家ではなかったけれども、彼は実験のみが知を進歩させられる——そのことは、彼によれば、人間の条件を改善するのに役立つはずである——ということを確信していた。さまざまな実験がおこなわれ、それらは他の人々によって反復され精密化され、その結果の全体から、観察された現象を説明する法則が導き出されるであろう。たしかに、実験という観念は新しいものではなく、それはいつの時代にもおこなわれていた——少なくとも、潜在的ないし実在する理論にもとづいた実験は。しかし、ベーコンに動かされた学者たちは新しい条件のもとでの、いや人為的につくられさえした条件のもとでの、自然の反応を実験的に観察するという新しい能力に恵まれていたのである(T・S・クーン)。この新しい実験方法は、もはやたんに観念の領域だけでなく、物質的な事物の領域にも適用された。演繹的方法を使っていた思弁的哲学にかわり、実在にかんする科学が登場した。新しい方法を用いて体系的に真理を探究する者は、最終的な確実性に到達するのではなく、仮定や仮説——これらの仮説を裏づける実験と現象の観察にもとづいた仮説——に到達するのである。

したがって、実験がベーコン・モデルによる新しい学問に不可欠であるとすれば、この学問は同時にまた、他のさまざまな研究条件も必要とした。すなわち、もはや学者は書斎のなかだけで研究するのではなく、実験室、天文台、あるいは図書館を必要とするようになったのである。このような設備は明らかに単独の研究者の力を超えたものであり、協力を前提としていた。

ベーコンが描いた「サロモンの家の同志」には、ふつう『方法序説』(一六三七年)におけるデカルト、正確にいうとその第六部におけるデカルトに象徴される孤独な学者がよく対比される。この哲学者はそこで、「他のどんな人が取り組んでも、それをはじめた当人ほどにはうまく完成できない類の著書がこの世にあるとすれば、それこそ私がいま取りくんでいる著書である」と述べている。デカルトは知的協力、知性のむすびつきという考え方を退けていた。しかし、低い次元のことではあるが、彼の指導下で必要な実験をおこない彼に貴重な時間を節約させてくれる助手の採用を考えていた。彼が一六三一年の夏にヴィルブレッシューにあてた手紙は、まさにこうした視点から読まなければならない。彼が望んでいたことは、誰もが「多くの人の実験によって、自然のもっとも美しいものを発見し、明晰で確実な、証明できる自然学、ふつう教えられているものよりも有益な自然学を樹立するよう」助けてもらうことである。

ベーコンが提示した、人々の協力による知の進歩・前進という原理は、孤独な天才が自分自身の理性の力にもとづいてすべてを破壊しすべてを再構築できる、という理想を打ちくだくにいたった。一七世紀後半以降、「サロモンの家」はたんなるユートピアではなくなり、学問的研究組織のモデルとなったのである。

じじつベーコンの著書はすぐに高い評価を博したが、それは彼の文体の質だけではじゅうぶんには説明できない。彼の著書は、フィレンツェの「アカデミア・デル・チメント」（一六五七年）、「グレシャム・カレッジ」、ロンドンの「ロイヤル・ソサエティ」（一六六二年）、パリの「科学アカデミー」（一六六六年）、さらには、ボローニャの「イスティトゥート・デッレ・シエンツェ」（一七一二年）といった、近世における初期の科学アカデミーの基礎となった。それはイングランドにおける学問的研究はもちろん、大陸の多数の学者にも刺激的な影響をおよぼした。じっさいベーコンの著作はヨーロッパのいたる所で著名な人々に読まれたが、そのほかにオランダの詩人で植物学者のヨハンネス・ブロステルハイゥセン（一五九六—一六五〇年）のような人も読者としてあげられる。彼はベーコンの『自然史』、すなわち『学問の大革新《インスタウラチオ・マグナ》』の第三部（一六二二年）を読んだときの感激をかくすことができず、つぎのように書いている。「一挙に理解したいという願望のために、私は（この著作を）順を追って読んでいくことができない……。私はそこに、事物の本性を考察する上できわめて有用な方法を発見した…。（著者は）実験からすぐれた結果を引きだして、有益に使おうとしている……」。それから数か月後、この若者はベーコンを読むことに魅了されたあまり、ベーコンが提案していた実験のひとつをくり返し、それに成功するにいたった。

ベーコンの計画から着想を得た新しい知は、また楽観的でもあった。さまざまな才能のもち主らの協力、さまざまな力の統一のおかげで、知の進歩はより速やかになるであろう。進歩と完成可能性にたいするこうした信仰は「ロイヤル・ソサエティ」内部に大きな反響をもたらし、その会員のジョーゼフ・グランヴィルは自著の一冊に『より彼方へ、あるいはアリストテレスの時代以降の学問の進歩と前進』（一六六八年）という、雄弁そのものの書名を冠している。フランスでは、協力と進歩が緊密にまじり合う知という同様の考え方が、フォントネルの『新旧優劣論』（一六八八年）で、さらにその一世紀後のコンドルセの『アトランティスにかんする断片』（一七九四年）で展開されることになる。文明の完成可能性はデイヴィッド・ヒューム（一七一一―七六年）やジャン＝ジャック・ルソー（一七一二―七八年）によってあらためて問題にされ、彼らは個人的天才を擁護したが、それは「サロモンの家」に具現されたさまざまな理想および《学問の共和国》というモデルを無効にするには無力であった。

B　共和国内部における分節と変化

批判の登場と亢進《こうしん》

すでに一五世紀末から、人文主義者たちは批判的になっていた。彼らは、自分たちが校訂や注釈をくわえる原典に徐々に盲従しなくなり、古代の遺産を全体として考慮に入れることができるアプローチを開発しようとした。古代の原典は、それらを生みだした文脈から切りはなすことができない。原典や記念碑は、ある時代、ある特定の地点、習俗や習慣、伝統、多様な社会的・文化的条件の表現なのである。こうした批判的態度から多くの著作が生まれたが、その一例としてフランチェスコ・アルベルティーニが一五一〇年に公けにした新旧ローマの驚異にかんする著書とギヨーム・ビュデが一五一四年に刊行したローマ貨幣論をあげることができる。この二冊は、明確な主題にかんし多くのさまざまな史料にもとづいて書かれた正真正銘の「百科事典」と呼べる集大成であった。

こののち、これら批判的人文主義者たちは「権威《アウクトーリタース》」への隷従的な模倣を排除する。文明の進歩への信仰にもとづく彼らの真理の探究は、「古代人」との自由な競争の上に成りたっていた。エラスムスはその著『キケロ主義者』（一五二八年）のなかで、キケロを模倣する人々を攻撃している。たとえばノソポーヌス（この著作中の英雄）がそうで、彼は自分が模範とあおぐ著作類のなかで使われているすべての単語、すべての表現、すべての韻律を三冊の辞典にまとめており、神、キリスト、聖母マリアをさす場合には、これらの大切な集成から引用した表現しか用いないと主張していた。この人文主義者の王者は、実践的な次元や文体的な仮説についての考察を越えて、つぎのような見解をもっていた。すなわち、近代人はキケロにたいして距離をとるべきであり、キケロがキリスト教の福音を知っていたら別の思想を展開していただろうと考えるべきである、と。彼は同時代人たちに競争をうながすために、花から花へ、植物から植物へと飛びまわってその花蜜をあつめ、それを花の味や香りがしない蜂蜜に変える蜜蜂の仕事を思い起こさせた。こうして、近代人は古代の原典を講読し研究することで個人的利益をえられるだけでなく、たとえほんの僅かであれ自分自身の貢献によって「古代」と対抗することさえできるのであった。いってみれば、巨人の肩の上に乗った小人のようなものである。権威にたいするこの最初の問題提起と隷従的模倣にたいする異議申し立ては、一七世紀に入るとはるかに急進的な運動になり、ついにはポール・アザールのいわゆる『ヨーロッパ精神の危機』において絶頂にたっした。

宗教改革が、そして知的活動を支配する新しい諸条件がひき起こした激動の結果、多数の学識教養人は一六世紀のあいだに、世間で受け入れられている真理について疑いをいだくようになっていた。こうして彼らは、純粋な学識と前世紀の言語文献学をひどく軽視するようになった。デカルトの哲学は、知識を理性のみに、つまり「明晰判明な」ものに従わせることにより、あらゆる聖別された権威から解放した。いっさいの誤謬やたんなる蓋然的なものは、方法的懐疑によって退けられなければならなかった。

幾何学的証明を使ったこの新しい方法は、誤ったものや憶測にもとづくものとは厳密に区別される根本的確実性に達することを目ざしていた。ジョルジュ・ギュスドルフが強調したように、この数学的方法は一七世紀の後半に一般化し、あらゆる学問分野に適用された。トマス・ホッブス（一五八八―一六七九年）は、計算の言語を彼の哲学的著作のなかで使用した。スピノザ（一六三二―七七年）はその『倫理学』（一六七七年）をユークリッド型の体系として展開し、「幾何学的秩序にしたがって証明した」。ライプニッツは若いころから数学者のように、哲学に「数学的様式《モーレ・マテマティコ》」をあたえることを考えていた。彼の同時代者ロック（一六三二―一七〇四年）は、その『人間悟性論』（一六九〇年）のなかで、道徳は「数学と同様に証明が可能である」ことを強調した。

文人たち、すなわちその大部分が人文主義の教育を受け、「古代」が残してくれた作品にさかのぼって人間の知識全体について研究をつづけていた文人たちも、やはりこの数学的アプローチの影響を受けざるをえなかった。一七世紀後半の考証学的研究は、より厳密な方法を要求するこの新しい哲学からつよい影響を受けた。碩学たちは何よりもまず真理を探究し、このために歴史的公文書学、年代学、古文書学のような補助学を完成した。

じじつ、歴史学の分野全体は、時にはきわめて不完全であるにしても、批判的方法の痕跡をとどめている。そうした関心は、たとえば、サンドラスの殿下、Ｇ・ド・クルティルツのようなあまり厳密とはいえない歴史家にもみてとれる。彼はその著『オランダ戦争の歴史』（一六八九年）の序文で、歴史家は「寓話を真実と受けとらない」ことが望ましいと書いている。そうした懸念から、彼は過去の歴史を書くことを断念さえし、「反対の事実をあげるかもしれない証人が多く存在する」彼の時代の歴史をむしろ選んだ。この新しい方法はジャン・ル・クレールが一六九七年に公けにした『批判の術《アルス・クリティカ》』によく反映されている。この提要は、マリーア・クリスティーナ・ピタッシがこの時代における批判的知のさまざまな部門のうちでもっとも完全な総合であると見なしているものであるが、そのなかでル・クレールは、歴史がたんなる記憶の分野であるという考え方に反駁している。彼にとって歴史的批判は、厳密なすなわち「幾何学的」な方法を適用することで極端な結論を除外し、「記憶《メモリア》」と「批判的精神《ユーディキウム》」を統合することができる知となる。そして彼はギリシア古典やエラスムスの著作を校訂した書物のなかで、そのことを証明した。この批判の原理は神聖な領域と世俗的な領域に適用されるので、それまでの数世紀の言語文献学的な遺産は、こうした批判のなかにその方法論的枠組みを見いだしたといえよう。

批判的方法はまた聖書釈義にも波及していった。早くも一七世紀の前半から、フーゴ・グロティウス（一五八三—一六四五年）やルイ・カッペル（一五八五—一六五八年）といった偉大な言語文献学者が、寛大さとキリスト教的一体性を奨励しようという情熱にかられて、この分野で努力していた。彼らは、いっぽうでは真の原文により近い解釈を確立しようとし、他方では根本的ないくつかの点を明らかにしようとしていた。その刊行物のなかで彼らは、聖書の文言と意味を強調していた。カッペルは、聖書の難解な一節を読解する必要に迫られたとき、最善の読みかたは「もっとも真実であり……文脈にもっとも忠実であり……聖書全体の類比《アナロジー》ともっともよく一致し調和する意味をそれ自体で生みだす」ような読みかたである、という規則を適用していた。

このアプローチは革新的であったけれども、近代的聖書釈義の創始者と見なされるオラトリオ会士、リシャール・シモンのさらに大胆な著作によって、あらためて問題にされた。彼はその著『旧約聖書の批判的歴史』（一六七八年）において、スピノザが『神学政治論』（一六七〇年）の第二章で創始した方法を応用した。そのなかでスピノザは、自然の解釈には、観察、「確実な所与の結集」、自然の事物にかんする明確な定義が必要であるのと同様に、「聖書を解釈する場合にも、聖書にかんする正確な歴史的知識を得ることがやはり必要であり、ひとたびこの知識が得られると……その当然の結果として、そこから聖書の著者たちの思想について結論を出すことができる」と主張した。こうして、科学的方法が聖書釈義の分野に導入された。スピノザが「歴史的調査」と名づけたこの方法に従って、リシャール・シモンは、確定されていた聖書の原本が、じつは写字生と文書保存の物理的条件に起因する矛盾や欠落にみちており、毀損されていると考えるようになった。彼によれば、こうした矛盾や欠落は、文言と意味のあいだの確実なむすびつきを不可能にしていた（F・ラプランシュ）。しかしながら、シモンは教会の「超歴史的」権威とその不変の教権を引きあいに出すことで、聖典を無効にすることは回避したのである。

教会の伝統に対するリシャール・シモンの大胆さは、ガリレイ（一五六四―一六四二年）のそれと対比することができる。このトスカーナの学者は、厳密な観察を発見の指標や手段として導入することによって宇宙論を一変させ、アリストテレスやプトレマイオスといった古代の権威、ならびに聖書から導き出される教えにかんして再検討を迫った。ガリレイは『天空の使者《シデレウス・ヌンキウス》』（一六一〇年）という、天体にかんする新しい豊かな論述を提供した著作のなかで、人間と宇宙の関係を永久に変え、そして無限に拡大してやまない研究精神の端緒を切りひらいた。ニコラウス・コペルニクス（一四七三―一五四三年）やチコ・ブラーエ（一五四六―一六〇一年）をふくむそれまでの先駆者たちとは異なり、ガリレイはもはや仮説にはもとづかず、自分の観察が数世紀以来権威とされてきた知と矛盾するとしても、自分の観察の結果に信を置いたのである。

あらゆる形の権威に対するこうした批判的反応は、教師と生徒のあいだに結ばれる新しい関係にも表現されており、これをベーコンはつぎのような言葉で定義した。「生徒の教師に対する信頼は一時的なものであるべきであって、生徒が彼ら自身の判断を控えなければならないのは、彼らがじゅうぶんに教育されるまででしかない。彼らは、絶対的服従や永遠の束縛状態を強制されてはならないのである」。

以上描写してきたさまざまな過程においては、偉大な「祖先」との競争という問題、つまり進歩という問題が、いろいろな形でたえず提出されていた。一七世紀末のあの有名な「新旧論争」は、文学の分野では、実のところあらゆる学問に関係するはるかに巨大な運動の一エピソードの域を出るものではなかったのである。

ここに述べてきた認識論的な断絶については、一六九六年にピエール・ベールが『歴史批判辞典』（項目「アコンチェ」注D）のなかでみごとに描写している。このロッテルダムの哲学者は、彼の時代の優位性を確信していた。なぜなら、その時代の人々は「他のどのような時代にもまして、良識と理性に敏感になっている」からである。さらに彼は、すぎ去った時代と彼の時代とを比較して、つぎのように述べる。「彼らと私たちとの間にある相違は、前世紀にあっては、今世紀よりもずっと人々は学識を自慢していたということである……。それは、高い能力と深遠な学識ほど人気を集めるものが何もなかったあの時代の特質であった。人々は言語を徹底的に研究した。すなわち、彼らは研究をかさねた末の解釈によって古代の著述家の原典をもとの姿にもどし、こまかい部分の曖昧さにもこだわり、正確な訂正をおこなうため推測を根拠づけるのに腐心した。要するに、彼らは著述家の字義通りの意味に執着したのだ。というのも彼らには、今日おこなわれているように、著述家をよく知るために自分たちを精神の域まで高める力がなかったからである。今ではみんな昔より道理をわきまえるようになった。昔ほど博学ではなくなったが、しかし歪《いびつ》な能力よりも単純な良識をずっと高く評価するようになった」。もしベールが人文主義的学識についてやや歪曲されたイメージを提示してしまったとしても、また、彼がエラスムスやスカリゲルといった人々によるすばらしい批判をまったく忘れているように見えたとしても、彼は新しい世代の学者が現れたことを、その存命中にみごとに示した。それは、アリストテレス哲学の古い権威から解放されたのち、より真正でよりざん新な知を発見するためにあえて新しい方法をとろうとする学者たちである。

「博学者」から専門家へ

エラスムス的人文主義が染みこんだ文人たちは、あらゆる学問分野を研究し知の全体を包括的にとらえようとする意欲にみちていた。一七世紀の前半をみると、彼らの大部分は古代の著述家たちから汲みとれる知識を収集し、アリストテレスとキケロによって代表される模範にしたがおうとする人文主義者であった。フュルティエール（一六一九—八八年）がその『普遍的辞典』（一六九〇年）で「リテラチュール」という用語にあたえた定義は、辞典につきものの遅れが認められるとはいえ、この点についてきわめて明快である。彼はこの用語の意味を「学説、学識、学識教養にかんする深い知識」であると指摘したあと、その実例として「スカリゲル、ソーメーズ、リプシウス、ボシャール、カソボン、グロティウス、ベールなどの近代の批評家は、広範なリテラチュールの持ち主であった」とつけ加えている。さらに彼は「レットル」の項目で、「レットルという言葉は科学《シャンス》についても用いられる」と書いている。この二つの定義から、レットルは知の全体を包括していたこと、そしてフュルティエールが参照した人物の多くは、「古代」を範とする知識・関心をもつ博学者であったということが明らかになる。

これらの人文主義的学者たちは、古代における英雄のように、百科事典的な願望を、すなわちぼう大な知を総合しあらゆる分野の「要約《コンペンディウム》」として百科事典にまとめるという欲望を抱いていた。「博学者」という名で呼ばれるこれらの人物は、知ることのできる一切のことを包括的にとらえようとしていた。これらの博学者は、その狂気じみた野望と極端な饒舌さのために、しばしば笑いものにされた。そうした批判にたいして、アンソニー・グラフトンは証拠をあげて反論した。すなわち彼は、これらの人々には多くの欠点があるものの、彼らが知識の全体をその著作に収め、正真正銘の集大成を辞典という便利な形で提供することによって、知の拡大と普及のために働いていることを示したのである。彼はまた、ラテン文化に浸りきっている、したがって、ヨーロッパにおける学識のあらゆる成果に接近できるこれらの人々は、彼らなりに正真正銘のコスモポリタンであり、《学問の共和国》のまぎれもない市民であることを強調した。

早くも一七世紀には、フーゴ・グロティウス、G・J・フォシウス、C・ソーメーズのようなエラスムス的人文主義の偉大な相続人でさえ、知の進歩と日々増産される印刷物の蓄積のために、もはや知識の総合をおこなうことは不可能になっていた。知は、その全体像を一望のもとに理解することなど不可能な、無限で流動的な輪郭をもつ総体となった。今後は選択をしなければならなくなった。そこで博学者は、古くからの野心を失ってでも生き残るしかなかったのである。

しかしながら、まだ一八世紀においては学者たちのヨーロッパには、なかでもドイツ諸邦やオランダ連合州には、博学者と呼ばれても恥じない多くの人々がいた。たとえば、ライデン大学教授のヤコブ・ペルゾニウス

（一六五一―一七一五年）とティベリウス・ヘムステルハイゥス（一六八五―一七六六）、そしてドイツ人の碩学ヨハンネス・アルブレヒト・ファブリキウス（一六六八―一七三六年）がそうである。しかし、一八世紀の博学者はもはや、それまでの数世紀の博学者ではなかった。彼らははるかに批判的になっていたし、少なくとも歴史の分野では、方法的懐疑主義をみずからのものとしていた。より一般的にいうと、博学者は、理論的観察と経験にもとづき知的活動にかんする新見解を導き出したベーコン・モデルの影響をうけていたのである。

一七世紀後半に理性と経験の新しい哲学という名のもとに生じた認識論的区切りとともに、ヨーロッパの学者たちは人文主義的言語文献学と博学者の学問の限界をじゅうぶんに意識した。『方法序説』（一六三七年）に詳述されているようなデカルト（一五九六―一六五〇年）の知的軌跡は、いわば象徴的である。この哲学者は「もはや他の学問は探求せずに」、彼自身と「世界という大きな書物」のなかにこそ見つけられるような学問をもっぱら探求するために、「（彼の）先人への隷属」と「学識教養の勉強」を放棄した。すなわち彼は、学校の知識にかえて、彼自身の理性の働きの教えを導入したのである。

デカルトが現れてから後は、「より少なく博学であり」、「より多く理性的である」ことが重要であるという考え方が支配的になった。百科全書的な知識の追究は耐えがたい活動である、と見なされることが次第に多くなってきた。それは「精神を迷わせる」と書いたのは、フランスの碩学アドリアン・バイエ（一六四九―一七〇六）である。彼はデカルト的着想にもとづいた批判の延長上で、博学は「記憶にあまりにも負担をかけ、記憶を混乱させる」とつけ加えている。ドイツの書誌学者ダニエル・ゲオルク・モルホーフ（一六三九―九一年）でさえ、博学者に捧げた自著の序文のなかで、今後は知の全体を包括的にとらえることはもはや不可能であると認めている。すなわち、普遍的知識を目ざす野心などは幻想であり、そうした野心は、港を見つけることができず、まちがいなく遭難するような大洋に直結しているのだ、と。新聞発行人たちもまたこうした変化を広く伝えた。いまなお普遍的知識を支配していると主張する連中や、才能も独創性も示すことができないので博識をひけらかすしかない連中を告発した。この点で彼らは、その著『一哲学者の理念』で「新しい」学者の肖像を描き出したスイスの神学者サムエル・ヴェーレンフェルス（一六五七―一七四〇年）と同じ意見であった。ヴェーレンフェルスはそのなかで、「自分の生まれながらの理性を最大限に完成させた」人物のことを描写している。「この人物は早くから自分の精神を働かせることに慣れており、また自己を注意ぶかく、正しく、そして鋭敏にしてくれる学業をつうじて鍛えられた。このようにして彼は、真と偽、確実なものと疑わしいもの、本当らしいものとそうではないものを区別することを学んだ。それに加え彼は、子ども時代のあらゆる先入観から、そしてある種の書物――それらが世間でどのように評価されていようと――にたいする偏見から、彼の精神を解放した……。このような精神をもって、彼はひたすら叡知に身をゆだねるのだ……。」この理想は現実から遠くかけ離れているように見えたかもしれないが、それでもやはり一七世紀末における《学問の共和国》の市民を引きつけたすばらしい理想であった。

　一七世紀後半における科学の止《と》められない地位の上昇は「科学の共和国《レピュブリック・デ・シャンス》」という新しい表現に表されており、博学者の専門家への変容を裏づけるものであった。この点にかんしては、オランダの諸大学が重要な実例を提供してくれる。これら若い大学の学課課程はまだ言語文献学による支配を脱していなかったとしても、オランダ連合州の広やかな精神的開放性と自由な環境のおかげで、哲学の分野においても科学の分野においても新しい思潮をとり入れていた。それゆえこれらの大学は一八世紀の最初の四半世紀のあいだに、重要な科学の中心となったのである。ライデン大学の数名の教授の教育と活動のおかげで、ニュートンの物理学は大陸に普及しつつあった。

たとえば、ヘルマン・ブールハーフェ（一六六八―一七三八年）は全ヨーロッパから多数の学生を引きつけ、彼らにもっとも近代的で経験主義的な科学的方法を教えたのである。

一七世紀中葉に現れたこの新しい方向とそれにもとづく制度的変容（アカデミー、学術協会、定期刊行物）は、知の「細分化」と並行して進んだ。古代の原典に長いあいだ依拠してきた自由学芸の課程《プログラム》にしたがう人文主義者は正真正銘の博学者であって、いかなる問題に直面してもあまり当惑することがなかった。というのも、アリストテレスが芸術と科学の鍵をにぎり、ユスティニアヌスがローマ法への門戸をひらき、ヒッポクラテスが医学への接近を許していたからである。新しい哲学と知の新しい形態の誕生にともない、この人文主義者にかわって専門化された学者が現れた。これらの学者は、一つひとつが固有の方法と言語をもっていて完全な隔壁で区切られたさまざまな学問分野を、包括的にとらえることができなかった。この専門分化は、実験的諸科学（物理学、化学、自然史）にも歴史学や聖書釈義学にもおよぶ。今日人文科学と称される分野に限ってみても、一七世紀においては、歴史家の仕事とならんで次のような人々の顕著な活動が目だつ。すなわち、クロード・ソーメーズ（一五八八―一六五三年）のような人に典型的な例が見られる言語文献学者、シャルル・デュ・カンジュ（一六一〇―八八年）のような人に代表される辞典編集者、そしてシャルル・パタン（一六三三―九三年）のような人に具現される古銭学者といった人々である。

したがって、知の体系は一七世紀後半以降、地域によって速度はことなるものの、普遍的学問から専門化された学問へと移行した。そして一七〇〇年頃の《学問の共和国》では、ある特定の学問分野に専念する「熟練した」人間こそが理想的学者になった。あらゆる分野で大量の知識を蓄積しようとする必要はなく、それは無駄なことだと考えられるようになった。古めかしい知の集大成が破裂し、批判が華ばなしい勝利をおさめ、博学者を打倒したのである。

しかしながら、それから半世紀後に知の新たな再構築がおこなわれた。ダランベール（一七一七―八三年）は『百科全書序論』（一七五一年）でその前提を提示した。彼は人間精神の全般的な発展をあとづけ、あらゆる知識の一覧を提示しつつ、つぎのように主張したのである。宇宙は、それを一目で包括的に理解できる者にとっては「ただ一つの事実と偉大な真理のみ」を表現するに過ぎず、すべての知識はもっとも自然な秩序のなかで示される全体を形づくっている、と。このために、おそらくニュートンのモデルは、実在の全体を統一的に理解する最良の図式を、すなわち宗教から分離されてあらゆる科学の道具として役立つ自然的、実験的哲学を、提供していた。そこでダランベールは、「可能なかぎり小さい空間に」知識を集成することを本質とする新しい百科事典的な整理法を提案したのである。『百科全書』はその具体的表現である。

知の新たなヒエラルキー

中世以来、概して神学は他のあらゆる学問よりもすぐれたものと考えられていた。トマス・アクィナスによれば、神学はとうぜん特権的地位をしめるべきものであった。この地位を具体的に表しているのが、大学の四学部のなかにおける神学部の上席権であり、この特権はアンシアン・レジームのあいだをつうじて認められていた。人文主義の時代にも一八世紀にも、大学改革で「神学《サクラエ・リテラエ》」が、すなわち聖書と教父たちの研究が問題にされたことは、一度もなかったことをつけ加えておこう。

そのうえ、言語と文学の研究は哲学の研究と同様に、長いあいだ一種の予備課程、つまり神学、とりわけ聖書釈義学への準備段階となっていた。エラスムスの時代に真実であったことは、一八世紀初頭になってもなおじゅうぶんに真実であったのである。一七〇一年、神学者でジャーナリストであったジャン・ル・クレールは『パルラシアナ』のなかで、文学と哲学の研究を補助的学問であると見なしている。彼によれば、文学は聖書を理解するための大きな助けとなるし、より一般的にいうと、文学は、それに哲学が加えられると、精神を涵養するための大きな助けとなる。このようにル・クレールは、これら三つの学問がむすびつくならば「それらに依存する知識が無限に増大する」のが見られるであろうと考えていた。彼はさらにつづけて、神学者が同時に哲学者にもなるならば、「無数の間違った推理と児戯——そうした推理と児戯は彼らの書物にみちあふれており、また、宗教にとって大きな過ちであるが、彼らはしばしばそうした推理と児戯を信仰箇条と混同している——」が避けられるであろう、と述べている。神学は優位を温存し、言語、文学、哲学は下級の地位にとどまり続けていたのである。

しかし、いっぽうでは抑えがたい諸科学の地位の向上が、そして他方では権威の再検討が、神学の優位性を傷つけていた。知は「形而上学的、神学者的な障害」（G・ギュスドルフ）を取りのぞかれたので、きわめて自由に発展した。こうして神学はその指導的で「専制的」な機能を失った。そのうえ、知の世界においては多様化が進行し、ある種の学問にはそれまでとは比べものにならない地位があたえられたのである。

修辞学と歴史学は重要な学問としての地位をたもっていた。前者は、アンシアン・レジームをとおしてずっと教育の場で、つまりコレージュと大学の自由学芸学部で、第一級の地位を温存してきた。とはいえ、この学問に発展がなかったわけではない。修辞学はベーコンやデカルトの思潮からとくに影響をこうむるとともに、ポール＝ロワイヤルの学者たちの著作によって、言語と理性の完ぺきな一致という旗標《はたじるし》のもとに新しい表現をあたえられた。

歴史学は、科学の決定的な興隆にともない一七世紀をつうじておこなわれた知の新たな序列化のなかで、特別な運命を経験した。ここでは、一七世紀に歴史学の価値に異議を唱えたさまざまな懐疑的思潮の分析には立ち入らず、また人間の認識能力にかんして哲学と神学のあいだで交わされたより大きな論争にも立ち入らず、デカルトが歴史学を蓋然的な認識であるとして知の集大成から排除したとき、この学問にたいして加えられた、かつてないほどの恐るべき打撃に注意をむけるとしよう。歴史家や碩学たち――とりわけ聖史をあつかっていた人々は、この恐ろしい審判を軽減し、さらには破棄しようと懸命になった。デカルト哲学の還元的結論に制限をくわえ、歴史的認識の可能性を回復しようとした企てのうちでもっとも興味深いのは、アントワーヌ・アルノー（一六一二―九四年）が『思考術』（一六六二年）の中でおこなったものである。彼は、数学的認識が排他的有効性を主張するのに対抗して、偶然的事象にかんしては蓋然的認識にもとづく道徳的確実性がもつ尊い威信を対置した。知の集大成における歴史学の復権には、歴史的事実という間接的認識の有効性を確保する方法、規則、批判の確立が前提とされていた。アルノーが示したモデルは、もっぱら聖史を救うことだけを目ざしていた――それこそ緊急の課題だったのである。しかしこのモデルは、マビヨン（一六三二―一七〇七年）からボリングブルック（一六七八―一七五一年）にいたるまで、歴史的認識の確実性という価値を擁護しようといろいろな形で努力したすべての人々に、基準として役だった。哲学者たちがおこなった断罪は歴史家たちの反撃を喚起し、この反撃のおかげで歴史学は科学的地位をあたえられ、知の集大成のなかにその地位を取りもどした。こうした過程をへて歴史学は根本的に変化した。つまり、歴史学はもはや純粋な記憶にもとづいた知ではなく、事実の批判的、理性的な検討による知となったのである。当時、科学に基礎をおいていた碩学的諸学問（公文書学、古文書学、古銭学など）と、ヴォルテールをもっとも著名な代表者の一人とする哲学的歴史学は、つぎの世紀に頂点にたっする歴史学のこの「地位の上昇」をあらわしているのである。

一七世紀にあらわれた新しい哲学的、批判的傾向は、権威の原理と完全に絶縁した。そこで、こうした立場をとる新しい学者と既成秩序の代表者のあいだには緊張が生じた。宗教の分野では衝突の危険性が大きかった。天文学者の観察や物理学者の実験はかならずしも聖書の伝統とは一致せず、聖書釈義学者は聖書を批判的に検討することによって、それまで受け入れられていた真理とはほど遠い結論にたっすることがあった。

近代科学の歴史のなかで、ガリレイの事件は新しい発見を前にした教会の反応をよく示してくれる例である。このトスカーナの学者は地球の運動を観察し、それまでとは異なる宇宙論――地動説――を提示したために異端審問所から疑わしい眼で見られることになり、一六一六年には彼の思想は教会によって公式に断罪された。しかしながらガリレイは、一六一〇年にその『星の使者《シーデレウス・ヌンキウス》』を出してからずっと、観察と数学の結果である力学的理解が聖書の啓示と衝突するはずはないということをくり返し述べていた。彼は一六一五年にトスカーナ大公妃にあてて書簡を送り、そのなかで自然の書物の教えと神聖な書物の教えは敵対するはずがないと述べ、この二つの領域の分離を強くすすめている。そして彼は「……聖霊は人がどのようにして天国《シエル》に行くかをわれわれに示そうとしているのであって、天体《シエル》がどの様なものであるかを示そうとしているのではない」と結んでいる。聖書の解釈と自然の観察は二つの異なる秩序に属しており、したがって互いに矛盾することはありえないのであった。聖書には当然ながら神人同形説の印がつけられていたので、科学の真理を探究する学者による聖書解釈は困難であり、また不可能であった。これより数年前からであるが、ベーコンもまた同様に、その『学問の進歩』(一六〇五年)において、神の二つの書物の、すなわち神の言葉についての書物と神の作品についての書物という二つの書物の、並行的解読を弁護していた。

こうした弁護がもっともよく受け入れられ、公式の神学が教えることと衝突することなく自然の諸科学が発展するのを可能にしたのは、イングランドとオランダ連合州である。さらに、有名な物理学者で化学者であったロバート・ボイル（一六二七―九一年）は、その著『キリスト教的実験理学者』（一六九〇年）のなかでキリスト教的学者の正統性を認知した。彼は「神の創造には多くの驚異があるので、人間が研究において洞察力を働かせれば働かせるだけ、それだけいっそう、彼は神の意図の秘められた美しさと深さを明らかにする機会をもつ」と述べ、「人間は実験理学者でありうる、つまりキリスト教徒としての意識を裏切ることなく実験的哲学者でありうる」と結論づけた。科学と信仰は排除し合うどころか、たがいに強化し合うものであった。じっさいに、自然の観察と科学的研究は神の創造の偉大さにたいして人間の感受性をより鋭くするものであった。近代科学にたいしてわざと沈黙をたもってきた正統主義神学者たちや頑固なアリストテレス主義者らは、こうした議論を考慮に入れざるを得なかったのである。

このような展望のもとで、デカルトが自然学と形而上学とのあいだに設けていた区別は、一時的に破棄された。実験的哲学者の自然にかんする研究と、信仰をもつ人間の形而上学的な宗教的経験は、長期にわたって互いを豊かにし合った。一七―一八世紀の「物理神学的」思潮は、この二つの基礎にもとづいている。神学は実験物理学の観察に支えられることができ、物理学的実験は神学的考察から着想をえることができる。こうした思想は、イギリス人による二つの著作、すなわち博物学者ジョン・レイ（一六二七―一七〇五年）の『創造の営みに顕示された神の叡知』（一六九一年）と神学者ウィリアム・デラム（一六五七―一七三五年）の『物理神学』（一七一五年）に、それからカンブレの大司教フェヌロン（一六五一―一七一五年）の『自然の認識から導かれる神の存在にかんする証明』（一七一二年）にみごとに表現されている。

オランダ連合州でも同様に発展したこの「物理神学的」思潮は、一八世紀のあいだにアマチュアのサークルに広がりさえした。科学的か神学的かを問わず多数の著書のなかで、「科学的理性《ラティオー》」と「神の啓示《レヴェーラーティオー》」のあいだの均衡の追求が表明された。ネーデルラントの「物理神学者」のうちもっとも注目に値する代表者は、医師で行政司法官のベルナルド・ニーユウエンティヤト（一六五四―一七一八年）である。一七一五年にオランダ語ではじめて刊行された彼の著作『自然の驚異によって証明される神の存在』は広くヨーロッパ中に普及し、さまざまな言語に翻訳された。ニーユウエンティヤトは根本的に経験主義的な精神にもとづき、自然を科学的に観察すれば創造者たる神の存在を認めざるをえないことを無神論者たちに説得しようとつとめた。しかしまた同時に彼は、聖書の文章は科学をふくむさまざまな次元の問題に確実な解答をあたえられると主張した。というのも、彼によれば、聖書の著者たちはつねに神からの霊感にしたがって表現していたからである。

「物理神学的」思潮のもっともすぐれた代表者はスウェーデンに見いだされる。長期にわたりウプサラ大学の教授をつとめた博物学者カルル・フォン・リンネ（一七〇七―七八年）は、その著『自然の体系』（一七三五年）のなかで近代的植物学の基礎をきづいた。彼は植物界と動物界にかんする研究によって自然の法則の複雑さを発見し、そこに神の驚異的ないとなみの証拠を発見した。それらはすべて、科学的活動の宗教的有用性を擁護する議論であった。

学者の世界の拡大と「公衆」の出現

こうした知の新しい傾向と並行して、それまでより広い範囲の公衆が学術的活動に参加するようになった、あるいは少なくとも関心をもつようになった。精神の事柄にたいする関心がますます高まった背景には、サロンや学術協会の増加と学術新聞の成功がある。

こうした公衆の拡大は、さまざまな地方語、とくにフランス語がラテン語に徐々におき換わることによって可能になった。たしかに、ラテン語はなお特権的な地位をたもっていた（二一六―二一九頁参照）。しかしながら、フランス語は文人たちにとって新しい「共通語」として不可欠になっていた。それゆえピエール・ベールの文芸誌（一六八四年）から一八世紀中葉にいたるまで、《学問の共和国》のニュースの普及にきわめて重要な役割をはたしたオランダの文芸誌は、すべてフランス語で書かれていた。ラテン語はフランス語に競争を挑まれただけでなく、それ以外の勃興しつつある言語、とりわけヨーロッパの西部で勢力圏を広げていた地方語と衝突した。こうして、好事家やアマチュアにたいしてそれまでラテン語がつくり上げてきた障壁は、崩壊した。こののち彼らは、より容易に知に接近するようになったのである。

それと同時に、さきほど言及した物理神学的著作は、科学的活動の実践を正当化し、またこの活動が長いあいだ生みだしてきた宗教的次元の制約を一掃するのに貢献した。こうした著作が大きな反響を呼んだイングランドにおいて、第一級の学者とならんで大規模なアマチュア公衆が成長したことは、なんら驚くにはおよばない。これらの公衆は、科学にかんする通俗的書物やアマチュアのための講演に好奇心を満たす材料を見いだしていた。それはオランダ連合州でも同様で、ヨハンネス・フロレンティヌス・マルティネット牧師（一七二九―九五年）――彼にとって自然の認識は、信仰を強化するはずのものであった――の『自然のカテキズム』（一七七七―七九年）を読んだ人々の多くは、科学の実践をおこなうよう励まされることになった。

こうした知的世界の拡大は、あやしい学者を生じさせずにはいなかった。アンリ・バナージュ・ド・ボーヴァルによれば、ある種の文人はあまりにもかんたんに「学識がある」ようになり、しかも「あまりにわずかな費用で」そうなった。さらに彼は『学者の著書の歴史』（一六九九年五月）のなかで、本物の才能がないため「昔の著者たちをよく理解するという珍しい才能」のみを誇りとする、かの偽学者たちを告発した。彼らは、ボーヴァルからすれば、過去の研究に埋没し、彼らの時代には無関心であらゆる社会的生活に敵意をもつ衒学者であった。こうした批判はすべて、ヨハンネス・ブルクハルト・メンケによって、その著『学者のほら吹きを題材とする練習弁論二編』（一七一五年）に再録され広がっていった。重要なことは、本物の才能のもち主と偽の才能のもち主を区別し、《学問の共和国》で不当に市民権を取得している無数の詐欺師たちをそこから追放することであった。《学問の共和国》は一五五〇―一七五〇年代にかけて黄金時代を迎えたとはいえ、それはまたこの時期に、その均衡と輪郭を変える変化を経験した。このような変化は数多くの緊張をともなっていた。しかしながら、これらの緊張は《学問の共和国》の実在性を問いなおすことは決してなかった。だが一八世紀後半になると、事態はちがった方向に進もうとしていた。

4　《学問の共和国》の内部破裂――ヴォルテールからフランス革命まで

《学問の共和国》という表現は一八世紀をつうじてずっと使われていた。それはどんな哲学者も――なかにはひんぱんに――用いている。モンテスキュー（一六八九―一七五五年）、ヴォルテール（一六九四―一七七八年）、ディドロ（一七一三―八四年）、ダランベール（一七一七―八三年）、エルヴェシウス（一七一五―七一年）、ドルバック（一七二三―八九年）、そしてルソー（一七一二―七八年）がそうである。この表現は、ルサージュ（一六六八―一七四七年）やデュ・ボス師（一六七〇―一七四二年）をはじめさまざまな著者にも、またこの世紀末にはルイ＝セバスティアン・メルシエ（一七四〇―一八一四年）やリヴァロル（一七五三―一八〇一年）のような著者にもみてとれる。この表現はヨーロッパ全体で同じように用いられてきた。フランス語が使われることが多かったが、それ以外の土着言語による同じ意味の表現も用いられた。たとえば、アムステルダムで出されていた定期刊行物の標題に見られる『レプブリイク・デル・ヒエレールデン』、あるいは、クロップシュトック（一七二四―一八〇三年）やレッシンク（一七二九―八一年）の著作に見られる「ゲレールテンレプブリーク」のように。

これは、事態が変化することなく黄金時代がつづいていた、ということであろうか。また、この表現には同じ意味があたえられていたのであろうか。さらに、こうした《学問の共和国》にたいするたび重なる言及は、むしろ輝かしい過去へのノスタルジアの表明であったのではなかろうか。

A　新たな正当化と過去へのノスタルジア

啓蒙が伝播するにしたがって、人々は一七五〇年代には断絶を意識するようになった。一七五九年にダランベールは、その『哲学要綱試論』の序として書かれた「一八世紀中葉における人間精神の一覧」のなかで、つぎのように記している。「私たちが生きている世紀の社会や、私たちの関心をあつめたり私たちを動揺させる事件や、私たちの風俗や、私たちの著作物や、果ては私たちのお喋りにいたるまで、こうしたことを少しでも注意ぶかい眼で見るならば、私たちの観念には大いに注目すべき変化が多くの点で生じていることに容易に気づく。その速さからして、今後さらに大きな変化をもたらすようにみえる変化が。」と書いている。同様の証言はヴォルテールの書いたものにも見られる。彼は一七六七年九月、ディミートリー・ガリチーヌ公にあててこう書いている。「私は、ヨーロッパで教養人の壮大な共和国が形成され、光明があらゆる面に広がっていくのを、喜びをもって見ています……。この一五年ほどのあいだに精神の革命が起こっているのです。これは偉大な時代となるでしょう。」

精神的革命をもたらしたこれらの新しい観念のなかに、学者たちが抱いていた、普遍的共和国を形づくっているという信念を強力にささえた観念がある。コスモポリティスムである。この感情はなんら新しいものではなかったが（八九—九〇頁参照）、当時は大きな力を獲得し、思想と行動のあらゆる分野に浸透していた。知的次元に限ってみても、それは学問における普遍的な友愛の感情を強めると同時に、超国家的な、さらには、全世界的な展望をもたらした。広大かつ濃密な通信ネットワークの構築、ヨーロッパと海外におけるアカデミーや学術協会の増加、パリの大規模なサロンの恵まれた受けいれ態勢、知を集大成する、あるいはその普遍的歴史を描きなおす著作類の編集。こうした状況はすべて、かつてなかった現実性をコスモポリタン的理想にあたえた。さらに、新しい社会的結合関係のすみやかで広範な出現と普及を表すフリーメーソンのロッジは、国民的であれ、宗教的であれ、社会的であれ、あらゆる相違をこえて、普遍的連帯性を鍛えあげるのに貢献した。フランスのグランド・ロッジのグランドマスターであるアンタン公は、この普遍的連帯性のいわば代弁者として、「全世界はひとつの巨大な共和国にすぎない……。この共同体の利益は人類のそれである」と言明した。ヴォルテール（一六九四—一七七八年）とフランクリン（一七〇六—九〇年）は、その思想と行動からみて啓蒙期のコスモポリティスムの象徴的人物である。このコスモポリティスムは、彼らほど有名ではないにせよ同様にその模範的な代表者であるフランチェスコ・アルガロッティ（一七一二—六四年）、ガリアーニ神父（一七二八—八七年）、メルヒオール・グリム（一七二三—一八〇七年）といった人物のなかにも存在している。それは知的環境にあっては不可欠の感情のようにさえみえた。こういうわけで、ビールフェルト男爵（一七一七—七〇年）は、『科学と文学におけるドイツ人の進歩』（一七五二年）についてたくみに論ずるに先立って、高位の機関にたいする彼の忠誠心を想起しているのである。すなわち彼は、「私をかり立てているのは国民的な卓越や敵対といった精神ではない。私はそうした精神からずっと遠くにいる」と注意ぶかく記したあと、信仰告白代わりにこう述べている。「私は学問の世界を、各民族がその家族であり各学者がその市民であるような唯一の《学問の共和国》であると考えることに慣れていたから、文明化した国はすべてこの共通の共和国に一種の税金を払っていたと思っている。」

学者たちはいつも世界のことを考えていたのではなく、ごく自然にヨーロッパ人であると感じていた。それは『ヨーロッパの学者たちの著作選集《ビブリオテック・レゾネ・デズヴラージュ・デ・サヴァン・ド・ルロープ》』、『学問のヨーロッパ《エウロパ・リテラリア》』、『ヨーロッパの歴史的、文学的、《コレーオ・ヘネラル・イストリコ・リテラリオ・》経済的な一般的仲間《エコノミコ・デ・エウローパ》』のような定期刊行物の題名が示しているとおりである。当時、ヨーロッパ「共和国」というテーマはありふれた話題となっていた。たとえば、モンテスキューにとって、ヨーロッパは「複数の地方からなるひとつの国家」であった。ダルジャンソン侯爵は一七五五年に、「ヨーロッパは一種の連邦制の共和国となった」と述べている。ヴォルテールはその『ルイ一四世の世紀』のなかで、「ロシアを除くキリスト教的ヨーロッパを、複数の国家に分かれた一種の一大共和国として」示している。このような定義には超国家的な国家を承認するという意味はなく、そうした国家を待望するという意味さえ含まれていなかった。しかしそれは、ある心的空間を共有しているという意識とともに、ひとつの価値共同体に属しているという確信をあらわしていたのである。

こうした観念が多くの場合、抽象的なまま受け継がれたとしても、またそれが何度も事実による試練にぶつかったとしても、それでもこの観念は文人たちのあいだに広く行き渡っている有機的連帯感を強め、国家の境界を越える深い文化的一体感を強めた。《学問の共和国》はそこに新しい正当性を見いだした。しかしながらこの「組織」は、その実在性を温存していたとしても、それはすでに過去の遺産のように見えていた。ヴォルテールが『ルイ一四世の世紀』（第三四章）のなかでそれについて試みた歴史的説明は、雄弁そのものである。彼はライプニッツへの感動的な賛辞を述べたあと、つぎのような注記をくわえている。すなわち、「かつて哲学者のあいだの文通がこれほど普遍的になったことはなかった。ライプニッツはこの文通を活発にするのを助けてくれたのだ。いつの間にかヨーロッパのなかに文学の共和国が確立されるのがみてとれた。」そこでこのフランスの哲学者は、この特殊な国家を形成し強化するのに貢献したさまざまな推進力を重視する。より一般的にいうと、彼は「いたる所に広がりいたる所で独立している社会、つまり精神のこの偉大な社会との関係をふかめてきたあらゆる種類の正真正銘の学者たち」を称賛したのである。そして、少し情熱が冷めかけたかのように彼はこう結論づけた。「こうした文通は今もつづいている。それは、野心と政治が地上にまき散らした諸悪にたいする一種の慰めである」と。《学問の共和国》はその後も存在しつづけた。しかし、それはライプニッツの時代にそうであったような、活力と豊穣さを秘めてはいなかった。歴史の時代が到来した。黄金時代はまさしく終わっていたのである。

B　亀裂と葛藤

それと同時に、《学問の共和国》はそのアイデンティティに深い影響をおよぼすさまざまな内的変化をこうむった。この変化はヨーロッパ全体において一様ではなかった。知的世論が形成されるのは大陸の諸国よりイングランドのほうが早かったし、パリの科学アカデミー会員に範をとる職業的学者は、イタリア半島ではほとんど知られていなかった。この二例にみられるさまざまな状況にもかかわらず、全般的な変化が進展していた。以下にその概要をたどってみよう。

もっとも鮮明でよく目立つ最初の特徴的な事件は、《学問の共和国》の破裂である。シャルル・ピノ・デュクロは、その著『今世紀の風俗にかんする考察』（一七五一年）のなかで、《学問の共和国》を「複数の層」に区分した。まず「碩学ともよばれる学者」がいるが、彼らは昔ほどには尊敬されておらず、その数も減少している。つぎに来るのが「精密科学に携わる学者」であり、彼らは尊敬をうけており時として報いられることもある。とはいえ「彼らは、その名声を獲得した功績のほかに魅力がなければ、その名前の方が人物よりもよく知られている」とデュクロはいう。そして第三の範疇に入るのは「引く手あまたの文人……俗にいういわゆる洗練された紳士」である。

この大まかな分類は教訓に満ちている。この分類ではまず、碩学の人数と威信の低下をみとめ、それ以前からすでに始まっていた変化を確認している。高等法院部長評定官《プレジダン》ブーイエ（一六七三―一七四六年）の書簡をみると、「皇帝よりも学識を敵にした戦いのほうが、より激しいようにみえる」時代（オリヴェ神父（一六八二―一七六八年）の言葉）における、これら言語文献学者やその他の原典校訂者たちの苦衷が理解できる。

つぎにデュクロは、「精密科学に携わる学者」が獲得した重要性と威信を強調している。これこそ、当時ヨーロッパのいたる所でおこっていた著しい科学的発展、すなわち「第二次科学革命」の結果であった。この世紀全体をつうじてますます高まったこの飛躍的発展は、自然科学だけでなく、そこから数学的、統計学的方法をかりた社会科学や政治学にも影響していた。それは社会的次元では、科学の一種の専門職業化をもたらした。そして、サンクト＝ペテルブルク、ベルリン、さらにはパリの科学アカデミーは、学者に認められた新しい身分を事実上承認していた。「科学の共和国《レピュブリック・デ・シャンス》」という表現はこの新しい状況を追認するものであった。それはコンドルセ（一七四三―九四年）によって特別な意味で使われ、《学問の共和国》という表現と並用されるにいたるのである。

三番目はデュクロがもっとも注目した文人という範疇であり、そのなかでも「洗練された紳士」がとくに際立っている。ここでは文人の定義——当時彼らに与えられていたひじょうに多様で、時には対照的ですらある定義——には立ち入らずに、その定義が多くのニュアンスをふくみつつも、作家と「哲学者《フィロゾーフ》」という二つの極をめぐってなされたものであることを想起しておくにとどめよう。

このように《学問の共和国》は、異なるだけでなく敵対する層に分かれていた。たとえば、ヴォルテールにとっては文人、つまり「哲学者」を「洗練された紳士」と混同してはならなかった。「洗練された紳士」は、より高い品位につつまれた存在だったのである。こうした内的分裂のほかに、外部からくる脅威がくわわった。著作家の世界がいちじるしく拡大したため、文学的な「組織体制《イスタブリッシュメント》」に入れてもらえないだけでなく、何人かの例外を除き、どのような「組織体制」からも拒絶される下っ端《ピエターユ》仲間ができあがっていた。ヴォルテールは「人類の屑」であるこの「文学やくざ」を何度もこき下ろしている。したがって、これらの「どぶ川のルソー《ルソー・デ・リュイッソー》」にとっては「学問の共和国は偽りにすぎなかった」（R・ダーントン）。彼らは《学問の共和国》の民主的といわれている性格を告発するのに忙しかった。さらに、とくに一七八〇年代からは、彼らの抗議は科学の世界で付随的な反響をもたらした。科学の飛躍的発展は、広範囲な熱狂とそれにともなう流行を生みだしたのである。「文学の支配はすぎ去った」と一七八〇年にメルシエ・ド・ラ・リヴィエールは書き、また「物理学者が詩人と小説家に代わり、電気で動く機械が戯曲の代わりをする」とも述べた。気球とともにはげしい熱狂をよび起こしたのは、磁気であろう。メスメール（一七三四―一八一五年）の実験が好評裏に成功したことは周知のとおりである。少数の人々にしか理解されなかったラプラス（一七四九―一八二七年）、ラヴォワジエ（一七四三―九四年）、ラグランジュ（一七三六―一八一三年）、あるいはヴォルタ（一七四五―一八二七年）の研究とならんで、また公式の科学、すなわち実験と理性にもとづいた大規模なアカデミーの科学とならんで、いわゆる「民衆的」と称される科学が発展してきた。それが民衆に起源をもつからではなく、単純で具体的な方法で提示され、すぐに具体的な結果を提供してくれるからであった。だからこそ、この科学は民衆のあいだで著しい成功をおさめたのである。これら二つの党派間では対話はまったく不可能であり、両者ははげしい敵対関係におちいった。職業的学者たちは、科学の言葉を拒絶する催眠術師、人相見、その他の発明家たちのことを、ペテン師としか見なさなかった。いっぽう彼らは彼らで、最初の著作家たちに侮辱の言葉をあびせ返した。たとえばマラーがそうで、彼はその有名な冊子『現代のぺてん師あるいはアカデミーのぺてんに関する書簡』(一七九一年)のなかで科学アカデミーの横暴を非難し、あらゆる自由な研究を、ひいてはあらゆる進歩をさまたげることにより数かずの場で《学問の共和国》の神聖な法にそむいている貴族主義を告発した。さらに、この人々はこの理想的な共同体の原理を自分たちのために要求した。それだから一七九三年八月八日にグレゴワール神父が国民公会の演壇からアカデミーの廃止を要求したのは、この共同体の名においてであった。こうして、敵対する層に分裂した《学問の共和国》は分裂と同時にその普遍的意味をうしない、個別利益の旗印となったのである。

C 啓蒙の影響

《学問の共和国》は破裂ないし弱体化に脅かされていただけでなく、世界での活動の根拠として自ら選んだ新しい指針による反動をこうむった。この点で、啓蒙のさまざまな理想の影響がないわけではなかった。「幸福」、「自由」、「正義」、「進歩」、「理性」といった言葉は単なるスローガン以上のものであって、利便さや有益さへの配慮によって決まる実践活動の全体におよぶものであった。

学者と「哲学者」はともにすぐれて理性の人間であるが、彼らは自分たちの発見によってであれ、君主や国家にたいする自分たちの活動によってであれ、あるいは彼らがその時代の社会のなかでおよぼす影響力によってであれ、社会の役に立とうとした。彼らはまさにこの有用性という名において、比類のない尊敬をかち取ったのである。それは、彼らのうちのもっとも傑出した人々がいろいろな君主のもとで優遇されていたことが証明している。ポール・ベニシューの有名な表現を使うと、「作家の祝典」はまた、そして何よりも「哲学者」と科学にたずさわる学者の祝典であった。同時に、政治学の発展――ドイツの官房学やコンドルセの社会数学――にくわえ、啓蒙専制君主や大臣――テュルゴのような――のもとにおける権力の具体的経験は、《学問の共和国》の活動にある方向性をあたえた。この共和国はみずからを理性の代弁者と考えるにいたり、その威信と能力を支えにしてそれ相応の役割、すなわち政治的役割を要求した。学識ある自由思想家たちがとっていた立場、さらには――ベールがとっていたような――非政治的《学問の共和国》と政治的国家との分離という立場――これは絶対主義を支持することになる立場でもあった――は、今後はもう通用しなくなった。自身は党派をこえた存在であると唱えることにより《学問の共和国》は、国家を自己の判断にしたがわせるために、古くからの二分法を利用した。こうした批判の普遍的支配――「われわれの時代は批判の時代であって、すべてがそれに服従しなければならない」（カント『純粋理性批判』、一七八一年、序文）――は、絶対主義国家の崩壊をもたらした。これこそは《学問の共和国》にとって、いわばピュロス王の勝利であった。つまり《学問の共和国》はその活動自体によって、国家との隔壁を、自己の存在を正当化していた隔壁を否定することにより、特別の国家として存在する理由をすべて失ったのである。その上さらに、大革命の進行につれて《学問の共和国》は自分が口火を切った改革の過程の犠牲者になろうとしていた。この点で、「アンガジェした」学者の権化のようなコンドルセのような人物の悲劇的終焉は、象徴的である。

《学問の共和国》は一八世紀はじめになされた古典的定義にしたがい、人類の救済のために働くことを意図していた。学者たちの努力は、自然の秘密を洞察し、人間の可能性を広げ、その活動の場を拡大することを目ざしていた。知の進歩は自然の書物の解読に貢献した。だがこの書物はまた、神の力と意志の表現として読まれるべき神の書物でもあったのである。自然についての探求も創造にかんする知識も、たしかに人類の利益に奉仕した。しかしそれらは究極的には造物主の作品にたいする認識と礼讃を通じて、造物主それ自身にたどり着くものであった。これこそ、さまざまな形をとっているが、ボイルやライプニッツ、あるいはニュートンがもっていた強い信念であった。このような信念は、時の経過とともに消失はしなかったにせよ――リンネやその他の物理神学者のことを念頭に浮かべてみるだけでよい――、より「現世的な」ものの見方のために弱まっていった。科学の著しい飛躍は、とりつかれたような真理の探究のなかで一種の世俗的な宗教感情を生みだし、この感情は理性の勝利と進歩への堅い信仰によってさらに高められた。その結果として、学者の使命はこの地上で人間に奉仕し、この世における人間の幸福のために働くということになったのである。同時に、人間の活動は、人類のさまざまな可能性について明らかな証拠を提供してきたが、そうした可能性とともに、神にかんする伝統的な考え方にも、科学と信仰――それは科学に由来する――にかんする伝統的な考え方にも、もはや満足できない新しい自意識を生みだした。人類はこれ以降、みずからの救済をもはや超越的な神の働きには負わないであろう。人類自身が自らの解放の主体となるであろう。こうした考え方は、たとえばコンドルセがしたほどには尖鋭化されなかったにせよ、それでも神は、それまでつねに神のものであった中心的ないし究極的な位置をもはや占めなくなった。これらの条件のもとで、しかも科学が新しい宗教となったこの時期に、超宗派的共同体であった《学問の共和国》

は、その存在理由を大幅に失うこととなった。

大革命後に啓蒙のヨーロッパに代えて諸国民のヨーロッパを築きつつあったナショナリズムの高まりは、学者の世界のこの普遍的組織にも宿命的な一撃をあたえた。しかしながら、《学問の共和国》が具現していた価値、それが代表していた理想がすべて、跡かたもなく完全に消え去ったわけではなかった。一九世紀と二〇世紀の知識人は、さまざまな資格において《学問の共和国》の市民の直接かつ正当な相続人なのである。

第三章　《学問の共和国》の空間

国家にならって提示された《学問の共和国》は、それ相応の領土をもつ。この領土については、当時の人々が抱いていた空間認識――これは彼らの思想と行動に表されている――をもとにして定義することができる。彼らは《学問の共和国》の国境をどのように定めていたであろうか。彼らは《学問の共和国》を均質的なものと考えていたのであろうか、あるいは逆に、彼らはその内部における密度の相違、さらにはヒエラルキーに気づいていたのであろうか。最後に、時代区分の指標として二人の人物をとりあげると、エラスムス（一四六九―一五三六年）からヴォルテール（一六九四―一七七八年）にいたるまで、《学問の共和国》はずっと変わることなくつねに同じ方法で運営されていたのであろうか。

こうした疑問への解答から得られるいくつかの空間的表象は、それらをつくり上げた人々に固有の概念や思考法に由来している。それゆえこれらの空間的表象はべつの「地図」と対比しなければ、ほんとうの意味をもたない。それは近世ヨーロッパの知的生活の枠組みと形態から選んだ諸要素を材料にして、歴史家らの研究を通じて描くことができる地図である。こうして、文通と旅行、アカデミーと大学、人間と観念の移動によって、当時の学者たちが抱いていた世界観に立体感と独自性をあたえる「客観的」空間が描きだされる。

矛盾するというよりも相補的なこれら二つのアプローチによって、《学問の共和国》の領土の輪郭が明確になり、この国家の評価が可能になるのである。この国家は想像上のものであると同時に実在的であり、完全に具体的でありながら目に見えないものでもあったことを思い起こしていただきたい。

1　普遍的空間

《学問の共和国》の最初の独自性は、その普遍性である。まずは当時の人々による定義と記述から鮮明に浮かびあがってくるこの特徴に留意するとしよう。つぎにこの特徴と、近世の知的ヨーロッパの主潮であった思考法や実践活動との関連について考えるとしよう。

A　いくつかの引用

一六九八年、ライプツィヒの若い学生カロルス・フレデリクス・ロマーヌスは、ある学術的な小論文で《学問の共和国》がひとつの町や地域といったせまい空間に限定されているのではなく、むしろ「地球全体に広がっている」ことを明らかにした。彼はつけ加えて、そういうわけで《学問の共和国》は「碩学、教養人、学者の世界という名でも呼ばれる」ことがあると述べた。それから十年後、哲学を志望するクリスティアン・レーバーはイエナ大学に提出した学位論文でこの見解を支持し、《学問の共和国》はその構成員が「全世界に散在している」「普遍的社会」であるとした。このほか多くの定義でも、それは既知の世界の次元における広範な世界であるという点で、同じ見解をとっている。たとえば、簡潔な定義だが、一七〇〇年にヴィニュール＝マルヴィルがこの問題にかんするひじょうに有名な論文のなかで提示した、つぎのような定義を想起するとしよう。「いかなる共和国もこれほど大きくはない……。この共和国は世界中に広がっている」。無限で漠然とした空間である《学問の共和国》は、それゆえいたる所に存在していた。この国は、学者が図書館のような閉ざされたせまい場所でもその巨大さを経験することができるので、なおさら普遍的であった。ガブリエル・ノーデ（一六〇〇―五三年）によれば、学者は書物に埋もれたままで「当然のこととして世界の市民と呼ばれ、……すべてを知り、すべてを見、そしてすべてを経験する」ことができたのである。

B　普遍性と地方主義

《学問の共和国》は普遍的であるだけに、しだいに閉鎖性を強めていった国民国家とは異なっている。細部には立ち入らないが、今しがた引用した論文の書かれた時点では、政治的国境は厳格になり硬化していたことを想起しよう。それに加え、多くの国で固有の感情が生まれ、あるいは強化されていた。たとえば、フランスでは中世をつうじて緩やかに形づくられてきた国民的感情が宗教戦争の試練をへて強くなり、一七世紀の芸術的、知的な成果によって活気づけられていた。この感情はまた、神との特権的関係にたいする信念を強固にし、この王国の住民の特殊性、さらにはその優位性を主張するにいたった。イングランドでは、宗教改革を契機として宗教的要因が島国的性格に影響をおよぼした。辛辣な反教皇主義――これには時として終末論的な要因と、さらには千年王国説的な要因さえ伴っていた――と、新教徒集団の先頭にいるという意識が、尖鋭な地方主義を燃え立たせた。サクソン族の過去――彼らはそこに、イングランドの自由の起源を好んでみようとする――の発見によってさらに強められた地方主義を焚きつけたのである。スペインでは、強烈なフランス嫌いと真の信仰の支柱であるという同じく強烈な信念が、国民的意識をつくり上げるのに寄与した。このような感情は、統一された領土の大規模な集合体に特有のものではなかった。独立国であれ従属国であれ多くの中小の国家に分裂していたイタリア半島では、知的エリートたちは彼らを小さな祖国に執着させる強い島国根性（すなわち盲目的愛国心《カンパニリスモ》）と、イタリア人であるという何よりも文化的な色あいをもつ感情に分裂していた。神聖ローマ帝国も同じような二重性を見せていた。そこでは、この帝国にたいする愛国心（帝国的愛国心《ライヒスパトリオティスムス》）、すなわちその領土にたいする、そして秩序と自由の保障とみなされていたその制度と伝統にたいする複雑な執着心が、さらに強烈な地域的愛国心（領邦的愛国心《ランデスパトリオティスムス》）と共存していた。つまり、この帝国の臣民はその直近の祖国であり彼がそこで誕生し生活していた地域とまず結ばれていたが、またその祖国とともに、各領土に強固なアイデンティティをあたえる法律と伝統の総体とも結ばれていたのである。

宗教的地理にも同じような隔壁がみとめられる。宗教改革とともに、キリスト教《クリスティアニタース》という「縫い目のないチュニック」は縫いなおせないほどに引き裂かれていた。一六世紀における大変動ののち正統主義が明確になり、ウエストファリア条約（一六四八年）の翌日には国境が概略的《グロッソー・モード》に定められた。その結果生まれたカトリック圏とプロテスタント圏は、それでも遠心的運動に悩まされた。前者ではガリカニスム、後者では、とくにイングランドがそうであるが、宗派の増加である。さらに、「正真正銘の寄せ集め《マントー・ダルルカン》」である神聖ローマ帝国の宗教的地図は、カトリック教徒とプロテスタント教徒だけでなく、ルター派とカルヴァン派をもへだてていた複雑な境界線について理解させてくれる。

《学問の共和国》は、普遍的であると自ら主張することによって、地方主義と細分化を反映する近代国家と対照をなしているだけでなく、この主張そのものによって近代国家を超越している。とはいえ、この共和国は同時に、近代国家と密接な絆をたもってもいる。なぜなら、《学問の共和国》は、第一章で引用したピエール・デメゾーによれば、「すべての国家に広くまたがる一つの国家」だからである。クリストフ・アウグスト・ホイマンが一七一八年に《学問の共和国》を「見えざる教会」と同じように考えておこなった比較――同じ信仰が全世界に散らばっている信徒を結びつけていたように、知的活動は政治的、宗教的国境を越えて普遍的ネットワークを織りあげていた――を思い出さないならば、われわれはパラドックスにおちいるであろう。

こうして、日をかさねるごとにヨーロッパを分裂に追いこんでいた亀裂はまた、《学問の共和国》というこの知的次元での共同体のことを説明してくれる。この構築物はノスタルジアと希望を等しく糧としていた。じっさい《学問の共和国》は、回復不可能なまでに失われた一体性の最後の証人であり、また、けっして破壊されることのない団結の明らかな証拠だったのである。

C　普遍性とコスモポリティスム

普遍的で超越的な《学問の共和国》というこの概念は、ひとつは有限でもうひとつは無限でありながら、しかも互いを排除しない二つのことなる領土グループに支障なく所属することを可能にした。しばしば政治と宗教を巻きこむ武力紛争により国民的で宗派的な国家への帰属意識が少しずつ強く緊密になったとき、学者たちは、彼らが生活している土地と《学問の共和国》への二重の忠誠心をすすんで表明した。

このような二重性はたしかに新しいものではなかった。それは、キニク派やストア派の哲学者たちの影響下にあった、古代の毅然とした思想家たちがすでに考えていたことである。たとえば、キケロ（紀元前一〇六―四三年）はその生まれた町アルピーヌムはもとより、「万人に共通の我らが母なる祖国」（『カティリーナ派弾劾演説』Ⅰ、Ⅶ、一七）であるローマへの強い愛着で知られているものの、やはり普遍的な「共同体」の一員であると感じていた。それは、都市の境界線をこえて相互的義務によって「有徳家」を結びつけている共同体であった（『義務について』I、五五 - 五六）。同じような考え方で、セネカ（紀元前四年―紀元後六五年）も二つの共和国を区別していた。ひとつは「誕生の偶然がわれわれをむすびつけている」小さな共和国、いまひとつは、世界をつつみこむ「大いなる、真に公共的な」共和国である（『閑暇について』Ⅲ、四）。「大いなる共和国」にたいする強い忠誠心も、都市や国家に対する真摯な忠義をさまたげるものではなかった。これらの文章は《学問の共和国》の人々にも知られていた。たとえば、イギリス人の「占星術師」ジョン・ディー（一五二七―一六〇八年）は、今しがた引用したキケロの文言に触れ、キケロにつづいて自らを「全体として神秘的で普遍的な独特の都市の市民かつ構成員」と規定している。

エラスムスとヴォルテールは、コスモポリティスムを象徴する人物として好んで取り上げられる。前者はみずから「世界市民」であると明言し、「あらゆる都市に所属し、いやむしろいかなる都市にも所属しない」ことをみとめていた。それから三世紀後、後者は各人が自分の祖国を選ぶ自由というものを要求した。これらふたりの「第一人者」のあいだにあって、同じ理想を掲げた学者の例にはこと欠かない。ペイレスク（一五八〇―一六三七年）は自国フランスの、さらには、その小さな祖国プロヴァンスの利益の熱烈な擁護者であった。それでも彼は、自分が「世界市民」であると明言した。神聖ローマ帝国皇帝の司書官ペーター・ランベック（一六二八―八〇年）にとっては、その生まれた町ハンブルクへの愛着は、「この共同の偉大な祖国」を旅して訪れるよう彼を若いときから引きつけてきた普遍的市民権と仲よく同居していた。ライプニッツ（一六四六―一七一六年）は祖国にたいする愛着の情をおおやけに表明しドイツ人のために科学と発明の独占を請求したが、もういっぽうでは「蒼い空が祖国であり、高潔な心のもち主が同胞である」と考えていた。啓蒙期のコスモポリティスムは、その歴史家であるトマス・J・シュラレスによれば、上空への広がりと、とくに経済的、政治的レベルにおける独創的な要素をもっていたとされるが、しかし当然のことながら数かずの歴史的変動を正当に勘案するとエラスムスからヴォルテールにいたるまで、知における友愛という共通の理想が《学問の共和国》を特徴づけていたことがわかる。だからロンドンの「ロイヤル・ソサエティ」は一七五三年に「アメリカ人」ベンジャミン・フランクリン（一七〇六—九〇年）を最初の「コプリ・メダル」によって表彰したとき、「あらゆる国の文人と哲学者は、……自分たち全員とその一人ひとりを有名な同じ共和国の構成員だと見なすべきである」と決めたのである。

D　普遍的なものを考える

《学問の共和国》のこうした概念は、普遍性を前提とし当時とくに強い力を持っていたある一つのイデオロギーと不可分である。

ここでは、中世が生み出した遠大な構想をもつ二つの構築物——キリスト教《クリスティアーニタース》と神聖ローマ帝国——については長く立ち止まらないこととしよう。この両者は、近世の曙には事実によって否定されていたにもかかわらず、その生命力の一部をなお温存していた。一六、一七世紀のあいだじゅう、キリスト教的共和国《レースプーブリカ・クリスティアーナ》を求める声はつづいていた。それは対トルコ闘争における連帯の叫びであり、ユトレヒト条約（一七一三—一五年）にさいしてもなお、人々はこの統一的実在——それ以後は神話化したが——に助力をあおいだ。神聖ローマ帝国という象徴体系はというと、それは一六世紀には無視しがたい勢力であったし、ローマ帝国の普遍性についての昔ながらの自負は、それから二世紀後にも外交上の慣例や大法官府の用語に痕跡として残っていた。

われわれが対象とする時代の核心である一七世紀ヨーロッパに限っていうと、この世紀は普遍的なもの、一体性、調和にたいする正真正銘の情熱をそなえていた。長期にわたる前代未聞の暴力をともなった宗教的分裂と軍事的対立――三十年戦争（一六一八―四八年）を考えてみさえすればよい――は、その反動として安定にたいする強い願望を呼びおこした。それは、アメリカ人歴史家セオドア・K・ラブの刺激的な試論『近世初期ヨーロッパにおける安定のための闘争』（一九七五年）のなかでみごとに描かれている。普遍的平和、普遍的共和国、そして教会――カトリック教会とプロテスタント教会、およびカルヴァン派とルター派――の統一をめざす試みは当時いくつも存在した。シュリー、グロティウス、ライプニッツ、ボシュエといった傑出した人々は、混乱を秩序に、多様性を一体性に還元することを求めるいろいろな計画に名をつらねている。普遍性と一体性にたいする願望は、対抗宗教改革を象徴する修道会たるイエズス会の歴史が示すように、カトリック教会の失地回復の核心でもあった。それはとくに、ヨーロッパだけでなく新世界をも含むコレージュ網の設置となって現れた。すでに一六二六年には四四四校の学校があって、すべて同じ教育規則、学事規程《ラティオー・ストゥディオールム》にしたがっていた。

学者の世界もそれなりに同じ願望をいだいており、地方主義をこえる計画が目白押しであった。それは人々に、少なくとも学識教養人に、普遍的言語を提供したり、国際的なアカデミーを創立したり、あるいは学術協会への協力を推進したりする計画であった（第五章参照）。

これらはすべて一六世紀後半に描かれた知の概念にもとづく計画であり、その後この計画はベーコン（一五六一―一六二六年）とその弟子たちによって容認された。ここではその要点を指摘するにとどめるが、要するに知はただ一個人の営みではありえず孤立した人間の力を越えているため、協力を前提としているということである。こうした理想的計画には、世界じゅうに散在しているが「知の進歩」という共通の営みに協力できる人々を最大限に集めた広域連合が予定されていた。さらにこのような進歩の営みは、その支持者にとっては時間とともに空間を越えていた。たとえば、フランシス・ベーコンはその『ニュー・アトランティス』(一六二七年)のなかですばらしい比較を展開している。それは、ひじょうに遠い地域からさまざまな富を運んでくる船と、「時間という大海を越えてまったくことなる時代に叡知、啓蒙、発明を共有させてくれる」知を運んでくる船との比較である。またパスカル(一六二三―六二年)も、その『真空にかんする断章』のなかで、「数世紀にわたり連綿と続く人々のことを……永遠に存在し永遠に学習をつづける一人間として」描いたとき、同じような輝かしいイメージを抱いていた。同様にライプニッツも、「あらゆる時代、あらゆる国民の共同の努力」から生まれる知の概念を彼なりに構想していた。

さらに、《学問の共和国》の普遍性を思想的に構築したこの基盤には、百科事典的な要素がみられる。一七世紀は、一八世紀と同様、知の総体を多少なりとも秩序ある形で広く集めたこの種の著作類にはこと欠かなかった。多くは記念碑的なこうした著作の著者や読者たちは、自分たちの大きな関心と同じくらい大きな共同体の一員であると感じるようになっていた。

多くの人の名が挙げられようが、ここでは《学問の共和国》に由来する一体性と普遍性への願望を象徴するある人物を思い出すこととしよう。それはチェコの思想家ヤン・アモス・コメニウス(一五九二―一六七〇年)であるが、この強い探求精神のもち主については今日ではもはや教育学の著書によってしか知られていない。教会の再統合のために彼がつくり上げた計画と普遍的平和のために彼がおこなった呼びかけを理解するには、被追放者で亡命者という彼の存在そのもの、モラヴィア同胞教団に属するがゆえに彼が受けた迫害、そしてボヘミア、ポーランド、ドイツ、イングランド、スウェーデン、ハンガリー、オランダ連合州にまたがる旅と放浪、についで考えるとよい。いっぽう彼は、至福千年説の浸みこんだ見解にもとづき科学と信仰が混在している著作、

『光明の途《ヴィーア・ルーキス》』（一六四一―四二年から執筆されていたが、その公刊は一六六八年であった）のなかで、普遍的言語、普遍的書物、普遍的学校、普遍的コレギウムの創設を提案している。そのために彼は、全世界に散在しているが普遍的な文通によって結びつけられている、才能ある人々の団結と広範な結束を呼びかけた。それは啓蒙途上にあるこの現世での最終段階となる、この「汎調和《パン・ハルモニア》」に達するためである。

最後に、《学問の共和国》について明確に宣言されたこの普遍性は、近世の黎明期に起こったあの途方もない空間の拡大――これは当時の人々が明確に認識していた現象である――に照応している。たとえば、ジャン・ボダン（一五二九年ないし一五三〇―九六年）によれば、新世界の発見によって「あらゆる人間は、あたかもただ一つの都市に属しているかのように互いにかたく結ばれており、普遍的共和国のすばらしい性質を受けついでいる。」このような拡大はたんに空間的なものだけではなく、時間的でもあった。コメニウスは、その当時まで知られていなかった人々との交流を可能にした大航海に加え、活版印刷術の発明も賛えていた。印刷術が、同じく普遍的ないま一つの交流、つまり過ぎ去った、また来たるべき世紀との交流を可能にしたからである。さらに、ガリレイの望遠鏡の発明は、アレクサンドル・コイレの古典的著作の書名をかりると「閉じた世界から無限宇宙へ」人々を移そうとしていた。いっぽう、アントニー・ファン・レーヴェンフック（一六三二―一七二三年）による顕微鏡の発明からは、他の実在、すなわち無限に小さなものを発見することが可能になった。わずか二世紀ほどのあいだに起こった時間的・空間的なこの大変動は、大きな影響をもたらす結果となった。新しい宇宙論が生みだした「この無限空間の……沈黙」についてパスカルが抱いた有名な恐怖は、とうぜん多くの注目を集めたが、いっぽうではフォントネルのような次の世代には、もはや制限のない宇宙に生きる幸福が対置させられた。そのかわり、その後の知的活動の枠組みを規定する二重に普遍的な新しい展望に人々が固執することは、ほとんどなかった。このような変動を抜きにして、無限の時間・空間である《学問の共和国》を考えることができたであろうか。

E　普遍的なものを生きる

《学問の共和国》が広大な空間をつつみこんでいるという感情は、地球のさまざまな国に散在している人々を結びつける慣行によってさらに強められていた。すなわち、共通語（ラテン語、そしてフランス語）の使用、文通ネットワークの成立、書物や植物標本や天文学上のデーターの交換、といった慣行である（第五章参照）。さまざまな絆が《学問の共和国》の無限の空間を結びつけていた。そうした絆とは、究極的にいうと、世界のいたる所で教養と知を磨いている人々すべてを自然に結びつける、あの必然的な連合を意味する。イザク・カソボンは一五九五年に、「学問の共同体はさまざまな精神を結びつけ、世界のもっとも遠い場所に住んでいて互いに知らない人々を理解させ、結合させる」と説明していた。

この一体性は時として、それと同程度に遠心的要因をなす国民的地域主義によって傷を負わされた。西欧のいたる所で、自分の国こそが文学と科学において優位に立っていると主張する声が上がったのである。それは、よく引き合いに出されるルイ一四世のフランスだけに限らない。「ロイヤル・ソサエティ」の歴史家トマス・スプラットは一六六六年、イングランドの権利を強調した。すなわち、彼はイングランドを「実験的知の大地」と形容し、「造化の神《ネイチャー》」自身がイギリス人にその秘密を特別に開示することにより、彼らに恩恵をあたえているのだと明言した。一八世紀のドイツは化学の独占を要求した。すなわち、化学にかんする数かずの雑誌の主幹をつとめたローレンツ・クレル（一七四四―一八一六年）によれば、ドイツ人はその先天的性格――すぐれた冷徹さ、深い知性、あらゆる試練に耐える我慢強さ――によってこの学問分野で輝きをはなち、他の国民を凌駕するようにあらかじめ定められているのであった。

そのうえ、多数のアカデミーはそれを創立した君主の栄光やそれが属する国家の利益にまず奉仕していたため、じっさいの協力と交流よりも、発見の優先性にたいする強い要求を優先させることが多かった。たとえばフィレンツェのアカデミア・デル・チメントのもっともすぐれた代表者の一人、ジョヴァンニ・アルフォンソ・ボレリ（一六〇八―七九年）は、モンモールのパリ・アカデミーと交流したいという願望と、フランス人たちが「われわれの秀でた着想についてと同様にわれわれの巨匠の発明と発見についても、その主人公のように振るまうのではないか」という懸念とのあいだで引き裂かれていた。彼の同僚のミケランジェロ・リッチ（一六一九―八二年）は、このふたつの要求を両立させる解決策をみつけた。すなわち、有益な情報をとり逃さないようパリの学者と交流はするが、そのかわり、実験の結論だけは提供するけれども発見における優先性を確保するために推論も立証も明らかにはしない、という解決策である。

国民的偏見もまた同様に重大な結果をもたらしたが、「ロイヤル・ソサエティ」のような一流の協会もそうした偏見をまぬかれなかった。すなわちそこでは、フランスの著作家の主張が、この国民の悪い癖となっている軽薄さを理由に却下されたし、またイエズス会士の学者の著作物がまったく信用されないということもあった。ローマと教皇庁にたいする嫌悪はそれほど大きかったのである。

このような特殊な利益や感情の主張は、その数や激しさがどれほどであれ、共通の普遍的理想が生き残るのを阻止できなかった。この理想は現実によってなんども裏切られてきたとはいえ、貴重な宣言をあきることなく繰りかえし、《学問の共和国》においてこの上ない有効性を発揮しつづけた。それを空疎な言説、取るにたらぬ決まり文句だと矮小化するのは誤りであろう。

2 ヒエラルキー化された空間

《学問の共和国》は普遍性を特徴としていたが、その市民自身の語るところによれば、その空間はずっと限定され、既知の世界の数か所に限られると思われていた。さらにこの特権的な空間のなかにあっても、人口密度の高い地帯が砂漠地帯と併存し、いくつかのとくに活発な中心が広大な周辺部に影響をおよぼしていた。

A 《学問の共和国》すなわち西欧

トスカーナの碩学アントン・マリーア・サルヴィーニは、《学問の共和国》にあたえた定義（本書一八頁を参照）のなかで、その普遍性に境界をもうけていた。彼は、《学問の共和国》は「高貴さ、礼儀正しさ、鄭重さがみられる所ならどこにでも」広がっていると述べている。したがって、《学問の共和国》は全世界を包みこむものではなかった。それは文明のさまざまな価値がそろっている地域、つまりはヨーロッパに限られていた。このような見方は、『ジュルナル・デ・サヴァン』の創刊号（一六六五年）が対象とした読者へのつぎのような序言にはっきりと表れている。「本誌の趣旨は《学問の共和国》で新たに起きていることを報告することであるから、まずヨーロッパの主要な書物の正確な目録を掲載することになろう」。他の大陸については何ひとつ言及がない。つまり《学問の共和国》はヨーロッパと同一視され、そこに限定されていたのである。ヨーロッパの彼方には孤独と野蛮しかなかった。「ロイヤル・ソサエティ」の一員でありコネティカットの総督でもあったイギリス人、

(J. E. Mc Clellan, *Science reorganized*, Columbia University Press, 1985. より)

図Ⅳ　1789年における学術協会とアカデミー

ジョン・ウィンスロップ（一六〇六—七六年）はそのことを苦い経験として味わい、一六六八年にはみずからを「僻遠の砂漠に追放された者」として描いている。

しかしながら、《学問の共和国》はヨーロッパ全体をカバーしていたわけではない。『トレヴーの回想録』は書評すべき書物を提供してくれた諸国の地図を描いているが、それはこの大陸の西の部分に限られている。同じ年の一七〇一年、東地中海で「植物採集をしていた」植物学者トゥルヌフォール（一六五六—一七〇八年）は、自分が「学問の共和国の情報に飢えている」と思い、文通によって彼を学者の世界と結びつけてくれるよう「ロイヤル・ソサエティ」の幹事に懇願した。一七八九年になってもヨーロッパの学術協会はその大多数が、たとえばJ・E・マックレランが復元したヨーロッパ地図に見られるように（九八頁の図を参照）、ウプサラとパドヴァをつなぐ線の西側にすべて集中している。それだから、のちに教皇ピウス二世（一四〇五—六四年）となるエネア・シルヴィオ・ピッコロミーニが一五世紀にあたえた「《学問の共和国》すなわち西欧」という定義は、三百年のちにもじゅうぶん通用するものであった。

当時、オスマン帝国の支配はヨーロッパ南東の広大な領土に広がっており、一六世紀のかなりの期間と次の世紀の全体をつうじて現在のブダペストにまで及んでいたことを思い起こすとしよう。トランシルヴァニア、ワラキア、モルダヴィアについては数名の学識教養人の名前しかあげられないという事実は、これらの地域の知的密度が低いこと、そして「西」との接触がほとんどないことを示している。西欧、とくにドイツの大学で学んでいた人がひとたび自分の祖国に帰ると、外国人とほとんど交流しなくなることも指摘されていた。ただそれとは逆の、しかもよく引用される例もある。それは一八世紀初頭のモルダヴィアとワラキア地方の君主、デメトリウス・カンテミール（一六七四—一七二三年）とニコラス・マヴロコルダート（一六七〇—一七三〇年）についてのもので、一方通行で限定的であるがきわめてひんぱんな交流の象徴である。ルーマニアの歴史家アンドレイ・ピッピーディの公平な表現によると、これらの地は「《学問の共和国》の辺境」なのである。ヨーロッパの東の境界は、さらにいっそう漠然としていた。ロシアはこの当時の人々の眼からすると処女地であり、少なくともピョートル大帝の治世まではそうであった。この点にかんして、ライプニッツの記述はいたって明快である。彼は一七一一年にこのロシア皇帝のために作成した覚書のなかで、「学問にかんしては、ロシアはいわば白紙です」と書いている。彼は一七一六年にやはりこの皇帝にあてた書簡のなかで、同じ考えをくりかえす。すぐれた計画をいくつか立案した彼は、おそらくは喜びでうっとりとしながら、「学問にかんする一切のものはこれから作らなければなりません……。われわれはいわば白い紙を手にしているのです」と記したのである。

B　不均質な空間

たとえ西欧に限定したとしても、《学問の共和国》の領土は均質的ではなかった。濃密な地域と希薄な、さらには砂漠に等しい地帯が並存していた。

この混成的な性格はさまざまな旅行記によって推定することができる。印刷物の世界をめぐるローラン・ボルドロン神父（一六五三―一七三〇年）の想像上の巡歴話は、この混成的性格を概観するのに最適である。彼のあとについて一七世紀の最終期における書物のヨーロッパをみてみよう。イングランド、スコットランド、アイルランドでは、ロンドンとオックスフォードの二都市以外には見るべき書物がなかった。北の諸国では取るにたりない数量であって、ノルウェーは、この旅行者が述べるところによれば、「あたかも寒さがこの地方の著述家らの指をこおらせて書くことを妨げたかのごとく」、書物を生産していなかった。そして「スウェーデンもそれ以上の書物を出しているとはいえないであろう。デンマークはさらに僅かである。モスクワ大公国にいたっては、まったく無い」とつづく。中央ヨーロッパのハンガリーと南東ヨーロッパのギリシアに足を踏み入れてみても、状況は否定的であった。

イタリアは衰退におちいっているようにみえ、この悲しい運命をスペインと共にしていた。ポルトガルは立ちどまる価値がないとして、ボルドロンはフランスへ移る。ロワール川がすでに分岐線となっていた。活版印刷の重要な中心地は、ルーアン、トロワ、リヨン、それからとくにパリのように、ロワール川以北にあった。オランダ南部（現在のベルギー）はもはや過去の活動と同じ水準にはなかった。オランダ南部はその活動をオランダ連合州、とくにホラントに譲っていた。旅行はドイツ一帯をつうじてつづけられた。そこでは、ハンブルク、ストラスブール（原綴のまま）、フランクフルト、ライプツィヒが注意をひいている。そしてこの旅行は幻滅した調子でスイスで終わっている。ジュネーヴと、とくにバーゼルは、もはや活版印刷の一大中心地ではなくなっていたからである。ボルドロンがこのようにして作成した地図は、彼を導いていた既定の方針——ヨーロッパでは、通常いわれていたほどには書物が印刷されていなかったことを証明するという方針——を修正するために、少し手を加えなければならないであろう。

とはいえ、それは、当時のもっとも博識な言語文献学者の一人であったヨハンネス・フレデリクス・グロノウィウス（一六一一—七一年）が旅行——こちらは現実のものであった——で描いた地図（一〇二頁を参照）とさほど大きな相違を見せてはいない。彼は一六三九年四月にアムステルダムを出発して、約二年半にわたる巡歴のあいだにイングランド、フランス、イタリア、そして南ドイツを踏破した。この最後にあげた土地は帰途にあわ

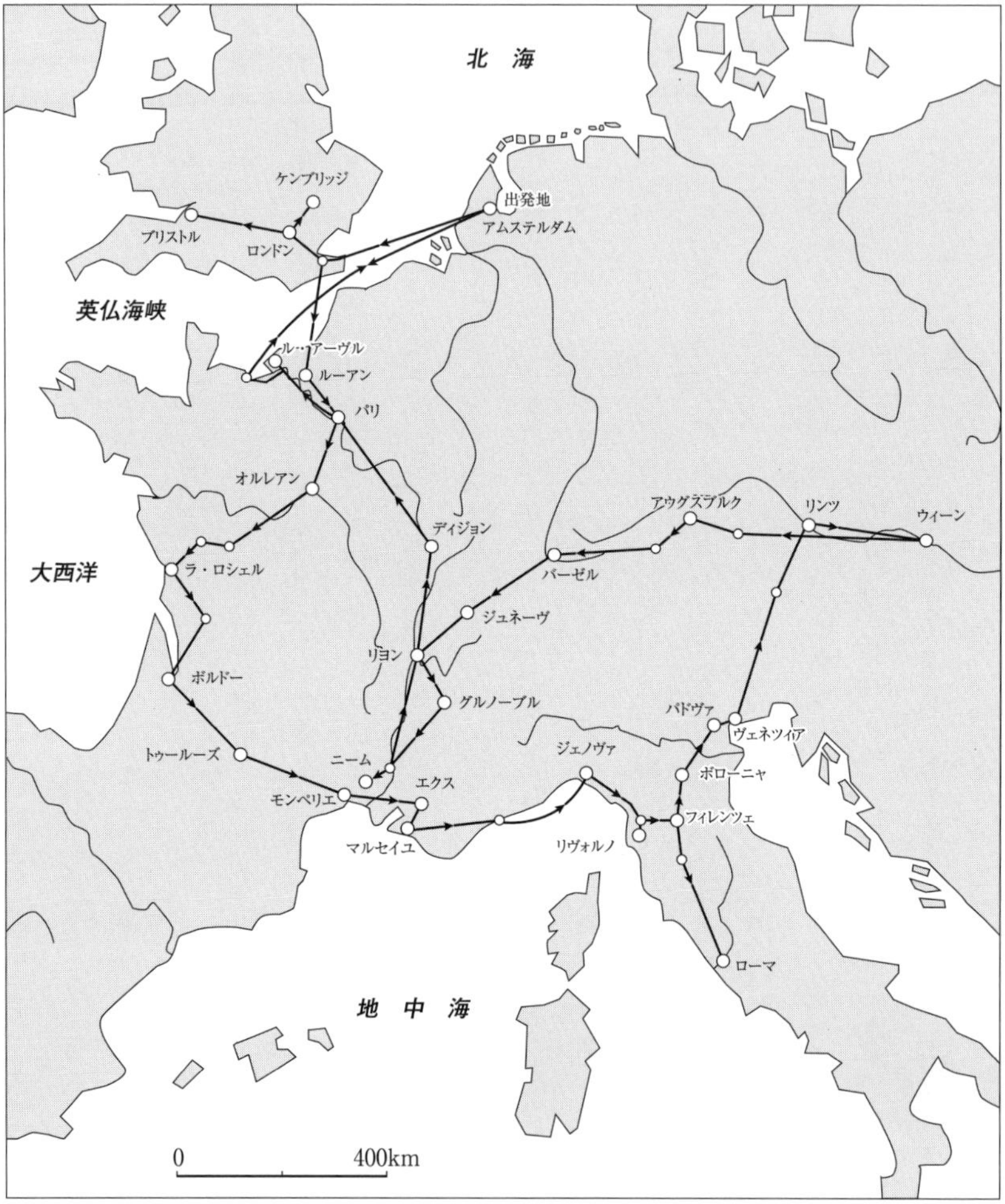

図V　J. F. グロノウィウスの旅行（1639-41年）

ただしく通過した所であるが、彼は幻滅的な覚書しか残していない。すなわち、ドイツ出身の――彼はハンブルクで生まれた――グロノウィウスは、彼の「不幸な祖国」がこうむったさまざまな試練を嘆いている。学問と学識教養人は軍隊を前にして逃亡し、それ以後ドイツの学問の運命はぴったり閉ざされたように彼には見えたのである。彼はイングランドで過ごした四か月のあいだロンドン、オックスフォード、ケンブリッジに滞在したが、そこでも予想に反して輝かしくない現実を目にした。すなわち、学者は彼が期待していた程には多くなく、図書館は外国人をこころよく迎え入れるとはお世辞にも言えなかった。彼がまったくことなる印象をもったのが、フランスであった。パリに到着するやいなや、彼は「知のエリゼの楽園」に入ったという感に打たれたが、こうした彼の見解は学殖豊かにして寛大なフランスの学者たちとのひんぱんな交遊によって補強された。これとは逆に、グロノウィウスはイタリアにはふかく裏切られた。それはもはやルネサンス期のイタリアではなく、「書店」は活力をうしなっており、学識教養人は少なく、司書は自分たちの収集したものにひどく執着していたのである。

これら二つの旅行で描かれた地図は、《学問の共和国》の辺境にある諸国がいちじるしく低い重要性しか認められていなかったことを明らかにしてくれる。たとえば、スウェーデンがそうである。デカルトは、ストックホルムへの出発（一六四九年）を前にして、「熊の住む国に行って、岩と氷に囲まれて暮らす」ことにあまり乗り気ではなかった。同じく女王クリスティーナの招きにこたえたオランダの若い言語文献学者イサーク・フォシウス（一六一八―一八九年）も、スウェーデンでは既知の世界の外にいるという印象をいだいていた。じっさい、この土地は、彼が多くの研究を捧げたプトレマイオスその他の古代の偉大な地理学者には知られていなかった。

ヨーロッパのいま一つの極ではスペインが、当時の人々の眼からすると同様の周辺的位置を占めていた。ペイレスクは彼の時代のもっとも重要な書簡ネットワークの一つの中心にいたが、彼は一六三四年、スペインと文通するうえでの困難さと、さらには何であれエル・エスコリアルの蔵書を入手するうえでの困難さを強調している。一七一六年にはベネディクト会士の学者モンフォーコンが、ピレネーの向こうがわにもすぐれた学殖に富む人々が存在しているかもしれないことに驚いている。いっぽう、スペイン人たち自身も一七世紀の後半に、彼らが遠隔の地にあって遅れているという状況を嘆いている。医師のファン・デ・カブリアダが一六八七年に、「ヨーロッパで出版されるものに関する情報や知識を、われわれはあたかもインド人であるかのように、いちばん最後に受けとっているということは恥辱である」と書いているのはその一例である。同じような異国との比較は新聞発行人のバナージュ・ド・ボーヴァル（一六五六―一七一〇年）もおこなっており、彼はその頃のポルトガルをコンゴやモノモタパにたとえていた。

反対に、これら二つの地図からは密度が高くて恵まれた地域も浮かび上がってくる。たとえばフランスに心をうばわれたJ・F・グロノウィウスは、そこに「新しい知の世界」をみてとった。彼の見解には他の多くの外国人も共鳴し、フランスを学問と学識教養人のすばらしい祖国としてこぞって賛えている。そのうえ、この頃には「フランス旅行《イーテル・ガリクム》」は「知の宝」を手に入れようとする人々には不可欠なこととなっていた。

同様にオランダも、こうした祝福された土地の一つに数えられていた。ボルドロンの眼からすると、それはすでに印刷業者の数と質で定評を得ていたのである。そして、オランダの学者の数とその大学の栄光を絶賛した他の多くの証人をあげることもできよう。こうした知的資源に、当時人々が異口同音に賞賛していた寛容の風土が加わると、近世史家たちが黄金の世紀のオランダに「ヨーロッパの十字路」や「ヨーロッパの知識の集散地」という役割を認めたとしても、驚くにはあたらないであろう。

C　中央と周辺

しかしながら、《学問の共和国》の高密度地帯もけっして均質的ではなかった。フランスの地方は首都とは対照的であった。グロノウィウスはパリから出発するとき、「野蛮」な世界に迷いこむという気持ちにおそわれ、ロワール川の谷間での滞在中は思っていたほど暗くはない知的現実を目にしたものの、アンジェでは「世界の片隅で」孤立していると感じていた。こうした思いをいだいたのは、彼だけではなかった。ペイレスクはプロヴァンス地方を「リビア砂漠」にたとえている。「書物の交流から、かくも遠くはなれたこの地方」には、パリにいる彼の文通相手に伝えるに値するニュースがほとんどなく、彼はそれを残念に思っていた。こうした悲しい現実は、ルーアンのロベール・コルニエのほぼ同じ時期の言葉にもみてとれる。彼は一六二八年にパリっ子のメルセンヌにあてて、「私たちの地方はおそろしく不毛ですから、私があなたにお知らせできることは何一つありません」と書いたのである。一七世紀をつうじてずっと、同じようななげき声を聞くことができる。一六六九年にはモントーバンの医師ジャン・ピエール・ド・マルテルが、「この地方の野蛮さ」をなげいていた。成年に達したばかりのカンのピエール＝ダニエル・ユエ（一六三〇―一七二一年）は、「その名声と著書を私も知っている《学問の共和国》の君主たちに会うとともに、この有名な町そのものを見るため」、足ばやにパリにおもむいたのである。

　王国の首都とそれ以外の地方とのあいだの同じような対照は、イングランドの場合にも明らかにみとめられる。さらにここでは、この対照は（「出版免許法」の期限が満了する）一六九五年まで印刷所がロンドン、オックスフォード、ケンブリッジ、ならびにヨークシャーの大主教都市にしか設けることができなかったという事実によって、いっそう際立っていた。地方はじっさいには人材に恵まれていたにもかかわらず、「地方人」は孤立感をいだいていた。そこで彼らは、首都と二つの大学都市という重要な中心と彼らを結びつけてくれる手紙を何通も書き送った。なかでも雄弁なのがジョン・ロック（一六三二―一七〇四年）の手紙であり、それは彼が「ロイヤル・ソサエティ」の筆頭幹事ハンス・スローン（一六六〇―一七五三年）にあてて一六九四年に送ったものである。彼はこの文通相手にたいし、エセックス公領のオートという「疥癬《かいせん》病みの羊かびっこの馬以外にはほとんど誰にも出くわさない土地」から手紙を書き、「学問の共和国から」送ってもらったニュースについて礼を述べている（ついでに、「コモンウエルス・オブ・レターズ」という興味を引く英語独特の表現を記しておくとしよう）。同じような孤独感、それに学問の世界で起きていることに通暁していたいという同様な気もちは、スコットランドの長老派牧師であるキャンベルタウンのラクラン・キャンベルが、一七〇五年にオックスフォードのアシュモリアン博物館の学芸員に送った書簡のつぎの一節からも、明確に伝わってくる。「目下のところ、私には学業に専念できる時間がほんの僅かしかないため、……表面的ながら私が身につけている知識を失ってしまいます。とはいえ私は、（あなたも名を連ねておられる著名な協会が、その重要な部分を構成している）《学問の共和国》のニュースを受けとるとき、ひじょうに大きな満足をおぼえるのです。したがって、これからもそうした機会があるたびに同様の文書をすべてお送りくださるなら、私は多大な援助を頂くことになるでしょう」。

これ以外の重要な中心地も、《学問の共和国》の上で輝いていた。ライデンは、一七世紀のヨーロッパにおける学問の重要な拠点のひとつであった。サミュエル・ソルビエール（一六一五―七〇年）は、一六六〇年に完成した『オランダにおける学問の状態』の中で、ライデン大学の重要な役割を強調している。この大学は、その教授たちの名声、その蔵書とコレクションの豊かさによって、「ポーランドの奥地から」も学生を集めていた。ライデンが一七世紀に演じたこの特別な知的仲介の役割は、現代のさまざまな研究によって測定できるようになった。

このように、《学問の共和国》の空間はいくつかの焦点を中心にして構成されており、したがって、今しがた引用した諸都市を起点にして複雑な順序をたどって行くと、学問の世界を結びつけていたネットワークを再構成することができる。このヒエラルキーのなかで、学者たちは時おり覇を競っていた。たとえば、アドリアン・バイエ（一六四九—一七〇六年）が「文人の中心」として紹介したメルセンヌ神父（一五八八—一六四八年）や、「惑星がそのまわりを回転している軸」としてのトマス・ホッブス（一五八八—一六七九年）がそうである。

D　空間のヒエラルキーと気候の理論

《学問の共和国》内にみられる空間のヒエラルキーは、競いあう力の均衡を表していた。まずは、当時の人々がおこなっていた説明に目をむけてみよう。今日ではもう歴史家たちも忘れてしまったこの特異な説明によれば、知的秩序はさまざまな自然現象と密接に結びついていたのである。気候の理論から導かれた教訓は、つぎのようなものであった。

この理論では、独特の生理学的考え方にもとづいてある土地の住民の性格や特性と、その土地の緯度やそこで彼らが呼吸する空気とのあいだに因果関係を認める。当時の地理学者たちは、ごく簡単にいうと、赤道の両側で世界を三つの大きな気候帯に分けていたことを思い出そう。南の酷暑地帯、中間の温和な地帯、北の寒冷地帯である。こうした気候帯に応じて気温と性格は変化し、しかもそれぞれの気候帯の内部でも北に近づくか南下するかに応じて、変化していた。そこで寒い国の住民は知的資質と引きかえにもっぱら身体的力を与えられており、また彼らは勤勉さと忍耐力をもっていたとしても、繊細さと緻密さには恵まれていないということになる。その逆の状況が、暑い地帯ではみられる。その結果、温帯の住民はこうした欠点をもつことなく、南の住民と北の住民の美質に恵まれていたのである。それゆえこの中間的気候帯、とりわけその中心部においてこそ申し分のない仕事が、あるいはあまり恵まれていない気候帯でなされるものよりもすぐれた仕事が、計画されるのであった。さらにまた、気候の効果に加えて、住んでいる土地の地理的状況の影響も指摘されていた。平野か山か、肥沃な地帯か人も住まない地帯か、風がふく地域か湿潤な地域か、などである。一例をあげると、沼地の多い地域の住民、たとえばライン川河口の住民は、のろくて敏捷さに欠ける気質を自然によって与えられていた。

このような地理学的決定論については、それがつねに受け入れられていた訳ではなく、また文明の歴史的な変遷のなかで当然いくつかの疑問が提起されてきたのだが、それでも気候の理論はそれが提供する説明や「科学的な」証明の程度に応じて、一八世紀までずっと根づよい人気を博してきた。それは、暗黙の形であれ明白な形であれ、当時のヨーロッパのさまざまな民族について、そして科学と文学の進歩に貢献する彼らの能力について、判断をくだす場合の基礎となっていた。このように、今日では大ざっぱな、そしてまったく根拠がないようにみえる理解がおこなわれていたのである。

アドリアン・バイエはこの気候の理論を俗悪な偏見として告発したものの、ドイツの学者の出版物について説明するのにこの理論をもちいていた。彼はドイツ人について、「不屈の研究心、学業への専念……それに宗教的感情は……たしかに人間の精神を変え、人間をより礼儀正しくより完全なものとするが、それらは自然の体質まで変えることはできない」ことを思いおこさせ、つづけて「それゆえに、ドイツ人は彼らの著述においてはつねにドイツ的なのである」と述べている。彼らは生まれつきの勤勉さと忍耐力のおかげでもっとも難解な、もっとも抽象的な学問をマスターするにいたったが、しかし華麗さ、繊細さ、活発さという性質を獲得することはできなかった。そうした性質は、「自然が、寒くて荒あらしい大気に囲まれた頑強な身体におさめることを不都合だと判断した」ものである。ピエール＝ダニエル・ユエは、スウェーデンを旅行したさい、この国に生まれた人の「迷信と盲信」にもさほど驚きはしなかった。「寒い空の下に生まれ、われわれのようには太陽の穏やかな恩恵に浴していないので、精神の活動は緩慢で真偽を区別するのにあまり向いていない人々の欠点」は「ごく普通のことである」と、彼は覚書で説明している。南の人々には逆の欠点があった。たとえばナポリのパオロ・マッティア・ドーリア（一六六七―一七四六年）は、彼の同胞らが「大気を通して人間の血管に入りこむ大量の硫黄分とこの土地の気候のために、激しい気質をもっている」ことを一七一三年に指摘している。このことは「彼らの大多数が気を散らさずに長いあいだ学業にはげむことができないし、まとまった著作をほとんど読まず、自らに満足し、大家のようにふるまう」ことを説明していた。《学問の共和国》の中心部では「洗練された才人」に会えること、そしてフランスは地理的な中心に位置するためもっとも好ましい結論が導き出されることについては、驚くには及ばない。ド・ラ・サント神父（一六八四―一七六二年）は、その同胞の知的優位を正当化するための議論に頼った。彼は一七二八年に発行された論説のなかで、「フランスよ、汝の子らに特有の分別の精神についてだが、私が思うにこの精神は彼らとともに生まれるのだ。この子らがその精神をあたえられているのは、彼らが最初に呼吸する純粋で澄みきった大気、温暖な気温をいわば身体から魂へ伝えてくれる大気のお蔭なのだ」と述べている。そのため、フランス人には「イタリア人の精神の繊細すぎる辛辣さ、スペイン人の腫れあがったような誇張、イギリス人の混乱した深遠さ、ドイツ人の悲しい鈍重さ、オランダ人の神秘的な難解さ、北方諸民族の野蛮な生硬さがない。そのかわりに束縛のない自由、適切なしなやかさ、自然な言いまわし、魅力あふれる親切さ、真実にたいする明確な好み、理性にしたがうという傾向、がある。浅はかでなく軽やかで、衒学的なところがなく誠実で、無気力に堕すことなく情熱的なフランス人は、昂揚しても注意ぶかく、興奮しても控えめである。彼らは技芸の奥に隠されているものを深く掘り下げ、注意深く検討する。彼らは技芸のあらゆる神秘に巧みに忍びこみ、技芸の広がり全体を完全に掌握するのである」。

このような物の考え方は、学者の伝記に出生地を示すという心遣いについて説明してくれる。この考え方はまた、ゲオルク・フリードリヒ・ノイマンが一七〇七年にライプツィヒ大学に提出した論文にも表明されていた。彼はそのなかで、もともと学問にほとんど向いていない土地に生まれたが、のちに名高い学者になった人物の例について考察した。さらにこの考え方は、学術的な旅行の根拠を説明するためにも引きあいに出された。たとえばニコラス・ヘインシウス（一六二〇―八二年）は、オランダ人にひんぱんに見られるこうした旅行は、重苦しい雰囲気のもとで身につけた習性を取りのぞくために必要であると述べていた。

古代につくり上げられた気候の理論は、このように近世においても明らかに生命力を保っており、知の分布が不均等であったこの空間についての認識に決定的な影響をおよぼしていたのである。

3　変動する空間

これまでの論述から、《学問の共和国》は不動不変の固定した世界であるという認識をもたれたかもしれないが、じつはその輪郭と均衡はわれわれの対象とする時代の変遷のなかで変化していた。この時代はまず三つに区分することによって、こうした変化の程度を測定できるであろう。そのあとで、こうした変動の理由を検討することとしよう。

Ａ　歴史地理学の試み

年代順をひとつも変えることなく三世紀におよぶ歴史に区分を設けることは、容易なことではない。変化は国によって異なるだけでなく、かつては最先端であったものが二、三世代のちには時代遅れとなる。それだから、われわれが設けた時代区分は、厳密にいうと目安としての価値をもつにとどまる。さらに、この《学問の共和国》という巨大な空間を数ページで理解できるようにするには、もっぱら巨視的な見方による以外にはない。そこで以下では、おもな中心地の出現や消滅という大きな変化と、それにともない人的流動と観念の流れに影響をおよぼした根本的変化に記述を限ることにする。

エラスムスの時代

まずエラスムスを取りあげない訳にはいかない。それほど、このロッテルダムの人文主義者は時代に君臨していた。そのうえ彼は偉大な旅行家でもあったので、その生涯の主要な段階は《学問の共和国》の最初の地図を作成するさいの指標として用いることができる。一四九五年、若い司祭であった彼はパリで神学を学ぶために国をあとにし、しばらくはパリを留守にしたこともあったが（一つはイングランド、いま一つはルーヴァンでの滞在）、一五〇五年までそこに滞在していた。ついで彼はイングランドに渡り、ロンドン、オックスフォード、ケンブリッジに立ちよった。そこから彼はイタリアにおもむき、トリノで神学博士号を取得したのちボローニャとパドヴァの大学町に滞在し、さらにヴェネツィアに逗留した。彼の旅の生活は、その後パリ、ケンブリッジ、ルーヴァンと分かれてつづいた。一五二一年以降、彼はバーゼルに定住し、宗教改革の混乱によるフリブールでの長期滞在をのぞき、一五三六年に死を迎えるまでバーゼルに住んでいた。

いま右にあげた町は一六世紀前半における《学問の共和国》の聖地であり、エラスムスの道程をたどってわれわれは、まずパリに立ちどまるとしよう。そこの神学部は、中世と同じように、引きつづき全ヨーロッパから神学生を引きつけていた。さらに、パリには比類のない才能のもち主が何人かいた。そのなかでも第一級の人物として、ロベール・ガガン（一四三三―一五〇一年）、ルフェーヴル・デタープル（一四五〇―一五三七年）、ギヨーム・ビュデ（一四六七―一五四〇年）の三人の名があげられる。彼らはフランス・ユマニスムを、そのさまざまな側面（歴史的、宗教的、言語文献学的）に光をあてて明らかにした。さらに、学識ゆたかな印刷業者、たとえばジョッス・バード（一四六一ないし一四六二―一五三五年）やアンリ・エティエンヌ（一五二八―九八年）とその一族は、その印刷の質によって、そして新しい知の普及にたいする貢献によって、パリを第一級の活版印刷術の中心にした。最後に王立コレージュの創立（一五三〇年）は、すぐれた学芸愛護者、学問と芸術の復興者として好んで紹介される君主フランソワ一世が治める王国の首都の知的輝きに、いっそうの光彩を添えたのである。そしてパリほどの影響力はなかったが、フランス・ユマニスムがいま一つの中心地、リヨンを擁していたのも事実である。たとえば、文人（サンフォリアン・シャンピエ（一四七二―一五三九年）を筆頭とする）と印刷業者（セバスティアン・グリフ（一四九三―一五五六年）やジャン・ド・トゥルヌ（一五〇四―六四年）のような）とのあいだの同様の結びつきは、充実した知的生活を保証するものであった。ここでの生活は、神学部の束縛から自由であり（リヨンには神学部がなかった）、そのうえ、宗教改革後には重要な避難所となったジュネーヴとサヴォア地方に近いという利点に恵まれていた。

イングランドでは、学問的活動はロンドンと二つの大学町オックスフォードとケンブリッジとに集中していた。第一級の人物――ウィリアム・グロシン（一四四九―一五一九年）、ジョン・コレット（一四六六―一五一九年）、トマス・リナカー（一四五〇？―一五二四年）、ジョン・フィッシャー（一四六九―一五三五年）、そしていうまでもないがトマス・モア（一四七八―一五三五年）――が人文主義の発展のあとを明確に示してくれる。彼らは新しい学寮の創立によって人文主義の普及に貢献した。

一五世紀の後半からは、ルーヴァンがネーデルラントできわめて重要な役割を果たしていた。ここではアントワーヌ・アムロン（一四九〇年没）とルドルフ・アグリコラ（一四四四―八五年）の名を思いだすだけで足りよう。ルーヴァンは次の世代にエラスムスやファン・ルイス・ビベス（一四九二―一五四〇年）を輩出し、さらには三古典語学寮の創立（一五一七年）も加わって、この国の人文主義の中心となっただけでなく、北ヨーロッパにおける新しい知の伝播に最適の拠点となった。さらにこの新しい知の伝播は、文人と印刷業者――たとえばネーデルラントではじめてギリシア語の原典を印刷したディーリク・マルテンス（一四四六―一五三四年）のような――の協力によって促進された。一六世紀の中ごろになるとルーヴァンはその地位を、クリストフ・プランタン（一五一四―八九年）という人物で知られているアントワープに譲ることになった。人文主義的な印刷業者としてのプランタンのキャリアーは、倦《う》むことを知らないベネディクトゥス・アリアス・モンターヌス（一五二七―九八年）の指導のもとでおこなわれたヨーロッパのもっとも優れた碩学たちの協力の成果である『欽定多国語聖書』（一五六八―七二年）の刊行をもって絶頂にたっした。

ドイツ諸邦では、あたかも政治的分裂に似せたかのように、状況はより複雑であった。そのため、活発ではあるがやや影響力のよわい中心がいくつも生まれる結果となった。すなわちヴィーンの皇帝の宮廷、南部の商業都市（アウグスブルクとニュルンベルク）、ハイデルベルク、ライプツィヒ、テュービンゲン、インゴルシュタットなどの大学町がそうである。そのうえ、宗教改革は高い嶺をいくつか築きあげていた。たとえば、一五〇二年に創立されたヴィッテンベルク大学は、いみじくも「ドイツの教師」という渾名をつけられていたフィリップ・メランヒトン（一四九七—一五六〇年）の支配下におかれ、ルター派の砦となっていた。バーゼルは、人文主義者のサークルないし「協会《ソダリターテス》」の所在地であったライン沿岸の多数の都市のあいだでは、異彩をはなっていた。それはこの町が大学の、そして進取の気に富んだ印刷業者——ヨハンネス・フローベン（一四六〇—一五二七年）とアーメルバッハ一族——らの、さらには、ベアトゥウ・レナーヌス（一四八五—一五四七年）といった学者たちを引きつけていたエラスムスという存在の、恩恵に浴していたからであった。

南欧はこれとは対照的な眺めを見せてくれる。イベリア半島で知のおもな中心地となっていたのは、サラマンカ大学と、シスネロス枢機卿（一四三六—一五一七年）が三古典語学寮を創設したアルカラ大学であった。イタリアの重要性はきわめて高い。当時フランス、スペイン、あるいはドイツで人々が自分たちの文化の権利をいちはやく要求したとしても、また今日の歴史家たちが各国における人文主義に固有のオリジナルな要素をいかに力説したとしても、である。いずれにせよ、イタリアの知的活力を示す証拠はじつに多い。さきに引用した人文主義者のほとんどがこの半島に行っているが、それは当時「イタリア旅行《イーテル・イタリークム》」熱が絶頂にたっしていたからであった。パドヴァとボローニャの大学には外国人が大挙して訪れていた。ローマは宗教改革まで、その普遍的地位をたもっていた。ヴェネツィアは、学識豊かなアルドゥス・マヌティウス（一四四九ないし一四五〇—一五一五年）を筆頭に多くの印刷業者を擁しており、国際的な影響力をもつ人文主義の中心地となっていた。

メルセンヌ神父の時代

一七世紀前半には、エラスムスのような仕方で《学問の共和国》を支配した学者は存在しない。ただしじっさいにはこの時期はベーコンからソーメーズまで、ガリレイからペイレスクまで、さまざまな名称で名祖《なおや》として記憶される人物にはこと欠かない。たとえば、マラン・メルセンヌ（一五八八—一六四八年）の名はロベール・ルノーブルの著書により「力学の誕生」とむすびつけられるようになったが、それは知の世界における彼の中心的位置（一〇七頁参照）を賛える当時の人たちの意見にしたがったにすぎない。彼の生涯はエラスムスのそれに比べると、まったく放浪的ではない。すなわち一年間のイタリア滞在（一六四四年九月—一六四五年九月）をふくめ学業のための数回の旅行を別とすれば、このミニモ会士はパリのパレ・ロワイヤルの修道院からほとんど出ていない。しかし彼は、ロッテルダムの人文主義者と同様、ぼう大な量の文通をおこなった。その書簡集は現代版（一七巻）によって一部をかいま見ることができる。

イングランドの知的景観には変化がなかった。ロンドンはクリスティアン・ホイヘンスのような人の眼にはまだ数年間は、とくに「ロイヤル・ソサエティ」の創立（一六六〇年）も手伝って、いぜんとして「科学の拠点」であるように思われていた。

さしあたってはパリが、《学問の共和国》の首都として当然のように認められていた。この点については当時の人々の印象が歴史家の調査で明らかにされている。学者（ただし、その多くは地方出身者）の人数と質、学術的サークルの影響力——その筆頭にはデュピュイ兄弟の書斎があげられる——、アカデミー・フランセーズの創立（一六三五年）、つづいて世紀後半における他の王立機関の創設（一六六三年には碑文・文学アカデミーの萌芽である「小アカデミー」が、一六六六年には科学アカデミーが、一六六七年には観測所が、そして一六七三年には植物園がつくられた）。これらのことがすべて、当時その優位性の基礎固めをしていた国における首都の威信を高めるのに貢献した。パリはまだヨーロッパの重要な活版印刷術の中心のひとつでもあった。最後に、ジャコブ神父（一六四四年）の言うところによれば、「今日、フランス王国は学術書と図書館で他の王国を凌駕している」のである。これらの蔵書コレクションは大部分がパリにあったが、その数は九〇点をこえ蔵書数は四、〇〇〇冊を上まわっていた。こうしたパリの明らかな優位は、北部ヨーロッパの学生や学者がおこなった有名な学苑巡歴《ペレグリナチオ・アカデミカ》（一〇四頁参照）のなかで「フランス旅行《イーテル・ガリクム》」が占めていた重要な位置によっても証明される。

ネーデルラントでは南の地域が勢力をうしない、一五七九年に（ユトレヒト同盟で）分離した北部諸州がかわって重要性をもつようになった。一五五〇—七〇年代にアントワープに代表されていた活版印刷術の繁栄は、ライデン——ここにはエルゼヴィールの名が結びついている——、次いでアムステルダムの興隆によっておとろえた。黄金時代のオランダでは大学がつよい影響力を発揮するようになった。とくにライデン（一五七四年創立）がそうである。この大学は、南部諸州の出身でカルヴァン派に改宗した学者たちを引きつけた。たとえばボナヴェントゥーラ・ヴルカニウス（一五三八—一六一四年）、ゲラルドゥス・ヨハンネス・フォシウス（一五七七—一六四九年）、ダニエル・ヘインシウス（一五八一—一六五五年）がそうである。大学の管理者たちは、ヨーゼフ・ユストゥス・スカリゲル（一五四〇—一六〇九年）やユストゥス・リプシウス（一五四七—一六〇六年）、そしてつぎの世代ではクロード・ソーメーズ（一五八八—一六五三年）のような、ヨーロッパ最高の人材をライデンに招聘《しょうへい》しようとつとめた。ライデンは古典的な言語文献学（そこでは東洋語も高く評価されていた）、改革派神学、さらには医学のメッカのひとつとなった。優秀な教師、当時のもっともゆたかな図書館のひとつ、寛容の風土（少なくとも当時の基準からすると）が、全ヨーロッパから大量の学生の流入をうながした。こういうわけで、たとえば一六四〇年から一六六〇年にかけてウプサラで教鞭をとった教授の半数は、ライデンで養成されていたのである。

ドイツ世界は三十年戦争によって大きな打撃をうけた。この戦争は学者サークルの解体、学識教養人のイングランドやオランダ連合州への移住、図書館の破壊、大学の没落（ハイデルベルク、マルブルク、ヘルボルンなど）をまねいた。書籍業も被害をまぬかれなかった。フランクフルトの場合は象徴的である。この町は一六世紀後半とつぎの世紀初頭には、その書籍見本市の盛名もあってヨーロッパの学識教養の首都のひとつに数えられ、アンリ・エティエンヌによれば、あたらしいアテネであった。書物を販売・交換するために各地からやってきた印刷業者や書籍販売業者につづいて、詩人、歴史家、数学者、哲学者がこの地を訪れるようになっていた。だが戦争はドイツの出版活動を一時ほぼ完全に破壊し、こうした交流におそろしい一撃を加えたのである。戦争直後にはライプツイヒが回復したが、その見本市の地理的影響力ははるかに限られたものになっていた。こうした打撃の例はまた、当時ドイツの学界でおこった東への移動、つまり、ヴィーン、ザクセン、ブランデンブルクへの移動についても説明してくれる。

一六〇〇年代には、神聖ローマ帝国の一都市が短い期間にせよ燦然と光をはなったことがあった。それは、皇帝ルドルフ二世（一五五二―一六一二年）が居城をさだめたプラハである。この君主は政治家としての能力よりも、かわった才能と神秘学にたいする深い関心で歴史に名をとどめたが、また学問と芸術の保護者であるとともに偉大な蒐集家でもあった。彼はその時代のもっとも注目すべき人材を引きよせることになった。たとえば画家のアルチンボルド（一五二七―九三年）、天文学者のチコ・ブラーエ（一五四六―一六〇一年）とヨハンネス・ケプラー（一五七一―一六三〇年）、歴史家で人文主義者のヨハンネス・サンブクス（一五三一―八四年）、そして一時的だが、イタリアの哲学者ジョルダーノ・ブルーノ（一五四八―一六〇〇年）がそうである。

それから半世紀後にはスウェーデンの女王クリスチーナが、自国をヨーロッパの人文主義の中心地に、その首都を新しいアテネにしようと野心をもやしていた。そこで彼女は、フラインスハイム（一六〇八―六〇年）、シェフェール（一六二一―七九年）、ベークラー（一六一一―七二年）といったストラスブール人をふくむ外国人教授を採用することにより、ウプサラ大学を復興した。しかしとくに彼女が意を用いてストックホルムに招いたのは、知の世界で高名な人々であった。それはデカルト（一五九六―一六五〇年）、フォシウス（一六一八―八九年）、ヘインシウス（一六二〇―八二年）、ソーメーズ（一五八八―一六五三年）、ノーデ（一六〇〇―五三年）、ボシャール（一五九九―一六六七年）である。このみじかくも華麗な時代は、彼女の譲位（一六五四年）によって終止符がうたれた。スウェーデンが再びヨーロッパの注意を集めるようになるには、一世紀後のリンネを待たなければならない。

一六四〇年代のイタリアの知的世界は、たとえばメルセンヌ神父、自由思想家ジャン＝ジャック・ブーシャール（一六〇六―四一年）、オランダの言語文献学者ニコラス・ヘインシウスのような旅行者によって、「野蛮」と形容されていた。この表現は行きすぎであるとしても、こうした判断はやはり現実の事実にもとづいている。それは印刷所の、とくにヴェネツイアにおけるその没落、大学の動脈硬化、北の国々から殺到していた学生の減少、イタリアの学者の自閉化、外国人にたいする図書館の閉鎖性などである。宗教裁判所によるガリレイの断罪（一六三三年）は、対抗宗教改革期のイタリアにたいする新教徒やガリカン派の否定的な見方を固めることになった。ポール・アザールは、すでに古典となっている著書『ヨーロッパ精神の危機　一六八〇―一七一五年』（一九三五年）のなかで、知的世界の「南から北へ」の移動については一七世紀末を重視していた。だが、このような変化ははやくもこの世紀前半から萌芽的状態にあったのであり。それは一六四〇年代には完成しつつさえあったのである。

ライプニッツの時代

一七世紀末とそれにつづく世紀初頭を象徴する人物として、ヴィルヘルム・ゴットフリート・ライプニッツ（一六四六―一七一六年）を取りあげる理由にはこと欠かない。彼は、その該博な教養（「私はほとんど何ひとつ軽視しない」）、数学、哲学、歴史学の各分野における著作、そして哲学的・神学的思想にたいする貢献からみて、たしかにこの時代のもっとも偉大な精神のひとりであり、おそらくは最後の「博学者」のひとりでもある。さらに、疲れを知らないこの学者は、さまざまなドイツ諸邦の、神聖ローマ帝国の、ロシアの、さらにはヨーロッパ全体の枠組みにおけるアカデミーや学術協会を構想し、知的世界の組織案をいくつも生みだした。そのうえ、ブランシュヴァイク公のこの司書官は、主人らのために外交的使命も果たしていた。だから彼がこの時代のもっとも卓越した人々と接触していたとしても、なんら驚くにはあたらないし、たび重なる旅行（フランス、イングランド、オランダ、イタリア、南ドイツ、ヴィーン、プロイセン、ザクセン）のあいだに彼らと知りあい、彼らと文通していたのも当然である。約一五、〇〇〇通にのぼるライプニッツの書簡はよく保存されており、それらの地理的分布は一七世紀の転換期における知的ヨーロッパについての基本的知識をあたえてくれる。ドイツ地方をのぞくと、彼の文通相手の六〇％以上は、パリ、ロンドン、ローマ、デン・ハーグ、アムステルダムの五都市に集中している。これらの書簡は、《学問の共和国》の地図上で指標となる都市を示してくれるが、この地図は前世代に作成された地図と類似点が多い。

ロンドンとパリは引きつづき支配的な地位をたもっていた。一六九六年、ライプニッツはこのことを強調して、職務で釘づけにされていたハノーヴァーからつぎのように書いている。「私が我慢できないのは、パリやロンドンのような大きな町にいないことである。こうした町では有益に助け合える学識豊かな人物にこと欠かないのだが。」

オランダ連合州はいぜんとして、ヨーロッパにおける知的生活の中心のひとつであった。その活力は、たとえばピエール・ベール（一六四七―一七〇六年）のようなフランスの新教徒たちによっていちだんと強化された。

彼らは一七世紀の後半、とくにナントの勅令の廃止（一六八五年）ののち、この地に避難所をみいだした。それ以降アムステルダムとロッテルダムという活版印刷術の中心地は、「オランダ出版業の勝利」（H・J・マルタン）に大きく貢献することになったのである。大学は強力な吸引力を発揮していた。ブールハーフェ（一六六八―一七三八年）の講義で多くの学生を集めていたライデン大学は、その一例である。一七二六年にエディンバラの「王立医学協会」を創立した人々は全員、この著名な教授の弟子であった。

一般的にいってイタリアは、なかでもローマは、図書館と古代にかんするコレクションの豊かさにより、つねに外国人を引きよせていた。ライプニッツ自身、ブラウンシュヴァイク家の歴史にかんする史料収集を終えるため、この半島での長期の研究旅行におもむいている（一六八九年三月から一六九〇年三月）。彼はヴェネツィアからナポリまで、イタリアにいるすべての学者に会うために、この滞在を利用していた。これと同じ年代にヴェネツィアの出版業はめざましい回復をみせはじめ、イタリア諸国の首都では、ナポリを筆頭に、近代科学を無視しない知的生活が展開されていた。それにもかかわらず、《学問の共和国》の重心の北の国ぐにへの移動は、この時期のあとに完了するのである。外国人にとって、もはやイタリアは知の進歩に積極的には貢献しなかった。彼らはイタリアをせいぜい博物館国家とみなすようになっていた。

ドイツ地方では、前世代にはじまっていた知の中心の東への移動を確認することができる。それはザクセンにおけるハレ大学の創立（一六九四年）、ブランデンブルクにおけるベルリンのアカデミー（すなわち「王立科学アカデミー《ソキエタース・レーギア・スキエンティアールム》」）の創立（一七〇〇年）によって象徴されている。

この時代を特徴づける最大のできごとは、ピョートル大帝（一六七二―一七二五年）の発意によってロシアが《学問の共和国》に加わったことであった。彼は自分の国家で学問を栄えさせるために、努力をおしまなかった。

たとえば彼は、教育を受けさせるために若いロシア人を外国に送りだし、印刷術を発展させ、さまざまな学校を創設した。また首都サンクト＝ペテルブルクには最初の公共図書館を開設し（一七一四年）、大学をかねた科学アカデミーを創立した（一七二四年）。この開明的な努力を補強するべく、彼は西欧から書物と機械だけでなく学者と学生をも「輸入した」。だから科学アカデミーの最初の会員一六名は、すべて外国人であった。その内訳はドイツ人一三名、スイス人二名、フランス人一名である。大学については、最初の六年間の大学生八名は全員がオーストリア人であった。

　この歴史地理学の試論を閉じるにあたり、もし一八世紀中ごろの数十年間で記述を終えるとしても、われわれは知的景観がほとんど変わっていないことを認めるであろう。パリとロンドンがいぜんとして《学問の共和国》の首都であることには、異論の余地がない。オランダ連合州は、その活発な出版活動ゆえに「世界の商店」とみなされている。スイスについても同じである。それは輸出むけの重要な出版活動によって、「仲介者スイス《ヘルウエティア・メディアトリクス》」という修飾語にふさわしいものとなっていた。ジュネーヴは、一七二〇―一七八〇年代にはヨーロッパにおける「書店」の中心のひとつであったことをつけ加えておこう。イタリアは、当時の製品よりもむしろ、輝かしい過去の遺品（写本、骨董、芸術作品）によって魅力を発している。ベルリンと科学協会、サンクト＝ペテルブルクと科学アカデミーは、フリードリヒ二世とエカテリーナ二世の統治下で実にすばらしい発展をとげている。それを象徴しているのが、ヴォルテールのプロイセン旅行（一七五〇―五三年）とディドロのロシア旅行（一七七三年）である。

　スペイン、ポルトガル、スカンジナビア諸国、ロシア、ポーランド、ハンガリーは周辺的、受容的な位置にとどまっている。それはこれらの国が知的生活をまったく知らなかったからではなく、その製品がまれにしか国境を越えなかったからである。とはいえ、一個人や一学問と結びついた例外も多い。たとえばウプサラ大学が一八世紀の中葉の数十年間に国際的な影響力をもっていたのは、リンネ（一七〇七―七八年）と彼の植物学研究のおかげである。

ここで、ふたつの新しい現象を指摘しておかなければならない。第一は知的空間の稠密化《ちょうみつ》である。このことは、たとえば一八世紀後半における学術団体のいちじるしい増加にともない、アカデミーがヨーロッパ全体で増加したことにみてとれる。ただし、これらの学術機関がすべて同様の活力をもち、均等に影響力を発揮していたわけではなかった。この点については、地方のアカデミーとパリの王立機関とのあいだにおける鮮明なヒエラルキーを特色とするフランスの状況が、雄弁に物語ってくれる。大学についても同様であり、たとえばクラクフ大学の学生の出身地は国内のせまい地域に限られていた。じじつ一七二〇―一七八〇年についてみると、外国人学生の数は六九名にすぎず、全体の〇・六％でしかない。したがって、個々のアカデミーや大学に同一の重みを置いたグラフや地図でヨーロッパの知的世界を表示しようとするなら、現有勢力の実態的バランスは表現できないであろう。

第二のオリジナルな特徴は、《学問の共和国》へのアメリカの参入である。ハーヴァード大学がすでに一六三六年に創立され、また一七世紀の最後の三分の一にそれなりの学術的活動が「ロイヤル・ソサエティ」の勢力圏内で展開されていたとしても、ほんとうの「アメリカ的学問の出現」（R・P・スターンズ）がみられるのは、つぎの世紀なってからにすぎない。その出現は、すくなくとも象徴的には、ベンジャミン・フランクリンの唱導によって「アメリカ哲学協会」がフィラデルフィアで一七四三―一七四四年に創立された時期にはじまったといえよう。この協会はイングランドの「ロイヤル・ソサエティ」を範としてつくられたとはいえ、やはりアメリカ的な組織であった。それは、さまざまな居留地に散らばっている才能ある人物をたがいに結びつけることを主旨とした通信の中心であったのである。

B　変動の理由

《学問の共和国》の空間を特徴づけていたのは、安定だけでなく変化でもあった。つまり、三世紀のあいだにつぎつぎとあらわれた知的景観は、共通の特徴をたもちながらも注目すべき相違をみせているのである。歴史家たちの研究を手がかりにしてこれらの変動を分析するまえに、当時の人々がおこなっていた説明に耳をかたむけてみよう。それはとうぜん、彼ら独自の説明である。

学問の伝達

当時の人々は《学問の共和国》がこうむってきた変容に驚愕したにちがいない。彼らはその変容を、中世のあいだ幸運に恵まれてきた修史上の図式である「学問の伝達《トランスラティオ・ストゥディイ》」と結びつけていた。科学と文学も、人々と同様に移動を重ねてきたと説明されていた。すなわち、科学と文学は野蛮国をつぎつぎと征服して文明に導き、また文明化された土地をすてて荒廃にまかせたというのである。また、この広範囲にわたる移動は「帝国の伝達《トランスラティオ・インペリイ》」という政治的変動とも関連づけられ、東から西にむかって展開をみせた。すなわち、ギリシア人はエジプト人のあとをついだが、そのギリシア人はローマ人のまえで色あせていった。ついで、イタリアはフランスに屈した。そしていずれはアメリカ人の番がくるだろう、とフォントネル（一六五七―一七五七年）は予測した。彼の同時代人ライプニッツは、文明の発展というこの概念から極端な結論を導きだし、ピョートル大帝がその帝国に学問を栄えさせようとした努力をたたえて、一七一六年につぎのように書いている。「神は学問が世界を一周し、今やスキタイにまで到達するようお決めになったようだ。」

イタリアの学問の運命は、ローマ人と野蛮人との古典的対立によっていちだんと複雑になっていたあの修史上の概念に照らして解読されていた。すでに人文主義の時代から、自分たちだけで知を独占しようとするイタリア人の要求を告発する声が、フランス、スペイン、ドイツから上がっていた。こうした抗議は時とともに高まり、はやくも一六世紀の後半からパリは「新しいアテネ」としての外観をみせるようになった。デュ・ベレー（一五二二―六〇年）はローマから、「芸術、武勲、法律の母たるフランス」と書いている。一六四〇年代にイタリアを旅行した学者の多くは、日を追うごとに「野蛮」に陥っていくこの半島から知が「亡命」しつつあることを確信した。こうした変化は、オランダの言語文献学者ニコラス・ヘインシウスにとっては現実の姿であった。彼はイタリアの実態にふれて、つぎのような暗い予想をたてるようになった。「かつてローマ人はわれわれ全員を、山の向こうの連中、つまり野蛮人とよんでいた。私にいわせれば、もし彼らがこの調子をつづけていくならば、彼らこそやがて山のむこうの連中となり、野蛮人とみなされるであろう」。それから数年後にはイタリア人自身が、彼らの国から学問の本拠地を奪いとる「伝達《トランスラティオ》」をにがにがしい思いでみとめることになる。パリにいたフィレンツェ人ロレンツォ・パンチャティキ（一六三五―七六年）は、一六七一年にこう書いている。「われわれイタリア人は学芸のほぼすべてのジャンルで劣っており、美術が山やまを越えて、かつてわれわれが野蛮人とよんだが今やもっとも文明開化しているこれらの国ぐにまできて定着していることは経験でわかる。そして科学、学術、学識はこれら山向こうの土地で成長し、そこで奇跡的に発展しているが、それら移植元であったわれわれの科学、学術、学識はほとんどすべてを失っていることも理解している。」次の世代になると、ムラトーリ

（一六七二―一七五〇年）とその同時代人は「大地の片隅に」隔離され、「別の惑星で」生活し、「新世界のひじょうに辺鄙な地」よりもさらに文明から隔たった「孤立」のなかで生きているという感情をいだいていた。イタリアの学問の成果もこうした極端に悲観的な見方を訂正するには無力であり、その後のイタリアは、著名な学者たち自身の告白によると、《学問の共和国》の周辺に追いやられてしまった。「学問の伝達《トランスラティオ・ストゥディイ》」は完結したのである。

一連の要因

このような解釈は、今日ではいうまでもなく通用しないし、過去においてもこれとはことなる説明が政治的、宗教的、ないし知的な要因にもとづきおこなわれてきた。《学問の共和国》の空間に影響をおよぼした変動については、つぎの三種類の要因を考慮にいれて説明することができる。それは戦争、宗教的分裂、知の分野における国家の干渉である。説明の便宜上、これらの要因は別べつに分けて検討するが、しかしその間に生じた相互作用を忘れるわけにはいかない。戦争が政治的要因と宗教的要因を結びつけたこと、そしてこれらの要因はたがいに作用することによりその効果をいっそう強めたこと、を思いうかべるとよかろう。

戦　争

一六世紀から一八世紀まで、ヨーロッパはなんどか武力紛争の試練をうけた。そうした戦争の影響はどこでもつねに同じではなかったが、当時のいろいろな社会にかならず何らかの痕跡をのこしていた。じじつ、学者たちは普遍的連帯性に助けを求め、知的次元において戦争の不幸な影響から守ってもらおうとしていた。エラスムスによれば戦争とは、学者の「交流」を分断することも、ミューズの神々と結んだ契約をやぶることもできない、無力なものであった。一世紀半のちには、このロッテルダムの人文主義者に呼応してエティエンヌ・バリューズ（一六三〇―一七一八年）が、「学問はけっして戦争状態におちいってはいけない」とはっきり述べている。その後しばらくして、この理想は具体的な事実となってあらわれた。英蘭戦争のときはフランスがオランダ連合州を支持したにもかかわらず、一六六六年にロンドンの「ロイヤル・ソサエティ」はフランス人天文学者アドリアン・オズー（一六二二―九一年）を会員に選出した。その幹事ヘンリー・オルデンバーグ（一六一五？―七七年）は、この新会員にあてた手紙でつぎのように明確にのべていた。「政治的、国家的な紛争が哲学的交流をさまたげたり、学問と徳にたいする尊敬には門戸を閉ざしたりしてはならないという意見を、この団体がもっていることは、このことからもご理解いただけるでしょう」と。紛争がおこって互いに「敵」となった学者のあいだでも、同様に引きつづき文通がおこなわれていた。たとえば、アウグスブルク同盟戦争（一六八九―九七年）のさなかにも、フランス国王の臣下であったボシュエとハノーヴァー選帝侯の顧問であったライプニッツは、プロテスタント教会とカトリック教会の再統合を目ざしていただけに、いっそう熱心に書簡で連絡をつづけていたのである。

しかし、戦争の影響は無視できるものではなかった。すでにみたとおり、三十年戦争はドイツ世界にひじょうに大きな変容を強いた。まずそれは、図書館の破壊、学者のサークルの解散、多くの碩学の亡命をもたらし、ついでこの長い紛争のおわりには学術研究の重心の東への移動と知的次元における根深い分裂をもたらした。このことは重要であり、そして多くの点で例外的であった。そしてこれほど深刻ではないものの、次のような偶発的な事件を忘れてはいけない。こうした事件もやはり《学問の共和国》に影響をおよぼしていたのである。戦争は人間の交流を減少させ、いや禁ずることによって、知的世界の内部における連携をいっそう困難にし、ときには中断させた。学者の旅行はますます危険となり、不可能になった場合もある――オランダ侵略戦争（一六七二―七八年）のときにフランス王国がオランダ人にたいして門戸を閉ざしたように。書物の取引も武力紛争の影響をこうむったが、それ以上に打撃をうけたのが書簡のやり取りであった。この時代はなによりも手紙が学術情報の伝達のおもな仲介者であったからである。学者たちは慎重さ、懸念、あるいは状況の圧力のもとで文通を中断した。最近のある研究が示しているように、一六八〇—一七一五年代の極度に混乱した時代にさえも学者の世界のなかで連携がたもたれていたとすれば、それは、じつに多くの困難と策略との引きかえにおいてであった。たとえば一七〇八年にビニョン神父（一六六二—一七四三年）は、イングランドに定住した文通相手にたいして、戦争中も安心して手紙の交換をつづけるため偽名をつかうよう提案したあとで、こうつけ加えている。「われわれの手紙では文学にかんすること以外は話題になるはずがないし、それゆえ戦争と平和にかんする政治的関心からは独立して、純粋な精神のもち主だけがなしうる文通にしか見えないはずであるが」（M・ウルティー）と。

宗教的要因

一五二〇年代からヨーロッパに影響をあたえた宗教的分裂、そしてキリスト教世界《クリスティアーニタース》内部における敵対ブロックの形成、さらに「領土の属する《クーユス・レギオー》人に宗教も属す《エーユス・レリギオー》」という原理の事実上の一般化といったことは、学者の世界にも大きな反響をおよぼした。その結果、大学の宗派化が生じた。一六世紀の中ごろ以降、信仰の宣誓がジュネーヴやバーゼルと同様にルター派の大学でも強制され、カトリック諸国では信仰告白が強制されるようになった。当時いくつかの大学が設立されたことも、こうした変革を早めることになった。すなわち、ヘッセンのマルブルク（一五二七年）、プロイセンのケーニヒスベルク（一五四三年）、ザクセンのイエナ（一五四八年）は、ルター派の砦になったのである。これと並行して、カトリックもつぎのような要塞を築きあげた。イエズス会によって神聖ローマ帝国内に創立され、同会から任命された会長の権威に直属する大学、すなわちディリンゲン（一五六三年）、パーデルボルン（一六一六年）、モルスハイム（一六一八年）、ミュンスター（一六二二年）、オスナブリュック（一六三二年）、バンベルク（一六一八年）である。ドゥーエ（一五六二年）とポン＝タ＝ムーソン（一五七二年）もおなじ論理で設立された。カトリック改革の直後に発表された「禁書目録」とローマおよび地方の「宗教裁判所」の活動は、たしかに微妙な相違や例外をたくさん含んではいたとはいえ、ことなる信仰の国ぐにのあいだでの交流を停滞させ、知的空間を区分する障壁を補強する結果をまねいた。

宗教の領域にたいする国家の干渉もまた重大な結果をもたらした。イギリス人のカトリック教徒はローマとの断絶の犠牲となり、彼らは新大陸への移住をよぎなくされ、そこで独自の学寮ネットワークを作らざるをえなくなった。フランスの新教徒は一六世紀以降亡命という道をえらび、たとえば人文主義者の出版業者アンリ・エティエンヌがそうであるが、ジュネーヴに避難の地を見いだした。彼らは次の世紀にはナントの勅令が廃棄された（一六八五年）ため、オランダやドイツ諸邦に移住し、ベルリンに重要な居留地をつくった。ひとつの国全体で閉ざされた世界をつくるということさえ起こった。たとえば、フェリペ二世がその臣民にボローニャ、ローマ、ナポリ、コインブラ以外の外国の大学へ勉学に行くことを一五五九年に禁止したあとのスペインの場合がそうである。

政治的要因

さまざまな時代における《学問の共和国》にかんする記述は、多くの場合国家の首都とのむすびつきに重要な意義があることを明らかにしている。国家の首都は当然ながら引力の中心であり、その役割は君主が文学と科学をとくに優遇したときに強まった。プラハが一六〇〇年代に経験した知的影響力――さらには芸術的影響力――は、皇帝ルドルフ二世がとった学芸擁護政策と密接に結びついている。この君主の死と帝国首都のウィーンへの移動は、この素晴らしい季節に終止符を打つことになったのである。

近代国家の形成は、それが首都の強化をもたらしたのであれば、知的空間の組織にも影響がないはずがなかった。官僚制の発展と国家がそれを確実に支配下におこうとしたことは、学位の国有化を招いた。その結果、学生の移動が国内的な、さらには地域的な枠内に制限され、それとともに《学問の共和国》をとりまく隔壁が高くなった。一六七一年にヴェネツィアのあるジャーナリストがヨーロッパのさまざまな国をさすために用いた「学問のすべての共和国」という表現は、こうした実態を裏づけるものである。

ほぼ三世紀という年月が経過するうちに《学問の共和国》の空間はゆっくりと変化した。永続的な重要性を勝ちとった首都もあったが、逆にそれなりに長くつづいた栄光の時代のあとに、もはや地方的な影響力しかもたなくなった首都もあった。そうした時代の流れのなかで、ある知的景観ができあがった。それは細部におけるいくつかの修正をのぞき、大局的には現代まで伝えられている。この変化が終了したとき、《学問の共和国》を人口密集地帯と砂漠地帯に、首都と地方に、中心と周縁に分割していたヒエラルキーは当時の人々の心のなかにふかく根をおろし、さらには過大視されるようになった。それと同時に当時の人々は、ある普遍的理想を描くようになった。この理想は《学問の共和国》をユートピアの地位にまで引き上げてくれるとともに、世界中に分散している学者をただ一か所の聖域《シテ》に集めるように統合してくれるのである。《学問の共和国》を空間として理解すると、そこには矛盾した様相が刻みこまれている。しかし、この矛盾も《学問の共和国》がひとつの団体を構成することを、つまりひとつの観念を中心に学者たちを結集することを、けっして妨げることはなかったのである。

第四章　《学問の共和国》の市民

《学問の共和国》は事実上、その市民を媒介としてのみ存在する。だが、そうした人々は容易にとらえられないし定義もできない。当時の人々は彼らのことを、各地にちらばっている不均質な存在だと考えていたのではなかろうか。たしかに学者たちをあつかった伝記は、はやくも一六世紀からたくさん出ている。しかしこうした著作は、それなりに著名な才能のもち主数百人についての事績を、ときには驚くほど詳細にたどっているとしても、無限に多様な個々人の運命をこえて彼らをひとつの団体として組織したものには、ほとんど光をあてることがなかった。

このような状態であるから、われわれはつぎに三段階にわけて進むとしよう。まず「《学問の共和国》の市民」と呼ばれていた人々のアイデンティティを明確にすることが重要であるが、これは当然ながらこの共同体に加入する場合の基準を検討することになるであろう。つぎの段階では、同一の人物が同時にべつの組織にも所属していたことを思いだすのがよかろう。すなわち、彼らは家族のようなもっとも基礎的なものからもっとも複雑なもの——国家や教会にも属していたのである、またアンシアン・レジームの世界を構成していた多くの職業団体のことも忘れてはならない。こうした複数の組織への所属は、根本的にことなるその性質——知的、社会的な——からみて、葛藤に、あるいは少なくとも緊張に満ちていた。最後に、《学問の共和国》はあらゆる組織と同様に、独自の特色をもつ規範とモデルを生みだした。学者は自分たち自身について、どのような表象を作りあげていたであろうか。彼らの共同体は、みずからをどのようなイメージで認識していたのであろうか。

1　アイデンティティ

《学問の共和国》とは何であったか、それを定義するために知識人という用語を使うことはほとんど役にたたないし、時代錯誤にむすびつく。これは一九世紀末から使われ始めた歴史的な用語であり、しかもその用法をめぐる論争のあとを濃厚にとどめている。同時にこの用語は輪郭がぼやけた不明確な概念を含んでいるため、説得力のある操作概念としての価値をもたない。だからここでも、他の箇所と同様に、まず当時の人間に語らせることが大切である。

A　学者、著述家、職人《アルティザン》

《学問の共和国》の市民は学者、博学者、碩学、あるいは文人といった名で呼ばれることが多い。当時、「学者《サヴァン》」はたんに科学者だけではなく知の総体を、あるいは何かひとつの学問を修めた人々についても使われていたことを思い起こすとしよう。それだから一六六五年より刊行がはじまった『ジュルナル・デ・サヴァン』は、物理・自然諸科学に限定されるどころか、歴史、神学、法学、哲学なども扱っているのである。同様に、当時の「碩学《エリュディ》」は、歴史的史料や原典の研究に専念する人という、現在の限定的な意味をまったくもっていなかったことを明確にしておきたい。それは知の人間をさしていた。最後に「文人《ジャン・ド・レットル》」は、すでに見たとおり少なくとも一八世紀中ごろの数十年間までは、作家と混同されることなどありえなかった。さらに、当時の人々の書いたものには「ボナールム・リテラールム・アマトーレス」とか「ボナールム・アルティウム・クルトーレス」というラテン語の表現がみられる。直訳すると「よい文学の愛好家」とか「学芸の実践家」であるが、この「学芸」は、いうまでもないけれども何らかの芸術的活動をさすものではなく、いわゆる自由学芸学部でかつて教えられていた自由学芸（古典人文学と哲学）を意味している。このような多様性に富むこれらの用語には、知という共通分母がある。これこそ《学問の共和国》の市民のアイデンティティの基礎原理であり、彼らの共同体を結びつけている絆なのである。

　ところで、この知というのは、当時の人々がおこなっていた区別からも明らかなように、知識のもっとも高度な形態をさしている。デカルト（一五九六―一六五〇）はその『方法序説』を読むだろうと予想される人々をさすのに、「博学ではないが好奇心の強い人たち」という表現を使っていた。ピエール・ベール（一六四七―一七〇六）が彼の「《学問の共和国》便り」で対象としていたのは、「浅学者たち《ドゥミー・サヴァン》」、つまりいうなれば消費者の世界なのであって、エリートたる生産者たち、つまりこの雑誌で著作の調査対象となるような人々ではなかった。このような区別は明らかに、ジャック・ソーラン牧師（一六七七―一七三〇年）が『旧約および新約聖書のもっとも記念すべき事象にかんする歴史的、批判的、神学的、道徳的論説』（一七二八年）の冒頭に記した序文に由来している。すなわち、彼がこの著書を書きあげたのは「学者」や「急いでいる人々」のためにではなく、「前者ほどには進んでおらず、後者ほどには視野のせまくない第三の範ちゅうの人々」のためにであった。つまり「聖史をめぐって学問の共和国で論じられている問題について大まかに知りたい」と願っている人々のためである。この区別は、王立図書館が一七二〇年に整備した規則に盛りこまれており、それには利用者が二種類にはっきり区別されている。すなわち「司書が定める日時にはいつでも」入館できる「あらゆる国の学者」、そして「週一回、一一時から一時まで」しか入館できない「好事家」である。こうした区別は一八世紀後半になり著述家の世界の全般的な拡大に直面すると、とくに「民衆」科学の代表者らの要求（八一頁参照）に直面すると、さらに強まった。パリではコンドルセ（一七四三―九四年）が、パヴィアではアレッサンドロ・ヴォルタ（一七四五―一八二七年）が同じように「贋《にせ》の知」を糾弾し、さらに一七六八年には王立ベルリン科学アカデミーの事務局長、サミュエル・フォルメイ（一七一一―九七年）が、「学問の共和国をけがす……浅学者たち」の主張にたいし激しい抗議をおこなった。

この特殊な国家の市民は主として彼らの著作によってみずからの存在をしめし、その多くを出版した。彼らの伝記は、簡単な論説や重厚な概論書の題名をつぎつぎに十数点もかかげる、しばしば途方もない一覧をともなっていることが多い。エラスムス（一四六九―一五三六年）やライプニッツ（一六四六―一七一六年）といった人たちのぼう大な著書の前では、われわれはただあ然として驚くほかない。彼らは近代的な出版社を試練にかけたのである。この点ではこれら二人の逸材が例外であったわけではない。当時の表現によれば「印刷機を呻《うめ》かせ」て、今日では尊敬と同時に恐怖をいだかせるような著作を社会に流布していた人々の例にはこと欠かない。さらに、彼らが残した未完成のすべての作品のことや、時の流れによる毀損ないし無知な相続人の残酷なとりあつかいの犠牲にならずに幸いにも図書館で眠りつづけてきた、あのぼく大な手稿の山のことも考えなければならない。

それでは、《学問の共和国》のすべての市民は著述家であったのであろうか。より正確にいうと、こうした肩書はこの共同体に所属するために不可欠な資格だったのであろうか。学問の世界における最高権威のひとり、ルドヴィコ・アントーニオ・ムラトーリ（一六七二―一七五〇年）によれば、否である。彼は一七〇一年にたてた

「イタリアの文学共和国」――イタリア半島内のアカデミー――という計画のなかで、この協会に入るには知にとって有益な著作物の刊行が必要であるとまず断言したあと、ある一部の人々はそれを免除されるといっている。それは、学識教養人に研究の素材を提供したり貴重な情報を伝えたりすることによって、彼らを助ける人々のことである。ムラトーリの師であり友人でもあって、イタリアにおける最初の学術雑誌のひとつを創刊したベネデット・バッチーニ（一六五一―一七二一年）は、この問題についてはさらに明快に表明しており、書物の刊行とは別の資格でこの「共和国」にとうぜん入る権利のある人々の名前を挙げている。たとえば、大公の司書をつとめ、外国の学者たちと交わした大量の文通をとおして入手した「学術ニュース」を、フィレンツェから惜しげもなく再発信したアントーニオ・マリアベッキ（一六三三―一七一四年）、ヨーロッパ思想界における最新の書籍であふれる自分の蔵書をひろく学者たちに開放したナポリの弁護士ジューゼッペ・ヴァレッタ（一六三六―一七一四年）、さらにボローニャで観測所を建設し、共同の利益のために珍しい動植物のコレクションをまとめたルイージ・フェルディナンド・マルシーリ伯爵（一六五八―一七三〇年）である。こうした人々には、つぎのような著名な先駆者、模範がいた。たとえば、ニコラ・ファブリ・ド・ペイレスク（一五八〇―一六三七年）。彼はその書簡をとおして、また書物、写本、古美術品、珍しい動植物の貸与や購入をつうじて、「学問の共和国の市民を援助する」ために生涯、尽力をつづけた。また、ヘンリー・オルデンバーグ（一六一五頃―七七年）は「ロイヤル・ソサエティ」のために、世界中に散っている有能な人材を集めた。このように、第一にまず著述家の共同体であった《学問の共和国》は、著作によってではなく他の人の仕事にたいする貢献によって知の進歩に協力した人々をも、やはり仲間として認めていたのである。

《学問の共和国》が知のエリート集団として定義される一方で、ヴィニュール＝マルヴィルによるこの特殊な国家の定義には、「この国では機械工《メカニック》（つまり職人《アルティザン》）が自分たちの地歩をしめている」という指摘があり、驚かざるをえない。この驚きは、その数年前にリシュレがその『辞典』（一六八〇年）の「機械」という項目で「この言葉は、ある種の技芸《アール》について語る場合、自由で名誉あるものとは正反対のものを意味する」と書いているだけに、いっそう大きい。さらに彼は、この言葉は「低俗できたない、廉直で自由な人物にはまず値しない」という意味をもつと加えているが、これはたとえば一六一三年に「職人はいやしい人間である」と書いたシャルル・ロワゾー（一五六六—一六二七年）のような法律家たちの類別化を反映したものである。

とはいえ学者は、どんな偉大な学者であっても、また「技術者」なのであり、彼らは道具をつくったり職人と協力して働いたりしていたことが、ほぼ同じ時代に確認されている。ガリレイ（一五六四—一六四二年）、クリスティアン・ホイヘンス（一六二九—九五年）、ロバート・ボイル（一六二七—九一年）は、物理学や化学に革命的変化をもたらした書物を著しただけでなく、みずからの手で望遠鏡、時計、機械もつくったのである。いっぽう、職人のほうもまた学者と同じていどに称賛を受けていた。たとえば、ベーコンの『新アトランティス』（一六二七年）という近代科学の要綱を紹介したユートピアには、グーテンベルクのようにその発明によって知の進歩に貢献した人々に栄誉をあたえるという規約がある。さきに触れたイタリアの「文学共和国」は、「印刷業者、彫版師、実験室・望遠鏡・時計を製造するために実験的哲学や数学に依存する機械をあつかう熟練者、ならびに製図法にたけた人々」を「下位のランク」にせよ、その一員に入れたことであろう。つぎの世代になるとディドロ（一七一三—八四年）と百科全書家たちが、技芸と「力学」の実験の名誉を大いに復活させた。つまり、技術にかんする書物に失望していた彼らは、工房に出かけて行き、職人たちの口述を筆記したり、彼らと話しあったり、前もって受けとっていた手記を彼らの検討に委ねたりしたのである（『百科全書序論』）。

われわれは知にかんする伝統的概念が、ねばりづよい抵抗を受けながらも再検討されてきた結果、到達した地点にいる。この概念はアリストテレスと古代にさかのぼる。それは自由人と奴隷の対立が科学と技術の対立におよび、純粋に思弁的な知識と実践を目ざす知識との対立におよんでいた時代である。ところで、一六世紀半ばの数十年代からつぎのような観念があらわれてきた。すなわち、いっぽうでは職人、技術者、技師の活動が知の進歩において固有の価値をもつという観念、他方では碩学が「実務」にたいする蔑視をすて、もっぱら修辞学的で観想的な知にかんする概念を放棄して、技術と工芸の研究と分析に関心をはらわなければならないという観念、である。こうした変化はつぎの世紀に、知にかんする漸進的理想の影響のもとで強まった。この理想についてはベーコンの思想にもっとも優れた表現がみられる。すなわち、科学はゆるやかに構築されるものであり、人間はおのおのその能力と力に応じてそれに貢献することができる、というものである。ただ、すでにみたとおり、古くからの偏見が一掃されたわけではなかった。しかしこの変化は「機械工《メカニック》」の新しい威信の保証であったし、それとともに《学問の共和国》の拡大――理論的には重要であったが、事実上はかぎられていた――の保証でもあったのである。

B　民主制と貴族制

《学問の共和国》は対等な人々からなる社会であると紹介している文章にはこと欠かないし（第一章参照）、とくにこの学者の国で専横、独裁、あるいは君主の地位をねらうような人々を告発する論争もたびたびおこった。この点にかんしてカロルス・フレデリクス・ロマーヌスは、若いころライプツィヒ大学で審査を受けた論文（一六九八年）のなかで、つぎのようなきわめて明快な立場をとっていた。すなわち《学問の共和国》はその長をみとめず、その構成員のあいだには完全な対等性が存在しており、さらにその内部では当時の社会を秩序づけていた差別は理性の統一的原理のもとに消滅している、という立場である。このような考え方は、一七世紀前半におこった認識論的変化の影響のもとで、おそらくいちだんと強化されたであろう。ベーコン、メルセンヌ、デカルトは当時、さまざまな方法で「知性の平等」の原理を提起した（P・ロッシ）。すなわち、もはや知は専門家や選良といったエリートだけのものではなく、あらゆる人が接近できるものとなり、人は誰でもその人なりに知の進歩に貢献できるようになったというのである。

《学問の共和国》の市民はこの民主主義的フィクションが気に入っていたとしても、やはり彼らは事実上のヒエラルキーを互いのあいだにみとめていた。エラスムスは「《学問の共和国》全体の帝王」の地位に祭りあげられていたし、フォシウス（一五七七—一六四九年）のほうは「君主」の称号をみとめられていた。スカリゲル（一五四〇—一六〇九年）、ユストゥス・リプシウス（一五四七—一六〇六年）、カソボン（一五五九—一六一四年）についていうと、彼らは一六四四年に「《学問の共和国》の三執政官」として紹介されていた。クリストフ・アウグスト・ホイマンはその『《学問の共和国》の展望《コンスペクトゥス・レイプーブリカエ・リテラーリアエ》』（一七一八年）のなかで、「学識教養人の群れ《リテラートゥス・グレックス》」を支配し導く「第一級の学識教養人《プリマーテス・リテラリィ》」の存在をみとめていた。ついで彼はこの区別を、古代ローマからかりた名称をもちいて、一は元老院議員、他は平民として定式化した。もっと簡単なところでは、『《学問の共和国》の事務総局の設立にかんする企画』（一七四七年）を書いた著者（名称不明）は、「第一級の学者」と「下級の学者」を考えていた。

《学問の共和国》の市民たちは、この共同体内における彼らの地位がどのようなものであれ別の世界を形づくっていることを、より正確にいうとエリートであることを自覚していた。人文主義者たちは、その第一人者ペトラルカ（一三〇四―七四年）を筆頭に、こうした差異と優越の感情をいだいていた。ベーコンは、その『新アトランティス』のなかで近代的学者を貴族的特徴のもとに描写しただけでなく、彼らの地位を社会の頂点に位置づけるため天蓋でおおわれた玉座にすわる国王や司祭のようにえがいた。同様のエリート的な考えかたは、つぎの世代ではジャン・ル・クレールが一六八四年に書いたもののなかに再発見できる。彼は学者と「一般大衆」のあいだに明確な境界線をひき、学者の活動を描写したあとで「それは民衆が近づくことを許されない奥義である。なぜなら民衆は奥義を追究し洞察する余裕も能力もないので、それを正しくあつかい効果的に役立てることができないからだ」と述べているのである。

《学問の共和国》は、一般人が自由に入ることのできない貴族的国家を形づくるにいたった。ギ・パタン（一六〇一―七二年）は、「長期間にわたる学問的試練ののちに」はじめて人々がそこに入国できるようにすることを望みさえしている。この共同体に入るためには、厳密な意味における審査を受けない場合でも、つぎのような資格を提示しなければならなかった。すなわち学者としての資質をはっきりした形で確認させる出版物はいうまでもないが、あの「開けごま」という不可欠な呪文の役割をはたす推薦状である。

この「推薦状《コメンダーティアエ》」――当時はラテン語でこう呼ばれていた――は、《学問の共和国》ではきわめて高い重要性と信頼性をもっていた。それは古代の推薦状――キケロとセネカの書簡にその例がみられる――を見本にして、形式的に欠かせない文字が学者の手でいくつか記されており、独特の外観をそえていた。それは「権威者」によって作成され、その友人か文通相手である別の「権威者」にあてられていた。そしてそれはふつう依頼人にわたされ、彼はそれを自分で受取人のもとに持参したのである。推薦状にはきまって以下のような事項が記載されていた。すなわち、持参者の姓名と資格（職業上の身分、地理的・社会的出自等）、彼が刊行したか執筆中の著作、こうした推薦にあたいする彼の知的・道徳的資質、受取人との面会で彼が期待している便宜（学術的対話、図書館への入館等）、である。それだから、推薦状はしばしば若い学徒や外国人旅行者にとっては、新たな紹介をもらい権威者たちに接近する道をひらく最善の手段となっていたのである――彼の評判と名声がこのようなパスポートなしで済ませられるようになるまでは。

C　特別な種類の市民

女流学者

《学問の共和国》は本質的に男性の社会であった。女性はコレギウムや大学に入ることをまったく許されず、女性が受けた教育――社会の上流階級に属する女性であるが――は、彼女らをもっぱら家事や社交界の生活にそなえさせるものであったことを思いおこすとしよう。

そのうえ、古代にさかのぼる次のような女性蔑視の思想が人々の精神構造を支配しつづけていた。女性は家事を確実におこなうためにつくられている。誰であれ二人の主人に同時に仕えることはできないから、女性が学問をえらぶならば、もはやその女は家庭には専念せず子どもの教育をなおざりにするであろう。そうした女性は、放恣な品行と精神へと一直線におちていく不幸な独立の習慣を身につけるであろう。最後に、と人々はつけ加えて、女性は学業などには手をださないほうがよいと述べている。じじつ女性が学問でけっして大きな成果を挙げられないことは、当時の医学の考えかたが証明しているとおりである。個人の体質は第一次的な要素や性質、すなわち寒さ、暑さ、湿度、乾燥の結びつきによって説明され、そのなかの活性的な三つの性質（寒さはなんの価値もない）と想像、記憶、悟性という理性的精神の三つの能力とのそれぞれの対応関係が確定していた。ところで女性は、寒くて湿った気質のもち主である。したがって女性は深遠な精神をもちえない。せいぜい、言語にかんする知識に到達するのが関の山である。というのも、言語の知識は記憶によるからである。

しかしながら、ほんものの知によって《学問の共和国》に地位をえた女性もいた。たとえば、その広範で深い学識が同時代人の注目をあつめ、画家・彫刻家としての真の才能と高い知性を兼備していたアンナ・マリーア・ファン・シュルマン（一六〇七—七八年）、一六七八年に女性初の博士号をとったヴェネツィアの女性エレーナ・コルナーロ・ピスコピア（一六四六—八四年）、自然学にかんする数々の著作を公けにし、デカルト、ホッブス、ヘンリー・モーア、ファン・ヘルモントのような権威者を遠慮なく批判したニューキャッスル公爵夫人マーガレット・キャヴェンディッシュ（一六二三—七三年）、「フランス王太子の使用のために《アド・ウースム・デルフィーニ》」多くの古典を編纂し、その『イーリアス』の翻訳（一七一一年）が第二次新旧論争の起源となったアンヌ・ダシエ（一六四七—一七二〇年）、ボローニャ大学から講座の提供をうけ、その自然学研究によってヴォルテールからシャトレ夫人（一七〇六—四九年）にたとえられたラウラ・バッシー・ヴェラーティ（一七一一—七八年）といった人々である。このほか、高位の人にかぎっても、以下の名をあげなければならないであろう。すなわち、亡命中も学問にたいする変わらぬ関心をもちつづけ、当時のもっとも著名な人々のなかから才能ある人材をストックホルムに招へいしたスウェーデン女王クリスティーナ（一六二六—八九年）、デカルトと文通があったファルツ選帝侯王女ボヘミアのエリーザベト（一六一八—八〇年）、ケンブリッジのプラトン主義者たちと親交があり、その研究をつうじて古代人の生気説と近代人の機械論的哲学およびキリスト教神学とを両立させようとしたコンウェー子爵夫人アンヌ・フィンチ（一六三一—七九年）、さらに、早熟ともいえるほど数学で著名になったマリーア・ガエターナ・アグネーシ（一七一八—九九年）、である。

これらの女流学者は、そのうちの何名かが（スウェーデン女王クリスティーナやニューキャッスル公爵夫人のように）たしかに風変わりであったにせよ、女衒学者や、モリエールが嘲弄した才女気取りの女とは混同できない。彼女らは著作を出し、他の学者たちの研究に貢献し、文学や科学におけるエリートたちと議論を交わしたり文通したりしていたのである。

これら女性は、その著述家という側面をみるだけでも、やはり例外的であったことがわかる。そのことをしめす数字を一例としてあげると、一四七五年から一七〇〇年までのあいだに英語圏の国ぐにでは六〇〇冊の書物が女性によって刊行されたが、これは全体の約〇・五％である。さらに彼女らは社会の上流階級――スウェーデン女王クリスティーナのばあいは極端だが――に属しているか、あるいは教養にみちた環境に属しているという点でも、例外的である。たとえばアンヌ・ダシエは当時における最高のギリシア学者のひとり、タンヌギ・ル・フェーヴル（一六一五―七二年）の娘であり、マリーア・ガエターナ・アグネーシの父親はボローニャ大学の数学教授であった。ニューキャッスル公爵夫人についていうと、彼女は夫、義兄弟、そして兄弟のジョン・ルーカス卿――彼はあの「ロイヤル・ソサエティ」の創立メンバーのひとりでもあった――の知的交流網から恩恵をうけていた。このように、これらの女性はその社会的出自からみて勉強し、学者と接触し、著書を公けにする手段に恵まれていた。

しかしながら、女性蔑視の言説が根強くつづいたとしても、学問の世界の内部そのものでは女性にたいする好意的な態度が広まっていった。ヨーロッパにおける学問の「巨匠」のひとりであったゲラルドゥス・ヨハンネス・フォシウス（一五七七―一六四九年）にとっては、女性の学問修行をみとめない理由は何ひとつとしてなかった。彼によれば、まず叡知の源泉である学問への接近を女性にこばむことは不当である。つぎに正当な慎重さをたもち、極度な好奇心にけっして陥らないという二つの原則が守られるならば、学問への接近には放恣におちいる危険はまったくない。最後にフォシウスはその主張の根拠として、知に恵まれていた古代以来の女性たちの例をあげている。彼はそこに、彼自身の監督下で、ついで彼の息子たちにつけた家庭教師の指導のもとに《学問の共和国》の上で輝いていたが早世してしまった（一六三八年）愛嬢コルネリアの名前をくわえることもできたであろう。

女性の側も同じように、自分たち自身の権利を擁護しはじめた。アンナ・マリーア・ファン・シュルマンは、「文学の勉強がキリスト教徒の女性にふさわしい」ことを証明するラテン語論文を一六四一年に刊行した。この論文から着想をえたバスア・ペル・メイキン（一六一二年―?）は『古代における貴婦人の教育を復興するためのエッセイ』（一六七三年）を執筆し、さらに女性が法学や軍略の研究にもたずさわれるよう弁護した。これらの著作は、この問題にかんするニューキャッスル公爵夫人の考察と同じように、女性についてはその身体的特質と社会的地位にかんする伝統的見解をふくんでいるが、しかし自然のもたらすさまざまな欠陥をただす教育に大きな信頼をよせているのである。

だから一七世紀、いやとくに一八世紀に教養ある女性層が登場してくるのは、なんら驚くべきことではない。その姿は、フォントネルの『世界多数問答』（一六八六年）における公爵夫人、アルカディアのローマ・アカデミーの「羊飼い女たち」、啓蒙主義時代のイングランドの「科学好きの貴婦人」、そしてパリで精神の世界に君臨した「社交界の女性たち」にみごとに表現されている。

神童

多方面の作家ヴィニュール＝マルヴィルが一七〇〇年に《学問の共和国》について書いたものを見ると（一八

頁参照)、彼は女性のほかに子どももこの特殊な国家の市民としてかぞえており、早熟な才能のもち主たちをエリート学者のなかに入れて彼らにふさわしい地位を与えている。この地位は、アドリアン・バイエが『学問と著書によって有名になった子どもたち』(一六八八年)のなかで若い学者にかんする最初の調査をおこない、はるか遠い昔からこのかた二〇歳までに「学識がある」ようになった人々を列挙していただけに、より安定したものになった。このバイエの著作は後継者にめぐまれた。というのも、彼が提供したリストをさらに完全なものとし、新しい例によってそれを豊かにする努力が一八世紀をつうじておこなわれたからである。

これら幼いながらも驚くべき才能にめぐまれた人々の名簿の先頭を飾っているのが、一二歳にしてエウクレイデスの三二の基礎命題をひとりで再発見したブレーズ・パスカル(一六二三—六二年)、一四歳でマルティアヌス・カペラの校訂版を刊行したフーゴ・グロティウス(一五八三—一六四五年)、そして、一四歳でベルリン科学アカデミーの会員に選ばれたジャン゠フィリップ・バラティエ(一七二一—四〇年)である。このほか十指にあまる名をあげることもできようが、ここでは別名「リューベックの子」とも呼ばれたクリスティーナ・ハインリヒ・ハイネケン(一七二一—二五年)のじつに非凡な例だけにとどめておくことにしよう。彼は五歳にならないうちに没したが、驚くべきことに歴史学と地理学をマスターし、さらに解剖学、天文学、法学にかんする本物の知識をおさめ、また当時の正真正銘の学者の目印であった二つの言語、ラテン語とフランス語にも通じていたという。

これらの子どもはこれだけでも例外的であるが、当時支配していた哲学的、人間学的理論を考慮にいれると、なおいっそう例外的である。一七世紀には子どもは弱い存在とみなされ、動物に近いものと考えられていただけでなく動物と同一視されがちであった。どのような哲学を選ぶにせよ、幼児期は理性の名において一致して糾弾《きゅうだん》されていたからである。つまり子どもは考える能力をもたないか、それとも、同じことになるが、考える能力をもっていても正しくは使えないと思われていた。

さらに、さきほど言及した医学理論もまた、この点ではまったく影響がないわけではなかった。当時の人々の説明によれば、子どもの体質はひじょうに多湿である。だからその頭脳の柔軟性は高く、知識はそこに容易に浸《し》み込むことになる。したがって、子どもは記憶力がよくてとうぜんである。その反対に、悟性と批判的諸能力は乾燥という基本性質と結びついているので、この年齢では存在せず青年期にならなければ発達しはじめない。したがって子どもが悟性をもち、それを記憶にむすびつけ、これら二律背反的な能力を高度に使うということは驚異的なことなのである。

当時、こうした驚異的才能にめぐまれた若者は、古代から大きな運命を味わってきた「決まり文句《トポス》」を使って説明されていた。それは「年より子ども《プエル・セネックス》」という表現であり、これはアプリオリには相いれない二つの生活年齢を両立させる矛盾した存在を連想させる。すなわち、子どもの身体に老人の学識が住みついているのである。そして事実にもとづく教訓と結びついたこうした考え方から、恐るべき結論が下されていた。それはこうした子どもたちは夭折するか、あるいは成人の年齢にたっしたときには遅愚や愚鈍になるだろうというのである。この結論は自然現象の素朴な観察によって強められ、早ざきの花は植物を疲弊させて果実を結ばないのと同じように、あまりに早くから鋭敏になった精神はその住み家たる身体を疲れさせると考えられた。さらに、子どもたちの身体は、求められる知的努力にこたえるには必ずしもじゅうぶんに頑健ではない。そこで、これら若いが驚くべき才能のもち主をおそった病いや虚弱さにかんする多くの例から、つぎのような結論が導き出された。すなわち自然は卓越した精神をつくりあげるのに全力を使いはたしたので、身体をつくり出さなければならなくなったときには、もはや与えるべきものがほとんど無かったというのである。だからハイネケンは四歳半で、バラティエは一九歳で亡くなり、パスカルは三九歳まで生きのびたが苦痛にみちた生涯をおくった。逆に、充実した知的能力を温存したまま高齢で没したグロティウスの例は、多くの学者の伝記が早熟な子ども時代について詳細に語っているのにたいして、例外的にみられていた。

こうした記録を見ると、これらの神童はしばしば家庭教師の、ないし幸運な場合には彼らの父親の監督のもとで家庭教育をうけていた、ということがわかる。たとえば、息子の勉学を注意ぶかく見守ったエティエンヌ・パスカルの場合がそうである。バイエは「学問を目ざす子どもが学識豊かな文人を両親にして生まれる」ことの大きな利点を指摘しているが、驚くには当たらない。一般的にいうと「学識のある子ども《プエル・ドクトゥス》」は、ピエール・ブルデューの言葉をかりれば、相続人であったのである。

D　計量化の試み

《学問の共和国》の人口はこれまで算定されたことがない。この国は一七、一八世紀に多くの著作をうみだしたが、それらの著作にも人数は一切でていない。こうした状況なので、ここでは精神の世界の調査によく使われる史料、すなわちアカデミーの会員名簿、大学の登録簿、購読申しこみ一覧、書簡目録といったものにもとづいて、ひじょうに大まかな見積りを示すことしかできない。ただ、これらの文書は次善の策として用いることをお断りしておきたい。だから、これらの文書が提供する計量化された情報から《学問の共和国》の正確な人口を導きだすことは誤りになろう。

アカデミーは「学問の共和国を構成する小集団《コロニー》」のようにみえるとしても、その会員中には学者とは認定できない人や才能があるとはいえない人々さえ混じっていた。アカデミーへの入会にあたっては、威信や社交性もまたそれなりの役割をはたしていたのである。このことは一八世紀フランスの地方の学術協会についても、そして「ロイヤル・ソサエティ」についても当てはまる。英仏海峡のかなたでは、近代科学にたいする関心よりも年会費の支払いの方ほうが、おそらくはより決定的な入会基準だったであろう。だから、すばらしい見せものでも見るように科学実験を見学していた会員の例にはこと欠かない。彼らは目の前でおこなわれている説明や実験については、彼ら自身のいうところからしても、かならずしも理解してはいなかった（M・ハンター）。それに、厳密な意味でのアカデミックな研究は、限られた数の会員によってのみおこなわれていた。それは、たとえばフランスの地方アカデミーでは一〇人から一五人（D・ロッシュ）、碑銘・文学アカデミーでは会員の半分（H・デュラントン）であった。アカデミーの会員数はたしかに《学問の共和国》と重なっている。にもかかわらず、それは《学問の共和国》をなんら正確にあらわしてはいないのである。これと同じ結論が学術的著作の予約者のばあいにも当てはまる。彼らの大部分は裕福なアマチュアであって、ピエール・ベールの新聞を購読していたあの「半可通たち」とほとんど異なるところがない。

大学関係の文書――登録簿と学位取得者名簿――は、《学問の共和国》に構成員を送り出した養魚池の大きさを教えてくれる。つまり《学問の共和国》の人口は必然的に、この池の人口より少なかったことになる。書簡目録の場合にも同じことを指摘することができる。どんなにすぐれた学者でもその個人的ないし家族的な問題にかんしては、知の世界とは無関係の交信相手をもっていたからである。したがって、オルデンバーグ、ライプニッツ、マリアベッキの文通相手全員を《学問の共和国》の市民の人数に加えるわけにはいかない。

そのうえ、これらさまざまな史料から得られる数字そのものは、どちらかといえば少ない。一七世紀のフランスにかぎると、アカデミー会員数は一六〇〇年の三〇〇名が最大であり、これを越える年はなかった（A・ヴィアラ）。科学アカデミーは一六六六年の創立から一六九九年まで六二名の会員しか登録されておらず、いつの時代でも会員数が三四名を越えることはなかった（A・ストループ）。つぎの世紀になるが、碑銘・文学アカデミーは一七〇一年と一七九三年のあいだに二六〇名の会員を擁していた（H・デュラントン）。ダニエル・ロッシュは、大革命前夜には人口約二千六百万の王国のなかで、全国のアカデミーには二、五〇〇名の会員が結集していたと推計している。

ただこの数字は、複数のアカデミーに重複加入している会員のことを考えると、やはりもっと少なく見積らなければならないであろう。他の史料が示してくれる規模も、大同小異である。一八世紀のイタリアにおいては、高度な学術書の購読申しこみは、概して二五〇人前後のアマチュアを中心になされている（F・ヴァケ）。ライプニッツはこの時代でおそらくもっとも筆まめに手紙を書いた人だが、彼はパリとベルリンに八〇名、ロンドンに六二名、ヴィーンに六一名の文通相手をもっていた（M・ウルティー）。

それゆえ、一流の学者集団である《学問の共和国》はきわめて限られた数の市民しか擁していなかったと思われる。バルナブ会の修道士ジャン＝ピエール・ニセロンは、その『《学問の共和国》における著名人の歴史のための覚書』（一七二七―四三年）のなかで七三二人の名前しか記録していないが、これはおそらく真相からあまり隔たっていなかったであろう。

2 《学問の共和国》の社会学

これまでの記述からすると、《学問の共和国》は単一にして平等主義的な国であり、純粋な精神の社会であるという理想主義的なイメージが強いであろう。だがこのようなユートピア的で清らかな見方とならんで、まったく対照的な現実が存在する。すなわち、学者にも家族、身分、職業があったのである。こうした多様な所属関係を考慮すると、学識教養人の社会を特徴づけているのは異質性であることが分かる。

A 社会的環境

出自の多様性

《学問の共和国》の住人は、貴族、聖職者、そして第三身分の構成員であるといってもけっして言いすぎにはなるまい。だが同時に、社会学的な性格の研究がないためこれ以上くわしい情報を提供できないし、また学者を社会的出自にしたがって分類した一覧表の作成もできないということを強調しておきたい。そのうえ、アカデミーの構成員から何らかの結論を引きだすことも困難である。というのも「ロイヤル・ソサエティ」ではアマチュアのしめる割合が無視できないほど多かったし、いろいろな形態のフランスの地方アカデミーでも同様であった。また碑銘・文学アカデミーについては、その会員の四分の一を構成している名誉会員——その多くは高貴の生まれであった——の存在は、あやまった判断をあたえる。

多くの個人的な伝記にもとづいて仮説をたてると、社会的出自の範囲はかなり広かったようにみえるが、しかしその上層部と下層部では限定されていたようである。たしかに《学問の共和国》には貴族が存在している。それは、年代順にあげると、スカリゲル親子（父一四八四―一五五八年、息子一五四〇―一六〇九年）、ベーコン（一五六一―一六二六年）、ボイル（一六二七―九一年）、スキピオーネ・マッフェイ侯爵（一六七五―一七五五年）といった著名な市民のことを考えてみさえすればよかろう。しかしながら遠隔地であるモルダヴィアのデメトリウス・カンテミール大公（一六七四―一七二三年）やワラキアのニコラス・マヴロコルダート大公（一六七〇―一七三〇年）のような高位の貴族は、ほとんど見あたらない。その一方で、極端につつましやかな環境の出身でありながら思想界の最上層まで上りつめた人物の例もまれである。トマス・プラッター（一四九九―一五八二年）はこうした数少ない人物のひとりであった。三〇年近くバーゼルのギムナジウムの頂点に立ち、広く尊敬を集めていただけでなくかなりの財もなしたこのスイスの人文主義者は、その人生の黄昏《たそがれ》にいたって自分の過去をふりかえり記録をのこした。それは《学問の共和国》が生んだ感動的な自叙伝のひとつに数えられている。そのなかで彼は、高利貸しのために破滅に追いやられた貧しい家庭に生まれ、子ども時代を羊飼いとして、青年期を遍歴学徒《スコラスティクス・ワガンス》として過ごしたことを、たえざる恐怖と耐えがたい貧困を背景として物語っている。

結婚か独身か

学者は結婚すべきであろうか、それとも独身をつらぬくべきであろうか。結婚は学識教養や知を職とする人々にとって好ましい状態をもたらすであろうか、それとも有害な状態をもたらすであろうか。この議論は《学問の共和国》で活発におこなわれたが、そこではいくつかの立場が対立していた。

結婚の支持者は、結婚こそ神が望んだ状態であり人類の起源以来そうであると主張した。彼らはこの一般論にくわえ、とくに学者に関係のふかい論点をいくつか提出した。女性は家事に専念することによって、夫を家庭内のあらゆる心配事から免かれさせてくれる。そのうえ学者もやはり男性であるから、結婚は彼を放縦から、さらには遊蕩から守ってくれる、ということも指摘された。彼は外出することが少なくなり、それだけ自分の研究に専念するであろう。したがって結婚はなんら学業に有害ではない。それに妻は束縛であるどころか、あの偉大な人文主義者ギヨーム・ビュデ（一四六七—一五四〇年）のつぎの例が示すように、夫の研究を進めやすくしてくれるとつけ加えている。ビュデの配偶者は彼を研究から逸脱させるどころか、彼自身のみとめるところによれば、彼女は夫の書斎でいっしょに過ごすときには書物を手にする「戦友」であったのだ。また彼には多くの子どもや乳幼児がいたが、彼らによって研究を妨げられたことは一度もなかった。おそらく彼は、知的活動に必要不可欠な要件をとくに考慮して、忠告されたとおりに用心ぶかく配偶者を選んだことを示したのである。この点で女流学者は、例外をのぞき、かならずしも理想的な配偶者にはならない、ということを人々は一致してみとめている。女流学者は高慢さに引きずられて心配事と気苦労しかひき起こさないであろうし、自分の配偶者の負担をかるくするはずの家事に専念することを拒むであろう、と。

独身の支持者も負けてはいなかった。彼らはソクラテスとクサンティッペの有名な例を思いおこさせ、好ましくない結婚相手をえらんだ学者たちの名前をひき合いに出した。たとえばクロード・ソーメーズ（一五八八—一六五三年）がそうで、彼は気むずかしい配偶者と多くの子どもに堪えなければならなかった。ソーメーズ夫人は《学問の共和国》では気むずかしい性格で有名であって、夫のほかに多数の学者がその被害にあっていた。しかもこの「碩学の君主」の家庭生活は片ときもじっとしていない大ぜいの子どもによって撹乱され、人々は彼が絶えることのない喧噪のさなかで研究できることに感心していた。これらの具体例はいわば前置きであって、結婚支持者らの主張を正面から批判する議論がさらに加わった。ここでもまた聖書がひき合いに出され、あらゆる叡知とあらゆる学問の源泉であるキリストは結婚などしていなかったことが強調された。また家庭がもたらす心配事と時間的な無駄も指摘された。そのうえ女性は文人が必要とする閑暇と静けさとは正反対の、騒ぞうしい天性にかり立てられる。さらに妻の願望と子どもたちの要求は合流して共振するので、熱意にあふれる学者でさえ学業から逸脱させられる。最後に女性の会話はペイレスク（一五八〇―一六三七年）によればまったく益のないものであり、このプロヴァンスの人文主義者は些事と愚かしさにあふれた彼女らのおしゃべりを嫌悪している。こういうわけで、婚姻状態は何よりもまず研究に熱中する人間にとっては桎梏《しっこく》でしかなかった。ガブリエル・ノーデ（一六〇〇―五三年）のいうところを信じるなら、「結婚は学問をする者にとっては、あまりにも厄介な、あまりにも困難の多い取引であり」、独身のほうがはるかに大きな価値をもつ。それは完全な自由の、何よりもまず好きなように研究する自由の保証だからである。

この問題にかんしては研究がないためどちらの立場が優勢であったか分からないが、両陣営をそれぞれ支持する事実にはこと欠かない。世帯を営んでいた学者の例は多いが、結婚の反対者たちでさえ、たとえばダニエル・ヘインシウス（一五八〇―一六五五年）がそうであるが、最終的には結婚を選んでいる。また、アンドレ（一六五一―一七二二年）とアンヌ（一六四七―一七二〇年）のダシエ夫妻の例は、女流学者にたいして抱かれていた悲観的な見方をうち消すものである。言語文献学に関する研究でヨーロッパ中に名をはせたこの二人の結婚生活は、当時の人々が一致してみるところでは、もっとも幸福なものであった。

これにたいし独身者の仲間には、エラスムス（一四六九―一五三六年）、ライプニッツ（一六四六―一七一六年）、ボイル（一六二一―九一年）、ニュートン（一六四二―九一年）といった有名な人物が名をつらねている。この独身という状態は、聖職者は結婚しないという義務のあるカトリックの世界でつよい支持を得ていただろうと思われる。そしてこの教養にみちたカトリック世界こそ、《学問の共和国》に多くの市民を送りこんでいたのである。とりわけ優秀な市民としては、一七世紀フランスにかぎってみても、ミニモ会士マラン・メルセンヌ（一五八八—一六四八年）、ベネディクト会士ジャン・マビヨン（一六三二—一七〇七年）、オラトリオ会士リシャール・シモン（一六三八—一七一二年）、アヴランシュの司教ピエール＝ダニエル・ユエ（一六三〇—一七二一年）といった名をあげるだけでたりる。あるいは、ベンボ（一四七〇—一五四七年）、バロニウス（一五三八—九五年）、そして後にベネディクトゥス一四世になるプロスペーロ・ランベルティーニ（一六七五—一七五八年）のような、研究をつうじて学識教養と知を擁護したあの博識な枢機卿たちのことを思いおこすだけで十分である。なお、独身をとおした学者のすべてが女性の伴侶をもたなかった訳ではないことを明確にしておきたい。デカルトは可愛いフランシーヌの父親でもあり、またヴォルテールとシャトレ夫人を結んでいた愛のきずなについては周知のとおりである。

知的家系と知的遺産

結婚した学者たちのなかには、才能のうえで彼らにひけを取らない子宝に恵まれる場合があった。たとえば、黄金時代のオランダにおける三人の偉大な言語文献学者、ゲラルドゥス・ヨハンネス・フォシウス（一五七七—一六四九年）、ダニエル・ヘインシウス（一五八〇—一六五五年）、ヨハンネス・フレデリクス・グロノウィウス（一六一一—七一年）の場合がそうである。このうち最初の学者フォシウスは、ごく若くして言語文献学と歴史学にかんする研究で有名になった四人の息子の父親でもあった。

数世代にわたり《学問の共和国》の頂点にとどまりつづけ、正真正銘の名門をつくりあげていた家族がいくつかある。ライプツィヒ大学には一七世紀と一八世紀をつうじて、つねにカルプツォフ家出身の教授の名がみうけられた。ひじょうに重要な学術雑誌のひとつ、『学者の記録《アクタ・エルディトールム》』を創刊したオットー・メンケ（一六四四―一七〇七年）は、息子のヨハンネス・ブルクハルト（一六七五―一七三二年）と孫のフリードリヒ＝オットー（一七〇八―五四年）というすばらしい後継者を得た。カシニ家は一世紀以上にわたって天文学に君臨した。その初代のジャン＝ドミニック（一六二五―一七一二年）はイタリア生まれであったが、ルイ一四世によってパリに招へいされ、そこで「科学アカデミー」の会員となり「観測所《オプセルヴァトワール》」の所長にもなった。これら二つの職務は大革命にいたるまで、この一族の占有下にあった。ベルヌーイ家が堂々たる家系をつくり上げてきたことには疑問の余地がない。ジャック一世（一六五四―一七〇五年）とその弟のジャン（一六六七―一七四八年）は、八名の同様にすぐれた物理学者や数学者を生んだ一族の始祖となった。

《学問の共和国》にはまた、右に引用したフォシウスやベルヌーイの例にみられるように、学者兄弟という場合もあった。一七世紀フランスに限っても、ゴドフロワ兄弟――テオドール（一五八〇―一六四〇年）とジャック（一五八七―一六五二年）――、ヴァロワ兄弟――アンリ（一六〇三―七六年）とアドリアン（一六〇七―九二年）――といった歴史家たちの名前に加え、デュピュイ兄弟――ピエール（一五八二―一六五一年）とジャック（一五八六―一六五六年）――の名前もあげられよう。国王の図書館の管理者であったデュピュイ兄弟は、知的ヨーロッパのもっとも有名な集会のひとつをパリで主催していた。

姻戚関係によって、名のある代表者を知の世界に多く送りこんだ家族もあった。たとえば、ゲラルドゥス・ヨハンネス・フォシウスはライデン大学の神学教授フランシスクス・ユニウス（一五四五―一六〇二）の娘と再婚したが、このユニウス自身もおなじように学識ゆたかな二人の息子に恵まれていた。ひとりはフローニンヘン大学の法学教授となり、もうひとりはイングランドのアランデル伯爵のもとで頭角をあらわし、北欧の諸言語とギリシア・ローマの絵画にかんするすぐれた研究をおこなった。

こういった親戚関係がはたした重要性や役割を正確にはかるには、研究が不足している。才能ある若者はこの親戚関係のおかげで地位やポストを獲得したが、それだけでなく、どちらかといえば閉鎖的な《学問の共和国》という共同体に容易に入ることもできた。ゲラルドゥス・ヨハンネスの末っ子、イサーク・フォシウス（一六一八―一八九年）はフランスの旅行中に偉大な学者たちからひじょうに温かな歓迎をうけた。彼をもてなした主人らの見解では、彼の名前がパスポートの役割をはたすので彼は推薦状を提出する必要がなかったのである。

こうした親族関係のほかに、たんなる師弟関係を越えて重要な結果をともなう一種の養子縁組にまで行きつく知的な関係も存在した。たとえば、一六世紀の転換期にライデン大学と古典学界に君臨していたヨーゼフ・ユストゥス・スカリゲル（一五四〇―一六〇九年）は若いダニエル・ヘインシウスを彼の庇護のもとにおき、その後ヘインシウスを彼の知的相続人として指名し、遺言によって彼の原稿の大部分をヘインシウスに託した。この栄誉はダニエル・ヘインシウスの大学人としてのキャリアの大きな助けになっただけでなく、《学問の共和国》のなかで彼に特別な威厳をあたえることになった。そして彼は、それをうまく活用することを忘れなかったのである。

B　資産と職

ペンによる生活？

一八世紀中ごろの数十年間までは一般的に、どんな作家でもペンによる収入だけでは生活できなかった。これが現代では一致した見解である。著作権など存在せず、書店からの報酬は、たとえそれがあったとしても、わずかなものであった。この点、リシュレがその『辞典』（一六八〇年）の「生産」という項目のなかで引用した例文

──「彼の精神の生産物は、その鍋をけっして沸騰させることがなかろう」──には格言としての価値がある。

この格言は、学者にはさらによくあてはまる。彼らはその苦労にふさわしい報酬を受けていなかったからである。デユ・カンジュ（一六一〇―八八年）が『中世ギリシア著述家辞典（*Glossarium ad scriptores mediae et infimae graecitatis*）』（一六八八年）という学術的な記念碑を刊行したときに受けとったのは、献本三十部だけであった。一七二五年には著者が自分たちの作品の利益配分にあずかる権利を宣言した『パリの書店と出版者によるいじめに関する覚書』という名の書物があらわれて、不当な現状を告発した。またノエル・アレクサンドル神父（一六七九―一七四八年）は、破廉恥ともいえるケースを暴露した。教会史にかんする同神父の著作を刊行した出版者は、そのおかげで立派な四輪馬車に乗っていたのにたいして、彼は所属する修道会に年金を恵んでくれるよう頼まざるをえなかったという。さらに、このような著作物は利益をもたらすどころか、しばしばその著者に出費を強《し》いた。書物の性格からして高価で販路が限定されている著作を刊行することは、いつも容易でなかっただけでなく、多くの場合は学者が出版費用を負担しなければならなかったのである。

《学問の共和国》では、自分のペンだけで生活することは例外的なことであった。ただ、個人的財産があれば職探しをしたり学芸愛護者の庇護を求めたりしなくてもよかった。その例をつぎにいくつかみてみよう。ノルマンディーの碩学エムリー・ビゴ（一六二六―八九年）は生涯にわたって自由に研究に専念し、すばらしい蔵書を蒐集し、ドイツやイタリアへ長期間の研究旅行をすることができた。きわめて裕福な高等法員議員の家族の一員であったセバスティアン・ル・ナン・ド・ティユモン（一六三七―九八年）は、初代教会にかんする研究をまったく自由におこなっていた。ヴェローナのマッフェイ侯爵（一六七五―一七五五年）は巨額の遺産を受けついだおかげで、貴族のような暮らしを続けながらきわめて野心的な知的計画を温めていた。

もっとも、自己の著作から何がしかの利益をえていた学者もいた。クロード・フルーリ（一六四〇―一七二三年）は一六八六年に、彼の『学業の選択と方法にかんする論説』について版元のオーボワンとのあいだに、現金五〇〇リーヴル、初版と第二版で五〇冊、第三版で一〇〇冊を受けとる契約をむすんだ。また彼の主著でガリカニスム色の濃厚な『教会史』は、彼にかなりの収入をもたらした。たとえば、一七一三年にはその第十二巻について彼は八〇〇リーヴルを受けとった。しかしこれは法外なことではなかった。フルーリはひじょうに高名な著者であったからである。その上これらの金額は、彼の大修道院（四五〇〇から五〇〇〇リーヴル）、ブルゴーニュ公の家庭教師補佐としての任務（同額）、およびコンティ公が払ってくれていた年金（一五〇〇リーブル）による収入ともあわせて考えなければならない（F・ガケール）。ムラトーリ（一六七二―一七五〇年）も自分の著作のおかげで確実なゆたかさを手にいれた。彼は両親より八万から一億モーデナ・リーヴルと評価される遺産――これは五人の姉妹と分割しなければならなかったが――を相続していたとはいえ、没したとき（一七五〇年）の財産は七五万リーヴルを上まわっていた。さらに彼は生涯にわたり、ポンポーザの彼の教会を復興するのにつくした。彼の著作、とくに『イタリア史料集成』、『中世イタリア資料』、『イタリア年報』といった歴史的大著は彼にばく大な金額の富をもたらしている。そして彼は一七二五年から年平均で一万五千から二万リーヴルを投資し、一七三八年には七万五千リーヴルも投資するにいたった（T・ソルベッリ）。ピエール・ベール（一六四七―一七〇六年）はロッテルダムの有名な学校の教授の地位を辞したあと、一六九〇年代にレイニール・レールス書店にやとわれて有名な『歴史批判辞典』を執筆し、そこから生活の糧を得ていた。

年金と職

したがって《学問の共和国》では、経済的な依存は普通のことであった。そうした状況のために学者たちは権力者にたより、当時の社会における地位と職をもとめていた。

学識教養の世界は、ビュデとその著『王子教育論』(一五四七年。ただし一五一九年にはフランソワ一世に献呈されていた)から、ダランベールとその著『文人と王侯の社会に関する試論』(一七五三年)にいたるまで、庇護者の存在なしには考えられなかった。すなわち、ロレンツォ・イル・マニーフィコ、レオ十世、ルイ十四世、そしてルドルフ二世とスウェーデンのクリスティーナ女王、すこし後のピョートル大帝、フリードリヒ二世、さらにエカテリーナ二世といった名前がすぐに脳裏にうかんでくる。これらの著名な知の保護者たちとならんで、ややいうすいとはいえ、ヨーロッパのいたる所でルネサンスの学芸愛護者の伝統を追いもとめた多くの君主たちを忘れてはならないであろう。すなわち、一六、七世紀のドイツでは、ヴィルヘルム四世(一五三二—九二年)、バイエルン選帝公のヴィルヘルム四世(一五〇八—五〇年)とアルブレヒト五世(一五五〇—七九年)、皇帝マクシミリアン二世(一五二七—七六年)とその弟のチロル大公フェルディナント(一五二九—九五年)、さらにブランシュヴィック=リューネブルクのアウグスト公(一五七九—一六六六年)といった人々が、技師、医師、植物学者、碩学を保護してきたのである。彼らは鉱山の発掘であれ、珍しい動植物のコレクションづくりであれ、科学や技術の高度な熟練を必要とする仕事でやとわれていた人々であった。時代の経過とともに国家の学芸愛護が不可欠になり圧倒的な影響力をもつようになったとしても、貴族や聖職者が学者たちにあたえ続けた支援は無視することができない。ことに王政復古下のイングランドでは、学者たち《スカラーズ》は王権から賦与されていた貧弱な補助金とは比べものにならない援助を、国教会と地方のジェントリーから得ていたのである。

こうした援助のうち、もっとも人目をひくのが年金であった。ルイ十四世は、彼のずば抜けた気前よさにあずかる幸運な人々への心づけを絹と金でできた財布に入れさせていた。ルイ十四世の学芸愛護の例については研究がよく進んでおり、その恩恵に浴していたのは次のような碩学や(近代的意味における)学者である。碩学については、バリューズ(一六三〇―一七一八年)、セヴォル・ド・サント＝マルト(一六一八―九〇年)、アドリアン・ド・ヴァロワ(一六〇七―九二)、ドゥニ・ゴドフロワ(一六一五―八一年)、デュ・カンジュ(一六一〇―八八年)の名が、そして学者については、ロベルヴァル(一六〇二―七五年)、マリオット(一六二〇―八四年頃)、ガロワ(一六三二―一七〇七年)といった名があげられる。こうした年金目録には外国人の名も同じようにのっており、すべて著名な人物である。たとえば、偉大なガリレイの最後の弟子で数学者のヴィヴィアーニ(一六二二―一七〇三年)、ダンツィヒの天文学者ヘヴェリウス(一六一一―八七年)、ヘルムシュテットの博識の法学者ヘルマン・コーンリング(一六〇六―八一年)、そして言語文献学者のニコラス・ヘインシウス(一六二〇―八一年)といった人々である。また、フランスに来るために多額の資金を受けとり、その後それぞれ年額六千リーヴルと九千リーヴルもの年金を支給されていた、クリスティアン・ホイヘンス(一六二九―九五年)とジャン＝ドミニック・カシニ(一六二五―一七一二年)の両名も加えておこう。

学芸愛護のこうした伝統的な形態のほかに、一七世紀中ごろの数十年から「国民国家的な」アカデミーが、少なくともその中のいくつかが提供する収入というものが登場する。たとえばパリでは科学アカデミーの会員は、この機関が提供してくれる研究上(研究機器、学術調査)・出版上のさまざまな便宜にめぐまれていただけでなく、その約半数が年金をもらっていた。しかしながら、カシニやホイヘンスのような知名の士と、最高給とはいえ年に二千リーヴルしかもらっていない他のアカデミー会員とのあいだには、大きな格差があった(A・ストループ)。科学アカデミーのような一つのアカデミーに所属するだけでは学者として生計が立てられない場合には、王立コレージュの教授、王立植物園の講師、工場の検閲官といった雇用先がいくつか開かれていた。というより、これらはもっぱら学者用に準備されていたのである。同じように碑銘・文芸アカデミーの会員は、歴史学や文学にかんする主要ポストを独占していた。たとえば彼らは国王の図書館でなかば独占を享受し、そのうちの数名は国王の修史官の職についていた。このように、アカデミー会員はその地位だけで生活していたのではなかった。しかしこう断言したものの、これには例外もあった。サンクト＝ペテルブルクの科学アカデミーの会員は、高給、快適なアパルトマン、および数かずの物的特典をあたえられていた。これこそが、偉大な才能をロシアに引きつける唯一の手段だったのである。そのうえ著名な学者は君主間の、そして彼らが保護するアカデミー間の、熾烈《しれつ》な奪いあいの的になっていた。スイスの数学者オイラー（一七〇七―八三年）は、彼をベルリンに招へいしたフリードリヒ二世によってサンクト＝ペテルブルクから連れ去られた。しかし、エカテリーナ二世は大枚をはたいて彼をロシアに連れもどした。ピエモンテの傑出した学者ラグランジュ（一七三六―一八一三年）のばあいも同様であった。彼はベルリンに招へいされ、三〇歳たらずでベルリン王立アカデミーの数学部門の部長に就任した。彼のもとには現金をそえた申し出が、サンクト＝ペテルブルク、ナポリ、トリノのアカデミーから届いたが、最終的に彼をさらっていったのはパリであった。一七八七年のことである。

著述家はまた、自分の研究成果の刊行に必要な財政援助を学芸愛護者からうけることができた。マザランの寛大さがなかったなら、巨額の費用を要したあの『多国語対訳聖書』は完成をみなかったであろう。しかもこの宰相は、一七世紀中ごろの数十年間に王立印刷所がおこなった数かずの記念碑的な学術書の出版にも便宜をはかった。さらにフランスでは、僧族会議と修道会、とくにベネディクト会は、教会史の大著には「助成金を出した」。こうした伝統的な形の学芸愛護が消えうせることはなかったが、それは購読申しこみという方法に起因するある種の危機を経験した。はやくも一六一七年にイングランドにあらわれたこの出版方法は、オランダ（一七世紀の最後の四半世紀）、イタリア（一七〇六年）、それからフランス（一七一六年）で普及したが、とりわけ大部分が高価で売れ行きも限られていた学術書に適用されるようになった。この便法によって集団的な学芸愛護が《学問の共和国》に生まれ、著者自身が購読申込者たちと直接とり引きするというようなことも起きた——たとえば、『エトルリアの博物館』（一七三七年）を書いたアントニオ・フランチェスコ・ゴーリ（一六九一—一七五七年）の場合がそうである。

多くの学者が生活の資を何らかの職に頼らざるをえなかったが、そのばあい彼らはごく当然のことながら、知的世界に関係する仕事をえらんだ。彼らのうちの多くは司書の仕事をしていた。君主や枢機卿、宰相や貴族、それに高官たちは自分たちの蔵書を管理するにあたって学者を、それもしばしば一流の学者をたよりにした。たとえばフルヴィオ・オルシーニ（一五二九—一六〇〇年）は、ヴァチカン図書館の写本の「番人《クストード》」になる以前にはファルネーゼ家につかえていた。デュピュイ兄弟は王室図書館の管理者であった。ガブリエル・ノーデ（一六〇〇—五三年）はマザラン図書館の設立のために努力をはらった。ペーター・ランベック（一六二八—八〇年）はヴィーンの帝室図書館の将来に重要な役割をはたした。マリアベッキ（一六三三—一七一四年）は半世紀にわたり、フィレンツェにおける大公たちのコレクション構築の先頭にたっていた。ライプニッツ（一六四六—一七一六年）はハノーヴァー選帝侯の司書であった。ムラトーリ（一六七二—一七五〇年）はミラノのアンブロシウス図書館で司書としてのキャリアを開始したのち、モーデナ公たちの蔵書管理を引きうけた。ただしこれらは、一六世紀から一八世紀にかけてのヨーロッパ全体で、書籍コレクションの増加と拡大に応じていちじるしい重要性をもつようになった職業についていた、とくに有名な人々の名にすぎない。

《学問の共和国》を象徴するものとして、当然ながら、中世いらい大学とよばれていた場がある。ここでは、そうした大学の長々しい一覧には立ち入らないで、ガリレイとニュートンという近代の物理学と天文学を代表する二人の重要人物が、前者はパドヴァとピサで、後者はケンブリッジで、何年にもわたって教育という仕事に従事していたことを思いおこすとしよう。ここで、経済的次元におけるいくつかの詳細な説明をしておかなければならない。第一に、近世におけるおびただしい数の大学の創立は教育上のポスト数の、したがって学者にとっては職をみつける可能性の、いちじるしい増加をもたらした。ヴィレム・フリジョーフの計算によれば、一五七五年と一八〇〇年のあいだに五二の大学が神聖ローマ帝国の諸国と中央ヨーロッパで誕生した。そして、大学がすべて新しく創立されたオランダ連合州には一六六〇年ごろ、約一〇〇にのぼる教授の講座があり、それに学頭兼「ラテン語学校」校長の席が加わっている。第二に、これはヨーロッパ全体にあてはまることであるが、これらのポストでは等しい報酬があたえられていた訳ではない。法学の教授にはどこでも最高の報酬が払われていたようだが、神学については驚くべき差が認められる。たとえば一八世紀初頭には、ローマ大学《サピエンツァ》の教授たちは、ウプサラの同僚らが最高の俸給を得ていたのにたいし、この大学の最低の給料しか受けとっていなかった。さらに、大学は知名の士を自分たちのところへ迎えるために、大金を積むこともあった。たとえばライデン大学は一六三一年にソーメーズに対して、一世代前のスカリゲルの場合のように、ひじょうに魅力的な条件を提示した。すなわち年額二〇〇〇リーヴルの年金、住居、現物での特典、そしていっさいの公講義の免除である。最後に、給料がどのようなものであれ、大学の職務と直結している特権（とくに財政的特権）のほかに、試験料収入が、そしてアンシアン・レジームの大学にあっては私講義という制度からえられる収入が、つねに加わっていた。なお、教授という地位がどこでも同等の尊敬をあつめていた訳ではないこともつけ加えておこう。それはオランダでは「名誉ある」地位であったとしても、フランスでは別であった。フランスでは、「この地位にあってそれを職務としている人間は、もっとよい職がないからそれをしているにすぎない」（C・サロー、一六四三年）と思われていたのである。

教育の分野ではまた、多数の家庭教師のポストも提供されていた。ただしここで一線を画しておかれなければならないが、王子の教育の場合にはこの仕事は超一流の学識教養人によっておこなわれていた。たとえば、オラニエ公ヴィレムの息子の教育を引きうけていたアンドレ・リヴェ（一五七三―一六五一年）、王太子を託されていたボシュエ（一六二七―一七〇四年）とユエ（一六三〇―一七二一年）がそうである。しかし、家庭教師の職はまた、ほとんど財産がなく学者の道に進んだばかりの者にとっては《学問の共和国》に入る手段でもあり、彼らはその生徒といっしょに出かける教育旅行という慣行から利益を得ていた。たとえば、有名な武器商人ルイ・ド・ヒエールの甥の家庭教師としてヨーロッパ中を遍歴したヨハンネス・フレデリクス・グロノウィウス（一六一一―七一年）は、この「グランド・ツアー」（一六三九年から一六四一年）を利用して、外国の図書館で研究し当時のもっとも偉大な学者らと交友関係をむすんだ。経済的利益と知的利益が結びついていたのである。

最後に、定期刊行物の発達にともなって明るい未来を約束するような職業が出現してきた。ジャーナリストである。この「新しい」職から生活の資をかせぐ学者が増加した。とくにオランダではそうであった。たとえば、アンリ・バナージュ・ド・ボーヴァル（一六五六―一七一〇年）やジャン・ル・クレール（一六五七―一七三六年）はペンで生活していた。新聞を発行していた書店に金銭でやとわれて働くようになったのである。

学者たちは、その知的関心と密接に結びついた職――ここではヨーロッパの医師のことを考えなければならないが――をのぞけば、教会と国家が提供する仕事から収入を得ていた。多くの学者が教会における職務を引き受けるか、何らかの修道会に属するか（ベネディクト会士、イエズス会士、オラトリオ会士のことを念頭においているのであるが）、聖職禄にあずかるか、あるいは大修道院長の地位についていた。ローマ聖庁や枢機卿「一族」は聖職にある学者たちに、たとえば秘書や司書といった職を提供していた。他方、近代国家の形成にともなう官僚制の発達は、雇用の増加をもたらしていた。

このように、学者たちが従事していた職務――その多くは兼務できた――の多様性からすれば、《学問の共和国》を特徴づけていたのはやはり不均質さである、といえよう。すでに大きな名誉に輝いていた上に造幣局長という権威と報酬をともなう地位についたニュートンと、一七〇九年に屋根裏部屋で凍死しているのが発見された、彼の同時代人でパリのアカデミー会員フランソワ・プパールの例は、学者の世界内部に存在していた経済的な格差を如実に物語っている。

家族、地位、職業によって社会、教会、あるいは国家に縛りつけられていた学者たちは機会があるたびに、そうした束縛が彼らの研究から貴重な時間をうばい取るといって告発していた。またいま一つの結果として、彼らの主人にたいする奉仕と《学問の共和国》への所属とのあいだに時として生じていたジレンマがあげられる。クリスティアン・ホイヘンスは、「完全に自由に、何物にも服従させられずに」生活するという条件のもとでのみルイ十四世からの年金を受けとると明言して、このジレンマをいっきょに退けた。そういうわけだからこのオランダ人が、さらにいえばオラニエ公ヴィレムの秘書の息子であったこの人物が、オランダ独立戦争のさいにもパリに引きつづき滞在することを決意し、その『振り子時計』（一六七三年）をフランス国王にささげたとしても驚くには及ばない。これは奴隷的根性などではなく、政治上の問題にたいする明らかな無関心と、知的活動にたいする確固たる関心によって説明される態度である。ムラトーリは権力に密接に協力するという立場を明らかにするであろう。この学者司書は、コマッキオの土地の領有をめぐって教皇とモーデナ公が対立した事件にさいして、その学識と能力の限りをつくして主人に奉仕したのである。束縛と協力——これこそ、ルイ十四世治下における科学アカデミーがみせた態度であった。すなわち、アカデミー会員たちは権力の干渉による影響をうけて理論的次元の研究を断念し、実践的、直接的な目的のもとで研究しなければならなかった。さらに、王国の安全と最大の利益の名のもとに、彼らの研究成果の出版が延引されたり禁じられたりすることもあった。最後に、自分たちの知的利益を守るために、あるいはたんなる慎重さのために、どのようなものであれ時の権力に服従をちかう学者たちも存在した。たとえば、デユピュイ一族はフロンドの乱のあいだ、マザランの運命にあわせてその態度をかえたのであった。この象徴的な例からも、状況の多様性という結論がふたたび導き出される。くり返しになるが、知的自由と政治的、経済的依存との関係においては、緊密な一致から完全な対立にいたるまで、その形態と程度には大きな差があったのである。

3　《学問の共和国》の倫理

《学問の共和国》の市民は、学者の行動を規制する規則をさだめようとした。学識教養人の規範はこまかい部分までくわしく文章にされ、全員一致の同意をえた。その構成からすると不均質な《学問の共和国》はある一つの理想をめぐって、もういちど強固な一体性を見いだしたのである。

A　キリスト教的学者

ジャック＝オーギュスト・ド・トゥー（一五五三—一六一七年）は『現代史《ヒストリア・スイ・テンポリス》』のなかでピエール・ピ

トゥー（一五三九―九六年）について描写し、この博学な法学者にみられる美点をつぎのように数えあげた。すなわち、「品行の純粋さ、まぎれもない誠実さ、真摯な信仰心、称賛すべき精神、取りくむ学問についての高い能力」である。こうしたすばらしい資質にくわえ、「あらゆる情念から解放された揺るぎない判断力」があげられていた。この歴史家はさらにつづけてこういっている。「彼はつねに自分の問題への配慮よりも公共の利益を優先し……生涯を図書館ですごし、……その人が学問の進歩と《学問の共和国》の有用性をけっして見失わないようにするため……同じことをするように励まし、勧め、そして援助さえした」。この人物像は、学者がそなえていなければならない知的徳性についてはいうまでもなく、宗教上・道徳上のすべての徳性をまとめて表現している。

学問の世界の重鎮はこれらさまざまな長所を完ぺきなまでにそなえていた。その道をきり開いたのはエラスムスであり、彼はみずからを「聖なる学者」として描かせることによって、絵画上の規範をあたえさえした（L・ジャルディーヌ）。カンタン・メッツィ、ホルバイン、そしてデューラーの描いた肖像画はひじょうに雄弁であって、エラスムスが模範とあおぐ人物を彷彿とさせてくれる。それは聖ヒエロニムスであり、彼は当時その著書の編さんに従事していた。

科学者は、ベーコンの定義によると、愛徳を頂点とする高い道徳的資質を身につけていた。愛徳は真正の知の大罪である高慢さとは正反対の徳である。こうした人物像にはまたキリスト教的要素もふくまれている――もっとも、この要素はつぎの世代におけるほど大きな役割をはたしてはいない。つまりつぎの世代には、イングランドの物理学者で化学者のロバート・ボイル（一六二七―九一年）の『キリスト教的実験理学者』（一六九〇年）によって、宗教的なモデルが押しつけられるのである。この著作の重要性についてはすでに指摘したが（七一頁）、そのサブタイトル「人間は実験的自然学に専念することによって、よきキリスト教徒になることに反感を抱かずむしろそうなるよう導かれる、ということを証明する」はひじょうに雄弁である。さらにボイルは遺言書のなかで、毎年開かれる定例講演会――有名な「ボイル・レクチャーズ」――のための基金を設けた。この講演会では宗教の擁護と近代的知の、とくにニュートン物理学の推進が問題なく対等にあつかわれていた。

ニュートン自身もその科学的、神学的著作によってキリスト教的学者のモデルを明らかにしていた。彼の有名な好敵手ライプニッツも、少なくともこの点では彼と意見をともにしていた。一七一二年、当時六六歳であったライプニッツは、「若いころからの私の大きな目標は、知識を増加させて神の栄光のために働くことであった。知識こそ力、叡知、神の善意をもっとも明確に示してくれるのだ」と記している。

知は不敬虔や無神論の要因ではまったくなかった。それは魂の完成に奉仕するものであった。だから学者は庶民たち以上にみずからを向上させ、他者にたいする模範とさえなったのである。キリスト教的学者というこの理想は、《学問の共和国》のなかで広範な同意をえていた――少なくとも、一八世紀中ごろの数十年までは。そのころから科学と宗教の分離がはじまったが、それは紆余曲折をへてさまざまな過程をたどった。この分離は一九世紀にはじゅうぶんに明確となり、それとともに学者にかんする世俗的な考え方もますます強まった。その原型とみなされたのが、コンドルセ（一七四三―九四年）である。

Ｂ　学者と「礼儀正しさの文明」

近世という時代の流れのなかではいくつかの行動規範がつくられ、一般社会の生活慣行を支配しながら「礼儀正しさの文明」が生み出された。学者はこの行動規範を守らなければならなかったであろうか。それとも別の世界——《学問の共和国》——に属していることによって、彼らはこのような社会的義務から解放されていると感じていたのであろうか。

学識教養人のなかには社会生活のあらゆる原則に反する、常軌をいっした行動によって人目をひく者がいた。トスカーナ大公の司書アントニオ・マリアベッキは、その驚異的な書誌学的知識だけでなく、態度の異様さによっても有名であった。彼は自分の身なりにほとんど気をくばらなかった。夏も冬もおなじ衣服をきて、そのまま寝ていた。家はきたなく雑然としていた。数千冊の蔵書は本棚に整理されておらず、じかに床のうえに、しかも目のくらむような高さにまで積み重ねられていたので、家のなかは曲がりくねった迷宮のようであった。そして、その態度もきわめて異様であった。誰かが自分の部屋のドアをノックすると、彼はのぞき穴から外を見て、そのときの気分や、さらには来訪者の——知的な——資質におうじてドアをあけたり、小窓の開き扉をはげしい勢いで閉じたりした。

人間嫌い、粗野な品行、気むずかしそうな外観や不潔このうえない姿によって同時代人のひんしゅくを買う学者も多かった。あらゆる点で生活の規則に反するこのような非社会的、非社交的な行動の原因は、人を孤独においつめ周囲の現実を忘れさせる学問にあると説明されていた。だからといって、学問はそうした行動の言いわけにはならなかった。

じじつ、学者には共通の慣習をまもる義務があった。そのうえ、洗練された礼儀ただしい態度は、それが知の伝達を容易にするだけに、《学問の共和国》の生活ではきわめて重要であった。人当たりのよさは、モルホーフの『博学者』(一六八八年)のなかで、学問的な望ましい会話を保証してくれるとして推薦されているが、気難しさ、無愛想、粗野は知的交流の障害になるとされている。

一七世紀において、フランスの学者は外国人の目には学問ある紳士をみごとに体現しているように写っていた。彼らは深遠な知にくわえ洗練された礼儀をあわせもっていたのである。この知と礼儀正しさの結合は啓蒙期のフランスにも受けつがれた。アレッサンドロ・ヴェリ（一七四一―一八一六年）はパリに滞在していたとき（一七六六年）、この首都の文人の特徴となっている上品さを兼ねそなえた学問におどろかされた。彼の認識では、この文人たちは「善良で、素朴で、愛想がよく、しかも知にともなう宿命的な欠点、すなわち儀式ばったところ、もったいぶったところ、衒学的なところ、妬んだりするところがまったくない」のであった。ひとつ前の世代になるが、やはりイタリア人のアントーニョ・コンティ（一六七七―一七四九年）は、パリでは「学者は社交界の人でもありうる」ことを学んでいた。

C　衒学者と香具師《やし》

学者は社交界の人々からはまず尊敬されることがなく、モリエールが嘲弄したトリッソタンやワディウスと混同されがちであった。だがまったく別の性格の批判が《学問の共和国》についてもちあがってきた。この批判は一方では選別的であり、C・F・ロマーヌスの表現（一六九八年）をかりれば「内なる敵」を告発していたが、他方それはもはや社会的次元にではなく精神の世界に固有の次元に根拠をおいて批判していたのである。この批判はひじょうに多くの作品を生みだした。たとえば一六七〇年から一七三〇年のあいだにドイツ諸邦だけでも、この問題については約六〇点の書物が刊行されたのである。

ここでは、もっとも有名なつぎの二冊の著作を取りあげるにとどめよう。ミハエル・リリエンタールの『学問的マキアヴェリズムについて』（一七一三年）とヨハンネス・ブルクハルト・メンケの『博学者の香具師的行為について』（一七一五年）である。さまざまな方法で、彼らは学者の世界に悪影響をあたえている欠点を告発した。それは飽くことのない論争への渇望、剽窃による偽の知、新しいものにたいする抑えがたい偏執的欲望、などである。これらすべての悪習の基盤には、絶対的支配への欲望、度をこした名誉欲、そして並はずれた「自愛心《フィロシー》」があり、それらが周囲に自分の価値をみとめさせようとして策略をくりかえすのであった。そのうえ学問的マキアヴェリズムは、仮装した行動で表現されていた。だからペンネームをもつことは、ときには正当性があるとしても、おおむね疑わしかった。借りものの名前をつかって本名をかくすのは、おおくのばあい不誠実な意図ないし偽作者とか剽窃者の営みを表していたからである。

とりわけ二種類の人物が《学問の共和国》では嘲笑されていた。たぶんその数が多かったからであろう。それは香具師《やし》と衒学者である。前者はごく断片的な学問を利用することに長じており、大道芸人のやり方でもっぱら大衆うけをねらっていた。香具師は自分の名声を高め財産をふやすために他人につけ込もうとしていたのである。これとは異なって衒学者はぺてん師ではなく、かならずしも他人につけ込もうとはしなかった。彼は知にも、また判断力にも欠けていなかったが、ささいなこと、偏狭で不毛な学識、そして莫として無用な研究によろこびを見いだしていた。さらに彼は、とかくうぬぼれの強い香具師とはことなり、その態度や行動が社会の慣行からひどくかけ離れていた。

ところでマキアヴェリズムと香具師的行為は、当時の人々によれば《学問の共和国》のなかで日ごとにますます広がっていた。それにはふたつの要因が影響していた。まず印刷術の発明は書くことへの抑えがたい欲望をうながし、無知な人々の大胆さを刺激し、著述家の数をふやしたが、質についてはそうではなかった。他方、知の専門化の進展は知識の場を微小片に細分し、所有と支配の本能および論争と口論をこのむ傾向を学者のあいだに広めることとなった。

しかしながら衒学者や香具師、その他の偽学者を告発したのは、メンケ、リリエンタール、そしてその同時代人がはじめてではなかった。これら告発者たちは権威ある系譜のうえに位置してさえいたのである。まずこの系譜の源流にあったのは、知にかくれている高慢さの危険を強調していた初期キリスト教の時代以来の議論であった。この系譜に属するもっとも有名な代表者には、エラスムスとネッテスハイムのコルネイユ・アグリッパ（一四八六―一五三五年）がいる。前者は『痴愚神礼讃』（一五一一年）と『キケロ主義者』（一五二八年）によって、また後者は『学問の不確実性と空虚さ』（一五三〇年）によって、さまざまな方法で人間の知の行きすぎに警戒するよう促していた。つぎにこれらの警告にくわえ、ジョルダーノ・ブルーノ（一五四八―一六〇〇年）とフランシス・ベーコン（一五六一―一六二六年）が、古代人の崇拝にすっかり満足し権威と伝統がさだめた境界をあえて越えて行こうとしない人々にたいして、まったく別の性格の批判をなげかけた。なお、これらふたりの哲学者は知のなかに無神論につながる道をみる、ある種のキリスト教的伝統にさからって育てられてきた。結局のところ、一八世紀初頭に展開された衒学者とその同類にたいする論争は当時の社会における学者の地位を正当化した。同時にその論争は、間接的にではあるが、学者の職務について定義をあたえた。それは、個人的利益を越えて、たえず生成をつづける集団的活動に貢献することである。この地点まで来ると、《学問の共和国》のふかい独創性を理解するために新しい展望を取りいれ、《学問の共和国》を一つの組織として考察し、その力学について学ぶことが望ましいであろう。

第五章　《学問の共和国》の力学

《学問の共和国》がさまざまな、時にはきわめて異質な人々によって構成されていたとしても、その住人は自分たちの知識を共有し互いに心を開こうという意欲にあふれていた。この願望のゆえに彼らは地理的、社会的、宗派的な境界を越えることができた。一六世紀の中ごろからあらゆる種類の紛争によって無惨にひき裂かれてきた世界にあって、知の伝達はこのうえなく重要なものになっていた。《学問の共和国》の真の市民にとって、「話し好き」であることほどすばらしい義務はなかった。彼らはそこに、ほんものの喜びを見いだしてさえいたのである。

このコミュニケーションへの意欲は、多くの社会的、政治的な障害にもかかわらず一体性と調和を追求し激励しながら、この時代をつうじて機能していたことが見てとれる。その意志の具体的な表明は、当時の知的活動の場をほとんどカバーしていた交流システムに表されている。それは「学問的な」ニュースやさまざまな事物の流通のおかげである。こうした流通は手紙や新聞、旅行や共通の言語の探求といったさまざまな媒体にもとづいて、いろいろな方法でおこなわれていた。そしてそうした交流を促進したのが、大学、学者の書斎、書店の店舗といった特別な場所の存在であった。

1　原則　コミュニケーション

コミュニケーションは《学問の共和国》の市民にとっては、まさしく義務であった。それは、これまでの章で述べてきたような共同体を実現しようという願望から生じる義務である。「コミュニケーション」や「コミュニケートする」という言葉は、アンシアン・レジーム期の学者によってよく使われていたことを強調しておきたい。しかし、これらすべての人々が同じやり方でこのコミュニケーション義務を履行していたわけではなく、しかもこの義務は時とともに変化していった。彼らの大多数がコミュニケーションへの強い願望をもっていたとしても、知的交流や他の学識教養人との「交流《コメルス》」のために使える手段は、個人の状況や財産によって異なるさまざまな要因に依存していた。特権に恵まれた人々だけが、古美術品にかこまれた部屋やすばらしい図書室で学問的な会話や実りの多い交流の恩恵に浴していたのである。学術研究の旅に出かければ《学問の共和国》の重要な中心地を訪れたり著名な人々と交友を結んだりすることができたが、それには費用がかかるためごく少数の学識教養人によって計画されるにとどまっていた。そして、ヨーロッパ全体におよぶ巨大な通信網をぜいたくに利用できるのも限られた人々であった。そういうわけで、学者の大部分はささやかな学問的「交流」で満足せざるをえなかったし、彼らの多くは物足りない思いを抱きつづけていたのである。

A　定義と争点

この巨大な知的共同体の理想を信じる人々はすべて、知のコミュニケーションをおこない、知を伝達し普及させる義務を負っていた。親密な連帯にもとづくコミュニケーションの実例は、ポッジオ（一三八〇―一四五九年）、トマス・モア（一四七八―一五三五年）、エラスムス（一四六九―一五三六年）の著作のなかに、すでに明確に示されていた。したがって、コミュニケーションを拒絶した人々は、さらし台にかけられた。その理由は、イエズス会士ダニエッロ・バルトーリ（一六〇八―八五年）がその著『文人』のなかでつぎのように指摘している。「天からの贈りものである学問は、われわれのあいだで失われるために与えられたのではない。それはわれわれが後につづく人々に伝達しなければならない特典である。それを伝達することはわれわれの側からの恩恵というよりも、いわば正義の行為なのである」。それゆえ、すぐれた学者は「学問の共和国の栄誉に貢献できるなら、どんなことでも」惜しみなく伝達するであろう。これはまた、オランダの言語文献学者ヒスベルト・クーペル（一六四四―一七一六年）の意見でもあった。彼は一七〇九年四月二三日にビニョンにあてて、こう書いている。すなわち、学者は「その知識を他の人に」コミュニケートしなければ大きな過ちをおかすことになるので、「もし学者にお目にかかれたら、私は彼にそうするよう勧め、蝋燭は枡の下に置かれたら光をコミュニケートせず何の役にも立たない、と彼にいうでしょう」。

ルネサンスの「フーマーニタース」からベーコン式協力へ

人文主義者にとって、「フーマーニタース」という概念はコミュニケーションと密接に結びついていた。《学問の共和国》のこのキーワードは、二つのギリシア語と関連づけられなければならない。すなわち古典人文学と技芸を学ぶ意志を意味する「パイデイア」と、他者にたいして自分を開く意志を意味する「フィラントロピア」である。最初の「パイデイア」という概念は、エラスムスによると、「フーマーニタース」の概念に照応している。この偉大な人文主義者がこの言葉によって意味していたのは何よりもまず、人間の本性にふさわしい行動であった。人間は、古典人文学を学ぶことによってそのような品性を身につけることができる。それは彼が『平和の訴え』（一五一七年）のなかで、「人間は学問の修得のおかげで人間になる」と書いているとおりである。「フィラントロピア」という概念も、《学問の共和国》の市民にとってはコミュニケーションを推進するという厳格な義務をふくむ「好意《ベネウォレンティア》」という言葉でしばしば表現される。そこでジャン・ル・クレールは一七〇一年に、ヨーゼフ・ユストゥス・スカリゲル（一五四〇—一六〇九年）、ユストゥス・リプシウス（一五四七—一六〇六年）、イザク・カソボン（一五五九—一六一四年）、ヨハンネス・フレデリクス・グロノウィウス（一六一一—七一年）といった著名な人文主義者たちを絶賛した。彼らがギリシア・ローマの著者らの原典をより正確に、より理解しやすいものにするためにあらゆる努力をおしまなかったからである。しかし彼は同時に、「岩壁の高みに……達しての ち」、「他の人々が学問を修得するのを容易にするため」にではなく、難解で余分な註解をつけることで自分たちの学識をひけらかすために、古典の原典を公けにする学者たちを厳しく批判している。なぜなら、「フーマーニタース」を研究する文人は、「学問の共和国の名誉を」（『パルラシアナ』）高めるのに貢献することなら何でも惜しむことなく、すべて伝達しなければならなかったからである。

「フーマーニタース」の、つまり他者に対する寛大さの崇拝は、たんにあらゆる衒学を排除し、知の進歩をさまたげるあらゆる無駄な学識をしりぞけていただけではない。それは他の学者との協同を命じてもいた。ジャーナリストのアンリ・バナージュ・ド・ボーヴァル（一六五六—一七一〇年）はその著『学者の著書の歴史』（一六九〇年一月）のなかで、この協同計画はテーマがひじょうに複雑であるため「ひとりの人間」では遂行できないから今後は《学問の共和国》全体でその実現に取りくまなければならない、と強調している。一七世紀前半のパリではデュピュイ兄弟の書斎が《学問の共和国》のメッカのひとつであって、そこには連日ヨーロッパ中から客がおとずれていた。彼らは最近の読書について、あるいはピエールとジャックの兄弟がその広大な通信網のおかげで毎日のように受け取っていたニュースについて、親しく論じあっていた。同様に、彼らの同時代人のミニモ会士マラン・メルセンヌ（一五八八―一六四八年）も、学問の世界内でのコミュニケーションと協力を円滑に進めるために大いに尽力した。アドリアン・バイエ（一六四九―一七〇六年）によると、文人たちは「人間精神の領域に属するいっさいの事柄について」この知的協力の開拓者に相談し、「企画を遂行しやすくするためその内容をくわしく説明した。そして彼は全員に手がかりを提供した」（『デカルト氏の生涯』）という。

国際的協力はロンドンやパリのアカデミーの創立当初からの理想であった。これら組織の会員はベーコンの教えにしたがって、全ヨーロッパ的規模での研究成果の交換・共有化によって科学が進歩していくことを確信していた。さらに、新しい実験的哲学をめざしていた科学者にとって、もはや知はただひとりの人間による成果ではなく集団的活動の成果なのであった。そのうえ実験的方法は、幅広い協力のほかに、個人研究者の資力ではとうていまかないきれない器具をそなえた施設を必要としていた。

それだから、コミュニケーションをおこなおうとする意志は知的活動の成果であり、魂そのものであった。それは偉大な人文主義者たちの時代にあらわれた理想であるだけでなく、知的活動に不可欠な条件でもあったのである。

公益への熱意

こうして知の進歩はコミュニケーションにますます依存するようになったので、衒学者や「唯我論者《ソリプシスト》」にたいする批判はきびしくなった。彼らの自己中心的な野心や研究は、《学問の共和国》の「フーマーニタース」にたいする紛れもない冒瀆《ぼうとく》と見なされた。この学問の共同体では、各人はその知識と研究成果を「公益《ボーヌム・プーブリクム》」に委ねる義務があった。自分たちの個人的満足のためにのみ研究をおこない、その知について公衆に知らせようとしない学者ははげしく非難された。たとえば、ニコラス・ヘインシウスは初回のイタリア旅行（一六四六年）のときに、外国からの訪問者にたいする親切さがまったく欠けている図書館司書らをまえに憤慨した。彼らがその蔵書の逸品を外国人に閲覧させることを拒んだからである。またメルセンヌ神父も、この国での旅行のさいに彼の知的交流の申し出にまったく応じなかった物理学者エヴァンジェリスタ・トリチェリ（一六〇八—四七年）の冷淡さと慎重さにおどろき、不快感を覚えた。イスマエル・ブリヨー（一六〇五—九四年）の場合は、ヴェネツィアの司書たちから同じように冷遇されたため、彼は一六四六年七月二九日につぎのように叫ぶにいたった。「彼奴《きゃつ》らの図書館が火事になれば、ぼくは勝利の歌を謳《うた》おう。ここの蔵書は誰の役にも立たないのだから、燃やすかトルコ人たちに廃棄させるのがよかろう……」。こうした反応は、万人の利益のための知の伝達ということを合言葉としていた人々には、完全に理解することができるものであった。

寛大さ

どのような束縛もない知の伝達を前提とするこの公益への献身は、自由と寛容の精神を要求していた。ピエール・ベールは、《学問の共和国》では「真理と理性の支配」以外の統治原理をいっさい認めなかった（『歴史批判辞典』の項目「カティウス」のD）。この「きわめて自由な国家」では最高の法廷も存在せず万人が平等であって、各人が完全な考える自由をもっていた。「学問的民主主義《デモクラシー・リテレール》」のなかで生きている学者たちは、自分たちだけでいる時には自由に表現する権利をもっていた。しかしそれはこの共同体の全員が、たがいに寛容と尊敬をもっている場合にしか可能ではなかった。そうした行動は、イザーク・パパンが一六八四年四月に書いたつぎの文章にみごとに表現されている。「学者は書斎において物事をそれ自体で検討し、その事について自分の好きなことを考え、そして自分たちの考えが一致しなくてもたがいに立腹せず、またその意見の対立を公けの舞台に持ち出さずに、親しく闊達《かったつ》に、気持ちよく話し合える自由をもっていなければならない」。

この自由と寛容の追求ということは、《学問の共和国》という観念そのものと同じくらい古い。エラスムスの人文主義的コスモポリティスムには、学者たちの調和と友好にみちた協力を可能にしてくれる真の協調の精神に到達したいという願望がすでに表明されていた。それから二世紀ののち、ヨーロッパ全体の学者を兄弟のように結びつける大規模で普遍的なアカデミーを創造しようとした、ライプニッツのような人物のユートピアについても同様である。

同じような精神から《学問の共和国》のよき市民は、あらゆる形の党派性、狂信、そして排他性を告発せずにはいなかった。自身も不寛容の犠牲者であったジャン・ル・クレールは一六八四年三月九日、イザーク・パパンにあてた手紙のなかでつぎのように書いた。すなわち彼の考えでは「われわれが生きている時代にあっては、あらゆるキリスト教的徳性のなかでも、われわれと異なる意見をもつ人々にたいする寛容と優しさほど勧められなければならないものはない」のである。一七世紀末と一八世紀には寛容を求めるもっとも優れた弁護が、ピエール・ベール、アンリ・バナージュ・ド・ボーヴァル、ジャン・ル・クレール、ジョン・ロック、それから後のヴォルテールといった、不寛容の犠牲になった人々によって展開されていた。

一体性追求の拡大

寛容と「共和国の自由」の擁護は、率先して政治的紛争や戦争を終わらせようとする行動と並行して進んでいた。じじつ文人たちは、書物の流通と旅行の可能性、つまりはコミュニケーションを時として深刻に妨げる国際的紛争のために苦しんでいた。ルネサンス期以降あらわれたいくつかのユートピア論において平和の観念が重要な地位をしめていたのは、このためである。エラスムスはあらゆる暴力を断固としてしりぞけた『平和の訴え』(一五一七年)のなかで、人類の平和と統一を訴えた。トマス・モアは『ユートピア』(一五一六年)において自由で高潔な寛容を説き、暴力的な専制に直結するあらゆる形の狂信を排斥した。戦争の悪は完全には追放されることなく、またこれほど熱望されている普遍的平和も夢にとどまることを彼がじゅうぶん自覚していたとしても、彼は同時代人のキリスト教徒に、ヨーロッパを血まみれにしている多くの戦争の愚かしさを示したのである。

キリスト教の分裂も文人たちに神学的、宗教的な統一を追求させることになった。ルター派の牧師ジャン・ヴァランタン・アンドレ(一五八六—一六五四年)、コメニウス(一五九二—一六七〇年)、ライプニッツ(一六四六—一七一六年)のような一七世紀の統一主義者たちは偉大な人文主義者たちの例にならい、自分たちの著作をつうじてキリスト教世界の分裂を克服しようとした。たとえば、アンドレはその著『キリスト教的国家』(一六一九年)でキリスト教的聖域の理想像を提示した。コメニウスはその『汎知教育論』(一六五七年)で、統一されたキリスト教的共同体の計画をのべた。そしてライプニッツはその著『哲学者の告白』(一六七五年)のなかで、あらゆる宗教を和解させられるような自然宗教の概念を展開した。このドイツの哲学者によれば、技芸と科学の実践、知の信奉は超越的な力をもっていた。つまり、それらのおかげで人間は神の国に近づくことができ、また創造を深く認識できるのであった。これらよりよい世界の設計者たちは知の追究と統一性の探究に専念することによって、失われた調和を回復できることを期待していた。そのために彼らは、人間が協力しあい政治的、宗派的紛争を克服する社会の観念を構想したのである。

しかし、コミュニケーションが自然におこなわれる理想的国家と《学問の共和国》の市民が直面させられていた日常的現実との乖離は大きく、多くの障害が存在していた。

B コミュニケーションの真の障害・偽の障害

《学問の共和国》の中でのコミュニケーションは、文人にたいして示される不寛容によりしばしばひどく妨げられた。その明らかな例が検閲である。しかしこのコミュニケーションは同時にまた、《学問の共和国》内での論争、すなわち学識教養の世界を徒党に分裂させる論争の犠牲にもなっていた。各人が真理だと思うことを主張する権利と自由をもつ「理性と光明の国」をつくり上げるどころか、ジャン・ル・クレールがその著『パルラシアナ』で表明している見解によれば、「権威」や「盲目的信仰」によって支配されていた文人があまりにも多かったのである。

検閲

書物の検閲は、知の自由なコミュニケーションにたいする束縛以外の何物でもなかった。じっさい教会と国家は印刷物を管理し誘導する意志を、つねにあらゆる所で表明していた。一六、一七、一八世紀のヨーロッパでは、どのような国も、文人が束縛も困難もなくはたらき出版できるような絶対的自由の地であったとみることはできない。他国より大幅な自由と寛容がみられたオランダ連合州においてさえ、禁書が存在していたのである。

カトリック諸国では、ひじょうに早くから事前的ないし予防的な検閲がおこなわれていた。すなわち原稿は有資格の検閲官によって審査され、その印刷には認可を得なければならなかった。じじつ抑圧政策はカトリック教会改革のもとでの全ヨーロッパ規模で展開されていた。ローマは早くも一五五九年から禁止された書物にかんする最初の『禁書目録』を刊行し、その指導的立場に立っていた。しかしながら状況はカトリック世界内部でも画一的ではなかった。イタリアでは宗教裁判はとくに一六、一七世紀に他より厳格におこなわれ、著述家たちは沈黙や地下活動を余儀なくさせられていた。こうした状況は新教徒の著述家たちによって好んで強調され、ときには誇張されることさえあった。たとえば、アンリ・バナージュ・ド・ボーヴァルが一七〇一年三月にその著『学者の著書の歴史』で公けにした書簡の抜粋には、イタリアでは注目にあたいする書物はほとんど出版されていないと記されている。というのは、「(そこでは) 書きたいことを書く自由がない。さらに、支配的な神学に適合しないことは何も書いていない場合でも、時として見識や公平さを疑わせるような検査官の意向にそって、その旨を明言しなければならないからである」。しかしながら、検閲は大胆な書物がイタリアで広まるのを妨害しなかったし、すべての検閲官がバナージュの文通相手がいうほど蒙昧ではなかった。さらに、イタリアの諸国家では教会の検閲のほかに国家の検閲がおこなわれ、著述家たちはその存在を思いおこさずにはおれなかった。一七世紀と次の世紀のあいだじゅう、これら二種類の検閲の権限争いは、ローマとイタリア諸国家を対立させる裁判権上の紛争におうじて増加した。場合によっては、こうした争いは学者に有利に働くこともあった。

フランスでは一五六三年に神学部の所轄《しょかつ》が宗教書にのみ限定されたため、君主政府が印刷許可と特権の制度によって「書店《リブレリー》」を監督していた。この制度は少なくともアンリ四世の死まではかなり寛大であったが、その後まずリシュリューのもとで、ついで書店の管理が大法官府に完全にうつされる一七世紀末に、強化された。ジャンセニスムの著作も、静寂主義の書物も、法王至上権論的な、あるいはあまりにもフランス教会派的な概論書も、そしてデカルトの著作も、要するに「危険な」学説を説くかあるいは論議をひきおこしかねない原稿は、いっさい刊行しないように監視された。また有用性がないと判断され、したがって印刷するに値しない著作も同じように却下された。一六九九年から一七一五年までの大法官府の記録を検討したところ、毎年一〇%から一五%の原稿が却下されていた。

こうしたことは、オランダ連合州が多くの学者にとってなぜ魅力であったのかを説明してくれる。つまり、そこには他の土地にはない自由と寛容があったのである。たしかに検閲は存在してはいたが、それは「事後に」しかおこなわれず、けっして組織的なものでもなかった。世俗的当局が出版を禁止することができるのは、こまかい検定によって原稿に異端的ないし反神論的な過激思想がふくまれていることが明らかになった場合でさえ、原稿の刊行後でしかなかったのである。こうした相対的な出版の自由にくわえて、税関も印刷された書物の性格と内容にかんする管理をまったくおこなわなかった。

これこそがオランダの書店の繁栄をもたらしたものであり、その倉庫と店は一七世紀後半には「世界の商店」となったのであった。

こういうわけで、《学問の共和国》の多くの市民が自分たちの原稿をエルゼヴィール社、ブラエウー社、あるいはウェステイン社にすすんで託したとしても、まったく驚くにはあたらない。ピエール・ベールによれば、これらの出版社は「改革派と同様にカトリック教徒の避難所でも」あった。デカルトがその全著作を刊行したのはオランダにおいてであり、一部の正統主義神学者たちの強いためらいにもかかわらず、彼の哲学はオランダの書店の国際的ネットワークのおかげで全ヨーロッパに普及したのである。太陽中心の宇宙論に好意的な意見を表明した概説書『フィロラーウスあるいは地球の運動について』を完成させた天文学者イスマエル・ブリヨーがそれをオランダで出版することを決断したのは、ガリレイが断罪されたのちの一六三四年のことであった。彼は『二つの宇宙体系にかんする対話』の著者と同じような難題が、わが身にもふりかかるのではないかと懸念していた。そこで一六三九年にアムステルダムのブラエウー社から出版されたこの書物は、『フィロラーウスあるいは真の宇宙体系にかんする四巻の書』という当たりさわりのない題名のもとに、しかも匿名で刊行された。聖書批判の父リシャール・シモン（一六三八―一七一二年）が遭遇した困難さをみると、オランダの書店は一七世紀をつうじて、まさしく頼みの綱であったことがよく理解できる。彼の『旧約聖書の批判的歴史』(一六七八年)――そのなかで著者は聖書の文字と意味を切りはなし、聖書の批評家となっている――がパリで出版された直後、国務会議はこの著書の発禁を決め、その書物をすべて燃やすよう命令した。シモン自身もオラトリオ会から追放された。しかし早くも同じ年の一六七八年から、その再版がオランダで計画された。それはまずアムステルダムのエルゼヴィール社によって企画された後、彼の数かずの著作を刊行していたロッテルダムのレイニール・レールス社に引き継がれた。

オランダの出版社はずっと匿名を通そうとして、ケルンではピエール・マルトー社、フランシュヴィルではジャック・ル・サンスール社というように、しばしば偽りの社名をもちいていた。それは、たとえばピエール・ベール(一六四七―一七〇六年)、アントワーヌ・アルノー(一六一二―九四年)、ジャック・バナージュ(一六五三―一七二三年)らの宗教的あるいは政治的著作を出版する場合がそうであった。その内容が議論を引きおこす恐れがあったからである。『ハンブルク新聞』(一六九四年)によれば、ピエール・マルトーと名のる書店は、その住所が本の扉に印字されるだけで「何かしら不敬虔な、風刺的な、あるいは疑わしいものが書かれていることを知らせるのに」十分なほど、評判であったという。

しかし、このオランダ連合州においてさえ、《学問の共和国》の市民が検閲の犠牲となるようなことが生じた。改革派教会の強硬な牧師や神学者たちが書物の検閲を強化しようと何度もこころみ、一八世紀中葉になっても予防的検閲をおこなうよう世俗的当局に迫っていたのである。しかしじっさいにはそのような措置は一度も講じられたことがなく、禁止された書物もほとんどなかった。そうした危機にみまわれたのは、とくにソッサンやスピノザの反神論的著作であった。そして一七六二年には、牧師たちはジャン＝ジャック・ルソーの『社会契約論』

と『エミール、あるいは教育について』を断罪させるのに成功した。これらの作品は不敬虔で破廉恥とみなされたのである。それにもかかわらずオランダでは、一八世紀全体をつうじて焚書の処分をこうむった書物は一〇冊だけであった。

論争

すべての構成員がたがいの意見のちがいを尊重しつつ平和のうちに協力する、友愛にみちた学問の共同体、というこうらやむべき理想は、彼らの大部分にとっては夢物語であった。というのも、キリスト教的友愛というこの理想はすでにエラスムスによって説かれており、また人文主義者たちが友愛にたいする崇拝を実践しようとつねに試みてきたにもかかわらず、《学問の共和国》は時によっては容赦のない議論や論争でたえずかく乱され分裂させられてきたからである。

一七世紀前半におけるもっとも有名な争いのひとつは、クロード・ソーメーズ（一五八八―一六五三年）とダニエル・ヘインシウス（一五八〇―一六五五年）という《学問の共和国》の二人の「統率者《コリフェ》」を対立させた争いである。ソーメーズをおそるべき競争相手とみなしていたヘインシウスは、このライバルが例外的な条件でライデン大学に任命されたので、大いに嫉妬心をあおられた。というのもソーメーズは教育義務をいっさい免除されており、彼はその存在と著書だけでライデン大学の「名声を高める」にちがいないと考えられていたのである。やがてこの勢力争いにくわえ、さらに重要なテーマの論争がいくつかもち上がった。それは、ある悲劇における聖なるものと異教徒的神話の混淆という問題や、キリスト教道徳と聖書とは両立しない利つき貸付の慣行や、さらにはヘブライ語法のまじったギリシア語の存在についての議論である。これらは知的なあるいは道徳的な論争であったにもかかわらず、この二人の敵対者はなんども卑劣な行動にはしった。彼らはそれぞれ支持者をかかえており、結局のところ大学を混乱の極みにおとしいれることになった。大学管理者《クラトル》は盛大な和解の儀式をおこなったほどであったが、それも一時的な効果しか上げられなかった。

同様に、一七世紀の後半にはライプニッツとニュートンがともに微積分学を発見したと互いに主張してゆずらず、はげしい論争を展開した。このことは、これら偉大な学者たちも《学問の共和国》の友愛的協力という理想をかならずしも実践することができなかったことを示している。

バナージュは一七〇二年二月の『学者の著書の歴史』のなかで、「極度に議論を好む学者たち」や「学問の共和国でたえず発生し、その名誉をけがす内乱」について言及した。そしてこのジャーナリストは、闘争者たちが無意味な動機で争っているだけにいっそう、そうした闘いのことを悲しんでいた。なぜなら「重要な真理が……問題になっているのであれば……論争は有益であろう。……しかし一つの曖昧な言葉や……削除された一つの文字をめぐってさえ、共和国が武装して百年にもおよぶ戦いを引きおこすことがある」からである。

ジャン・ル・クレールによれば、これらの嘆かわしい論争の原因は多くの学者が「福音書の徳」を、すなわち「派閥と利害の力」とは正反対の開かれた精神を失っているからであった。もし文人がたんに流行しているだけの見解をすてさり、理性と真理への愛によって導かれるなら、そして心からお互いを敬愛する心でみたされるなら、「ローマ・カトリック教徒は新教徒と、新教徒はローマ・カトリック教徒と、いささかの躊躇《ちゅうちょ》もなく友愛でつよく結ばれるであろう」。そのうえ、このような開かれた精神と穏やかさがあれば、学者たちは論戦や論争からも利益をひき出せるであろう。というのも、観念の誠実な交流は精神を目ざめさせ、知を前進させるからである。フランスの碩学アドリアン・バイエはその『学者にかんする批評』（一六八五―八六年）のなかで、つぎのように確信さえしていると述べている。すなわち、学者たちが対立し論争しあうかわりに、「それぞれお互いを利用しあって、自分に反対して書かれたかもしれないことを自分のためのものとして受け止める」ように努めるならば、《学問の共和国》にはもはや戦いはなくなるであろう、と。しかし、じっさいには論争は増加しつづけ、そのうちのいくつかは熾烈な展開をたどっているという現実をまえにすると、メルセンヌ神父のように議論は知に進歩をもたらす手段であるとなお信じつづける人は、まれであった。

このように《学問の共和国》には外部に由来する束縛にくわえ、内的な障害がのしかかっていた。その大部分は、人間どうしのコミュニケーションの力学それ自体に固有の障害であった。結局のところ、それは観念の伝播をよりいっそう困難にしたにちがいないが、しかしコミュニケーションの理念そのものが破壊されたわけではなかった。それはつねに《学問の共和国》の原動力でありつづけたのである。

2 交流のシステム

《学問の共和国》の市民は各自がその「フーマーニタース」を実践する義務を負っていたが、みなその義務をよく果たしてきた。そうした義務の遂行をとおして、ヨーロッパの学問共同体に交流のシステムができ上がっていった。以下、その交流の対象と手段について順に述べていくことにしよう。

A 交流の対象

大多数の文人が近代的な学問的コミュニケーションの道具も、そしてまちがいなく速やかに移動できる交通手段もまだ利用できなかった時代には、情報の交換は不可欠であったとはいえ、ひじょうに困難であった。したがって学問的ニュースや世界のニュースの重要な伝達方法は、会話と書簡であった。《学問の共和国》のニュースは人物にかんするもの、それに書物や学問的活動に関係するものであった。文人は他人のキャリア、健康状態、幸運や不運についてすすんで知ろうとした。しかし最大の関心は研究上のことであった。ニュースは手稿の研究、それから導かれる解釈、それがもたらす註解を中心としていた。それはまた最新の研究結果、新刊書、科学的観察も対象としていた。

こうしたニュースと並行して、新しい手稿と、とくに書物が交流の対象となっていた。学者たちは自分の出版物を他の学者に送呈していたが、それは協力への謝意として、あるいはその著書をひろく普及させるためであった。こうして、その書斎が《学問の共和国》の中心のひとつとなっていたデュピュイ兄弟は多くの書物の献呈をうけていた。

交流は書物だけに限られてはいなかった。それは知的活動の源泉にまで、くまなく及んでいた。古銭は、とくに一七世紀には、当時の古銭学の関心と発達にしたがって熱心に研究がすすめられた。植物学者はさし木や種子を交換していた。一七世紀の後半、パリの科学アカデミーの会員たちは全世界に呼びかけて、自分たちの手元にない標本を入手するのに成功した。遠隔の地で冒険にいどむ旅行者たちは、植物学者から依頼をうけることが多かった。たとえばレシフェの司祭がそうで、彼は同僚エドメ・オーベルタン（一五九五―一六五二年）から、王室植物園の監督官のために外来植物の種子をもち帰るよう依頼された。またオランダの解剖学者ヤン・スヴァンメルダム（一六三七―九四年）の書簡からわかるように、多数の医師、自然学者、博物学者が解剖学的意見、デッサン、標本をたがいに交換していた。彼はフランスの学者メルシセデック・テヴノー（一六二〇―九二年）に「ひじょうに運よく腹から取り出した」虱の卵巣のプレパラート標本を送り、そのかわりとして、フランスではふ

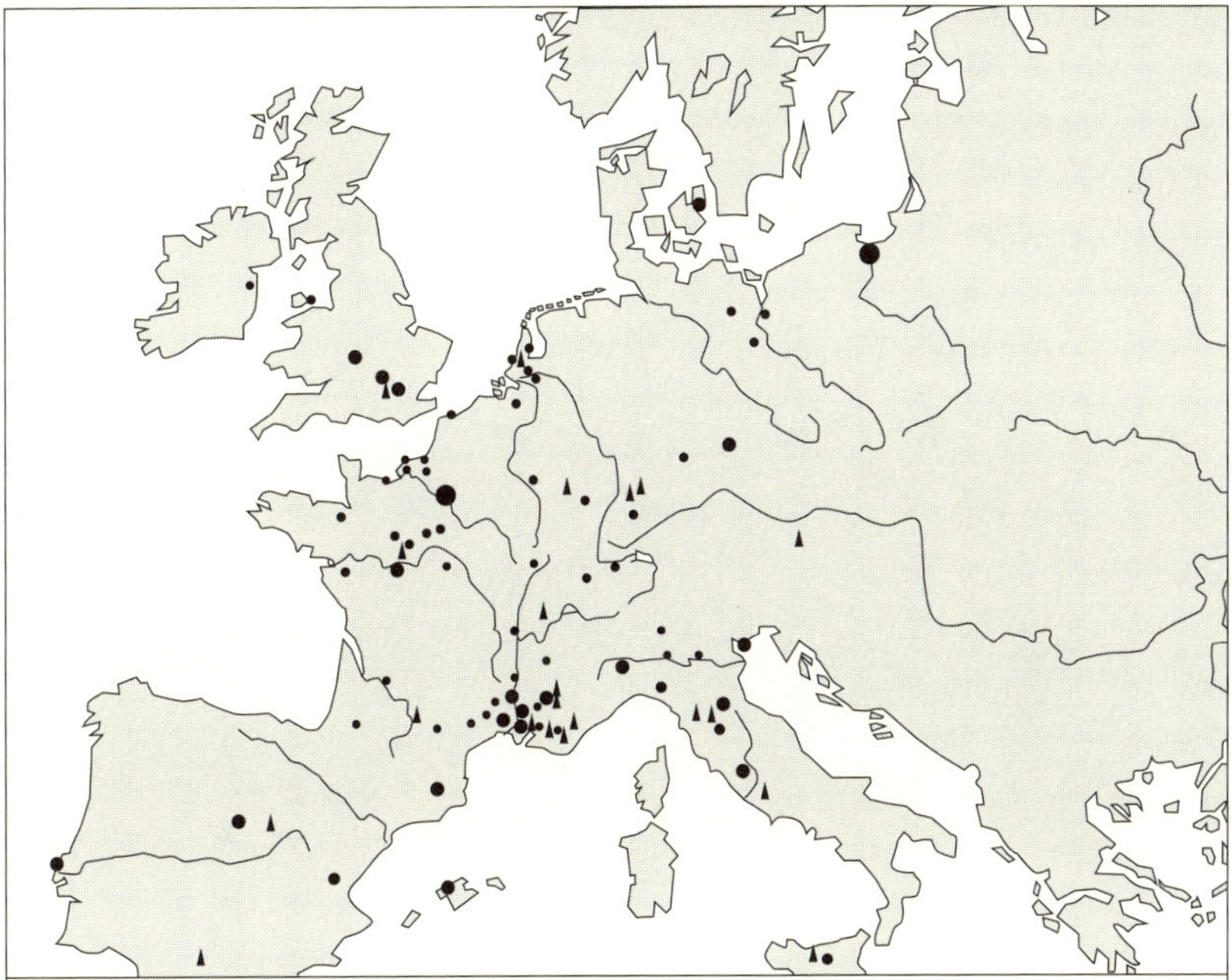

▲ 科学アカデミーの「文通相手」たる天文学者　● 天文学の中心　0　400km

(J. -M. Hommet, *Astronomie et astronomes en Province*, 1680-1730, Aix-en-Provence, Edisud, 1982. による)

図Ⅵ　パングレの『天文学年報』による主要な天文学の中心

つうに見かける羽に四つの眼をもつ大型の蝶を自分に送ってくれるよう依頼した。手紙による連絡をとりわけひんぱんにおこなっていたのは、メルセンヌ（一五八八—一六四八年）とクリスティアン・ホイヘンス（一六二九—九五年）の書簡が示すとおり、天文学者である。彼らは多くの観察結果を収集し、当時の宇宙をめぐる大論争に積極的に参加しようとしていた。さらに、偉大な歴史家の息子であるジャック＝オーギュスト二世・ド・トゥー（一六〇九—七七年）は一六六〇年一二月九日の手紙で、天文学者たちは「仲間うちの連携と交流をつづけているが、彼らは宣誓して引きうける義務よりもさらに真剣にそうした連携・交流をかたく守っている」と指摘している。それゆえプロヴァンス地方の天文学者の文通ネットワークが一七〇〇年代にダンツィッヒ、ロンドン、ローマ、そしてリマにまで及んでいたとしても、驚くには及ばない。

最後になるが、《学問の共和国》の市民のあいだでの交換物として、学者の肖像画が一七世紀をつうじて少しずつ用いられるようになったことにも触れておこう。そうした画像をとおして、多くの場合いちども会ったことのない人々のあいだにも対話が成立することになった。そしてこれらの肖像画は、知の進歩に貢献さえしていたのである。たとえばパリの医師ギ・パタン（一六〇一―七二年）によれば、彼が友人たちと歓談する応接間をかざっていた数枚の肖像画は会話に「美しい花」を添えてくれ、彼らはパオロ・サルピ（一五五二―一六二六年）、フーゴ・グロティウス（一五八三―一六四五年）、あるいはユストゥス・リプシウス（一五四七―一六〇六年）といった、いまは亡き有名な人々と語り合うことさえできたという。そしてこうした肖像画は、それをながめる人々に、彫刻や絵画で描かれてきた人々に学問や叡知の面で挑戦してみようという気持ちを起こさせることもあった。学者たちは描かれることに道徳的な義務があると感じていたので、たとえばアンドレ・リヴェ（一五七二―一六五一年）がしたように、依頼されるとすすんで自分の肖像を送っていた。知の進歩に奉仕できるという意識をいだいていたからである。いっぽう謙虚になりすぎて、肖像画にされる栄誉を断わる人もいた。たとえば天文学者のイスマエル・ブリヨー（一六〇五―九四年）は、本屋のヨハン・ブラエウーがなんどもくり返して懇願をつづけたのち、はじめて描写されることを承諾した。

これらの交流はすべて、《学問の共和国》の結束をさらに固める役割をはたしていた。それは《学問の共和国》を、すべての贈与にはお返しがあるという連帯の組織に、当時の言葉でいうと「贈り合い《アンティードーロン》」の組織にしていたのである。

B　交流の様式

書物と原稿

一五世紀末以来、印刷された書物は知の普及のすぐれた手段となっていたが、しかし手稿がただちに流通しなくなったわけではない。グーテンベルク（一三九四年頃―一四六八年）がマインツで発明した活版印刷術は、一五〇〇年ごろにはヨーロッパの大部分を征服していた。書物はたとえばパリ、リヨン、あるいはヴェネツィアといった、多くは河川沿いの町や港湾都市にある大きな商業中心地で製作され、販売されていた。これらの「文化的首都」は長期にわたって市場を支配した。その後、一六世紀末頃に政治、経済、文化の重心が南から北へ移動したとき、アントワープ、アムステルダム、ロンドンといった都市がかわって活版印刷の一大中心地となった。

この新しい伝達手段は《学問の共和国》にとってこの上ない恩恵となった。書物がこれほど驚異的に再生産され普及することがなかったなら、人文主義的観念がこれほど速やかに広がっていくことはなかったであろう。一六世紀の初頭以降、古典の教科書版が増加したとしても、一般的には書物は高価であったので大きな本屋は何よりもまず学者や教会の世界を対象としていた。活版印刷という新技術のおかげで書物が、たとえばオランダの本屋で印刷された小型の出版物のように、より安価で手に入るようになったのは、一七世紀前半からのことにすぎない。この書物価格の低下は、学者の世界の拡大とよりいっそうの知の普及のしるしであった。

《学問の共和国》の市民の多くは、その原稿を刊行するためには重要な活版印刷の中心地の近くにいる人々の仲介に頼らなければならなかった。この点でオランダの印刷所はひじょうに重要な役割を果たしたが、他国では検閲にあう危険性のある原稿については、とくにそうであった。たとえばダニエル・ヘインシウス（一五八〇—一六五五年）とニコラス・ヘインシウス（一六二〇—八二年）、アンドレ・リヴェ（一五七二—一六五一年）、クロード・ソーメーズ（一五八八—一六五三年）は、友人から託された原稿の刊行を推薦するために、あるいは出版者が著作の印刷を早めるか終了するよう促すために、エルゼヴィール、ブラエウー、その他のオランダの本屋にたいして何度か仲介の労をとった。

ただし原稿は出版される前に、著者の友人のサークル内でしばらく回覧されることがあった。一例をあげると、パリのデュピュイ兄弟は数編の原稿を受けとったのち、それらについて彼らの書斎の常連たちと議論していた。グロティウスはその著『キリスト教の真理について《デ・ウェーリターテ・レリギオーニス・クリスチアーナエ》』（一六二七年）にかんして兄弟ヴィレムとゲラルドゥス・ヨハンネス・フォシウスの判断を知ろうとして、一六二六年にこの兄弟に手紙を出した。そのなかで彼は、この原稿を回読したパリの友人たちはこれを刊行するよう勧めてくれたと書いている。一六、一七世紀の手紙に見られるこのような激励についての言及は、自分の著作の出版者をみつけようとする著述家の常套手段であったにちがいない。しかしまた、著述家自身が検閲をおそれ自分の原稿の主題が議論をまきおこす危険があることを察して、まず自分の周囲の人々がそれにどう反応するかを知ろうとした、ということもあったのである。

手紙

手紙は一六、一七世紀を通じてずっと、知の伝播のすぐれた手段であった。多くの学者の書簡とそれにもとづく交流システムをみると、手紙というものが個人的研究と《学問の共和国》全体に有益な刊行物とを結ぶ不可欠な媒体であったことがよくわかる。手紙は目の前にいない友人と親しく会話をする代わりになったにせよ、それは何よりもまず学問的情報の伝達の手段であった。エラスムス（一四六九—一五三六年）、メルセンヌ

(一五八八―一六四九年)、ニコラ＝クロード・ファブリ・ド・ペイレスク(一五八〇―一六三七年)、ヘンリー・オルデンバーグ(一六一五年頃―七七年)、クリスティアン・ホイヘンス(一六二九―九五年)、そしてヴォルテール(一六九四―一七七八年)のあいだの往復書簡は、手紙のもっとも重要な機能を証明してくれる。メルセンヌは研究を立ちあげて仮説を検証するために手紙をつかい、文通相手を質問攻めにして悩ませることも辞さなかった。ペイレスクは一六三五年三月三日と八月二七日の月食を観察するため、その文通ネットワークを動員してフランス、イタリア、ドイツ諸邦、北アフリカの天文学者に緊急の呼びかけをおこなった。ロンドンの「ロイヤル・ソサエティ」の幹事ヘンリー・オルデンバーグは、《学問の共和国》の全員にたいして学問的ニュースを送ってくれるよう依頼していた。それは「特別会員《フェロー》」がそうした情報について検討するためであり、彼自身も多くの文通相手に出した手紙のなかで観察、実験、新刊書についてしばしば議論している。

《学問の共和国》のおもな通信人の文通ネットワークは広大であり、ウプサラからナポリまで、サンクト＝ペテルブルクからダブリンまで、ヨーロッパ全域に広がっていた。重要な中心地と交差点は、「世界の縮図」であるパリ、そしてローマ、ジュネーヴ、ライデン、アムステルダム、ロンドン、ベルリンであった。「書簡作家」のなかには、すこし変わった役割をはたす人もいた。かならずしも注目に値する著作を生み出しはしなかったが、そうした人々はいわば《学問の共和国》の「幹事」であり、彼らは図書館における研究の成果や、ある著作の分析ないし著作そのものを「同胞」に送りとどけるという奉仕活動に従事していたのである。彼らはコミュニケーションの結び目となり、同じ主題や同じ分野で研究しているいろいろな学者の絆としてすすんで奉仕していた。一七世紀の前半におけるエクス・アン・プロヴァンスのペイレスクやパリのデュピュイ兄弟、同世紀の後半におけるデン・ハーグのオランダ人古銭学者で行政官のヒスベルト・クーペル(一六四四―一七一六年)やパリの碩

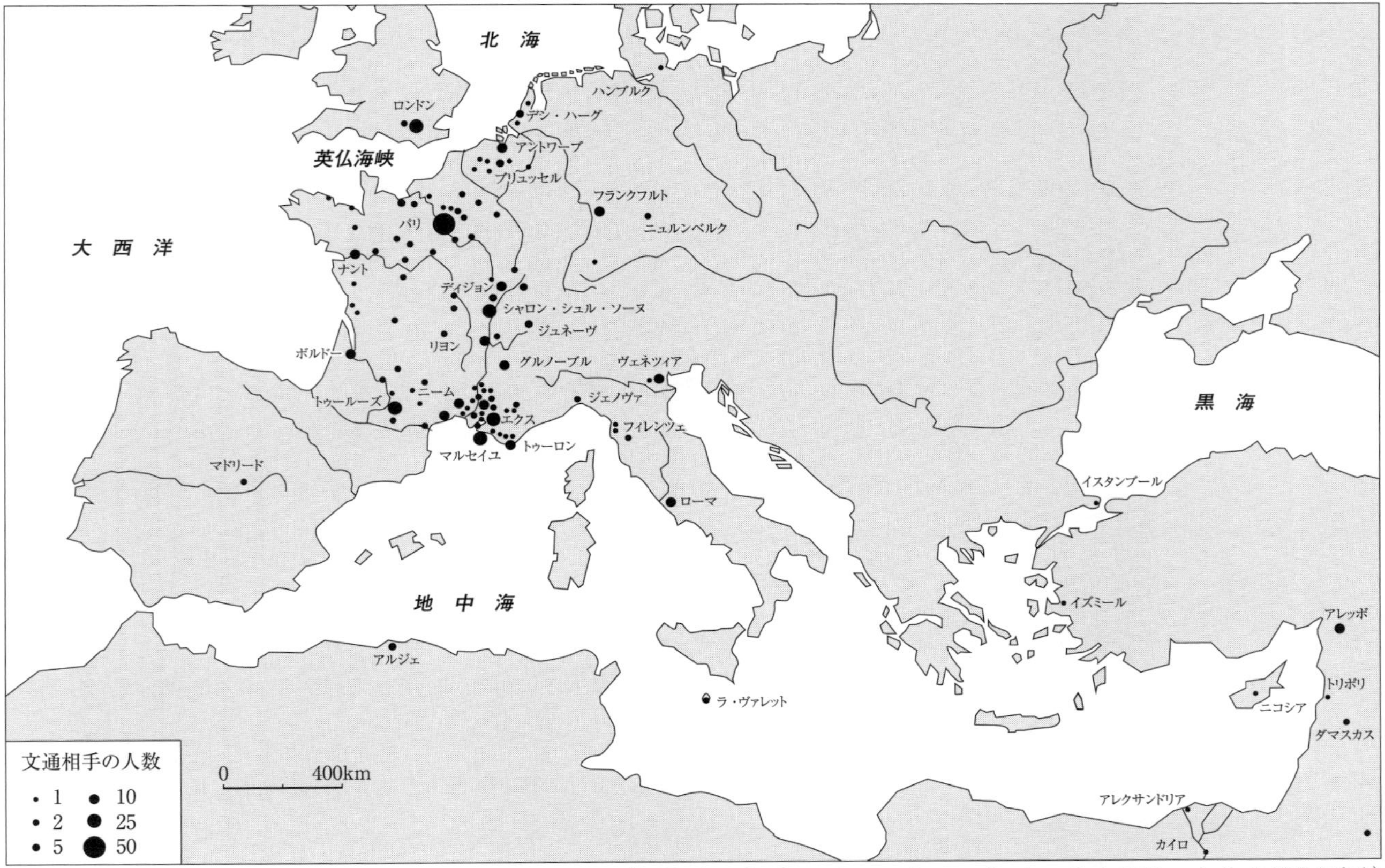

(R. Mandrou, *Des humanistes aux hommes de science*, Paris, Editions du Seuil, 1973. による)

図Ⅶ　ニコラ・ペイレスクの文通相手

学クロード・ニケーズ（一六二三―一七〇一年）、そしてやや遅れるがロンドンのピエール・デメゾー（一六七三―一七四五年）は、全ヨーロッパのさまざまな学者の文通ネットワークの中心における活動例を明瞭に示してくれる。

手紙をおくる場合、外交郵便や学芸愛護者の好意に頼ることが可能な人は、その文通ネットワークを容易に拡大することができた。在パリのスウェーデン大使であったフーゴ・グロティウスや、デン・ハーグにあるフレデリック＝ヘンドリック総督の宮殿つきアタシェであった神学者アンドレ・リヴェや、生涯のながい年月をハノーヴァー選帝侯に仕えて過ごしたライプニッツらの書簡は、そのことをはっきり証明してくれる。こうした便宜に恵まれない人々が手紙をおくる場合には、二つの障害がまちうけていた。定期郵便はたしかにヨーロッパの主要都市を結んではいたが、しかし手紙の郵送を遅らせる、さらにはそれを妨げる不慮の出来事にはこと欠かなかった。そのうえ、郵便料金は高かったのである。そのためたとえば、じつに広い範囲で文通をおこなっていた言語文献学者ヨハンネス・ゲオルギウス・グラエウィウス（一六三二―一七〇三年）は、俸給の五分の一を郵便に費やしていたようである。多くの学者が旅行者に、なかでも著名人への推薦と引きかえによろこんで手紙を届けてくれる若い学生に、自分の手紙を託していたことも、こうした事情をよく説明してくれる。ピエール・ベールは、友人の仲介で父親のもとに届けてもらった一六七一年九月一一日の手紙のなかで、父にこう明言している。「父上に送る私の言葉が途中で消えうせることもないでしょうし、父上にお金の負担もかかりません。これ以外の方法でお届けしようとすれば、この二つの難問を引き受けなければならないのです。」

学者の手紙は、かならずしもその名あて人だけに読まれるとは限らなかった。というのも、手紙が名あて人の友人のあいだで回し読みされることがあったからである。手紙の差出人がしっかりした秘密厳守にこだわる場合、彼は自分の手紙を二つに分割した。すなわち、より広いサークルに向けられる一般的な情報にかんする手紙と、名あて人だけにあてられた私的な手紙とである。このやり方は、イスマエル・ブリヨーが一六四五年から一六四六年にかけてヴェネツィアを旅行したとき、週に一度パリのジャック・デュピュイに送った手紙でじっさいに使われていた。

雑　誌

教養ある人々の間のコミュニケーションは、学術定期刊行物の誕生のおかげで一七世紀の後半に大きな進展をみせた。この新しい情報手段は文通ネットワークをもたない人々にも利益をもたらした。一六六五年にパリで創刊された『ジュルナル・デ・サヴァン』は《学問の共和国》における最初の雑誌であったが、これはフランス以外でもすぐにモデルとして模倣されることとなった。たとえばロイヤル・ソサエティの会報『フィロソフィカル・トランザクションズ』は早くも同じ年にロンドンで創刊されたし、『ジョルナーレ・デレッテラッティ』は一六六八年からローマで刊行された。『アクタ・エルディトールム』は一六八二年にライプツィッヒで誕生し、一六八四年には哲学者のピエール・ベールがオランダ連合州で『《学問の共和国》便り』の刊行に踏みきった。

こうした雑誌や「彼らの世紀の学術年報」は、近代の学術雑誌とは比較することができないと思われる。それらは書物の、それも大部分は近刊書の、書評――分析というよりむしろ要約――を収録したものであったからである。また、オリジナル作品、覚書、訃報、さらには公開書簡まで加えられた分冊もあった。多くの雑誌、とくにオランダのそれには「書簡抄」や「文学ニュース」といった欄があり、雑誌の記者や編集者は新しく受けとった手紙の選集をこうした欄に掲載していた。さらに彼らは自分の手もとにない書物の書評を読者に提供するために、そうした手紙の情報を借りていたし、またオランダ以外で出版された近刊書や他のヨーロッパの学者の興味関心についても読者に注意をうながしていた。読者自身も書物や論文にかんする彼らの意見を知らせることで、雑誌に原稿を提供していた。こういう次第でこれらの雑誌の編集室は、いわば「郵便受け」であると同時に情報発信室にもなっていた。このようにして重要な文通網から利益をえていた雑誌は、その大部分が、本来は手紙の役割である情報伝達の機能をはたしていた。とりわけ「平均的読者」にたいして、そうであった。これらの記者たちが外国の文通相手からの援助に大きく依存していたとしても、オランダで雑誌を編集していた記者については別であった。というのも彼らは、品ぞろえが豊富であるため《学問の共和国》全体から羨ましがられていた書店の店舗を、手の届く範囲においていることを誇りにできたからである。そのうえこれらオランダの雑誌は、自由と公平さによってその成功を築きあげたという評価をヨーロッパ中で博していた。

《学問の共和国》の原動力としての理想的なコミュニケーションがその最終的な形態をととのえるのは、この新しい伝播手段が確立され発展していった一七世紀の末以降である。そのころから雑誌は学者にとって一種の身元保証書のようになり、読者に彼らの研究の結果を知らせるための不可欠の道具となった。それゆえ多くの碩学は、その蔵書目録が証明しているように、そうした雑誌を何種類も購読していたのである。すぐれた書簡作家であり「《学問の共和国》幹事」でもあったヒスベルト・クーペルは一七〇八年に自分の所蔵する雑誌の一覧を作成したが、それによれば雑誌の数は一〇種類にものぼった。定期刊行物がもつようになったこの重要性は、一八世紀の中葉におけるパリの個人蔵書にも反映している。そうした蔵書のなかでいちばん目につくのが、『ジュルナル・デ・サヴァン』、『メルキュール・ド・フランス』、そしてピエール・ベールとその後継者たちの『ジュルナル・ド・オランド』といった雑誌なのである。

しかしながら、一部の学者はこれらの雑誌に対して距離をおいていたことを指摘しておこう。アンリ・バナージュ・ド・ボーヴァルはそうした学者たちの代弁者のようにみえる。彼は一六九二年、雑誌というものが「わずかばかりの費用で簡単に学識者になる手段」でしかないような碩学について、皮肉をまじえて注意をうながした。また、記者たちは一般的に中庸をみずからに課しており、彼らの大多数は厳しい批判と賞賛とのちょうど中間をみつける努力を払っているにもかかわらず、書評があまりに批判的でありすぎると判断されることもあった。このような困難を意識した『ビブリオテック・レゾネ』の記者の一人は、記者の仕事はいわば《学問の共和国》の一部にたいして布告される「一種の戦争」であるとまで書いている。

人の移動

互いに遠くはなれた場所に住む学者たちが出あう機会となる旅行は、交流を深める格好の手段であった。また、旅行者の帰国後に文通がはじまることも多かった。しかしながら、じっさいに旅行に出かける人の数は限られていた。旅行の手立てを講じられる人は少なく、また長期の旅行を企てる人はほとんどいなかった。

モンテーニュの教えによれば、学生は学校や書物中心の教育では満足することができないので、「世間という大きな書物」を読むことが必要であった。「学苑巡歴《ペレグリナチオ・アカデミカ》」、すなわち一六世紀と一七世紀によく実施されていたイタリアへの修学旅行は、そこで叡知《プルーデンティア》、知識《スキエンティア》、良俗《モーレス》を身につけるはずの若者には好ましい結果をもたらすことになっていた。ただこのような考え方は理想としてはまったくそのとおりであったが、めったに事実とはならなかった。たとえば一五五〇年代から一七五〇年代までにネーデルラント地方の学生六、〇〇〇人のうち、このような旅行に出かけたのは五%以下であった。家族の資力だけではこの「グランド・ツアー」の巨額の費用をまかなうには足りないことが多かったのである。そのうえ若い旅行者たちすべてが本当の「学苑巡歴」をしたわけではなかった。外国に滞在中の知的活動とは、それなりのお金をはらって大学の学位を数日で取得することでしかないと考える学生は、相当な数にのぼっていた。じじつ、あまり学問的とはいえない願望にかられていたこれら「教養ある旅行者たち」は、著名人を足しげく訪れたりさまざまな新しい現実に触れたりすることよりもむしろ、同郷者といっしょに過ごそうとしていた。だがクリスティアン・ホイヘンスやニコラス・ヘインシウスといった学者たちが出かける研究旅行は、まったく異なっていた。後者は「優秀な人々と交際をかさね」、クラウディアヌスとオウィディウスの著作の出版準備にむけて図書館で書物や手稿を参照するために、出発したのである。

パリやローマ、あるいはロンドンへ外交使節として派遣され、利益にあずかる学者もいた。一四一四年から一四一八年にかけてコンスタンツで開かれた公会議に聖省長官として出席していたポッジオは、この滞在を利用して手稿をさがしまわり、ザンクト＝ガレンの修道院でタキトゥスとクィンティリアヌスの作品を発見する機会にめぐりあった。

旅行が就職と結びつくこともあったし、大学という環境ではしばしば移動が昇進の不可欠の条件となることもあった。とくにオランダの諸大学には、その威信と高額な俸給のゆえに多数の外国人教授が集まっていた。これらの大学はまた、さまざまな思想の交流にもってこいの、つまりヨーロッパの学問的理想どおりの、コスモポリタンな環境を提供していた。

「書店」は、その性格からして国際的な知的活動と密接に結びついていた。大きな出版社、たとえば一六世紀の後半におけるプランタン＝モレトゥス社やエルゼヴィール社はふつう国外に支店をもっていた。そのうえ重要な見本市が毎年、フランクフルトとライプツィヒで開かれていた。それは書店にとっては、みずから出向いて《学問の共和国》の共通の活動に貢献する機会であった。

教会では、旅行は伝統になっていた。カトリック教会の高官たちはローマへおもむく機会が多かった。彼らは多くの聖職者をともなっていたが、そのなかには研究を深めたり学問的関係を結んだりするためにこのローマ滞在を利用する人もいた。プロテスタント教会では、教会会議や討論会は神学上の交流や共通の戦略の作成の機会であった。

すべての旅行が意図的なものであったわけではなく、またみずから望んで出かけたわけでもなかった。周囲の状況によってやむをえず出かけたり、また困難を増した生活上の束縛から逃れるためにおこなわれたりする旅行もあった。そして、グロティウス（一五八三―一六四五年）やジョン・ロック（一六三二―一七〇四年）の場合がそうであったように、政治的な理由による旅行もあったのである。グロティウスは人生の大半をフランスで過ごし、ロックはオランダ連合州で数年にわたる亡命生活を経験した。多くの新教徒がフランスを去ったが、その数はナントの勅令廃棄（一六八五年）以後とくに増加した。しかしながら、イングランドやプロイセン、そしてとくにオランダ連合州への「避難」以来、この流浪の民《ディアスポラ》の名高いメンバーたちはあるいは旅行によりあるいは文通によって接触をつづけ、全ヨーロッパをカバーする新しいコミュニケーション網を確立したのである。

普遍的言語の探求

ヨーロッパの学識教養人の交流は、共通語としてラテン語を用いることで大きく助けられていた。ラテン語は中世このかた、教会と学者の言葉であった。人文主義者たちの努力と著作のおかげで、この言葉は古典を模範とあおぐことで純化され、また創造的な模倣によって豊かにされてきた。ヨーロッパの大学教育は長いあいだこのラテン語でおこなわれてきたが、それはまた長いあいだ学術的議論と書簡の交換で使われてきた言葉でもあった。

このラテン語が地方語、とりわけフランス語によって少しずつ置きかえられるのは、一七世紀のことにすぎない。この新しい言語学的な方向はそれまでとは異なる考え方をともなうことが多く、ラテン語の使用は古代人の権威にたいする盲目的な信仰の表れである、という批判が少しずつ強まってきた。アンリ・バナージュ・ド・ボーヴァルはその著『学者の著書の歴史』（一六八七年一一月）のなかで「ラテン語の軛《くびき》」について言及しており、彼はそれから解放されること望んでいた。その理由は、さまざまな国民の「時間と好み」はかならず変化するということであった。彼の同僚ジャン・ル・クレールは、そうした解放が《学問の共和国》を「権威と盲目的な信仰によらない、理性と光明の国」（『パルラシアナ』）にするのに貢献するであろう、といっている。

たしかにフランス語は、さまざまな地方語のあいだで特別な地位を享受してはいた。それはフランス語が内在的な長所をもっていること、重要な著作――たとえばデカルトの『方法序説』（一六三七年）――がフランス語で刊行されていること、さらにまたルイ十四世の時代におけるフランスの影響力やユグノーの離散がフランス語にあたえた推進力が大きかったこと、をみればよく分かる。それにもかかわらず、フランス語の地位は決してラテン語にはおよばなかった。ロバート・ボイル、ジョン・ロック、アイザック・ニュートンといったイングランドの経験主義哲学者たちは、その著作を英語で、あるいは依然としてラテン語で書いていたのである。

しかしながらフランス語は、『アクタ・エルディトールム』をはじめ他の地方語による刊行物があったにもかかわらず、一八世紀の中葉には定期出版物における媒介語として優位を占めるにいたった。フランス語を「超越的言語」（ピエール・ベール）にしたこの発展は、一般的にいうと「学問的な」出版の世界でとくに顕著であった。一八世紀の第二の四半世紀におけるヨーロッパの学問的生産について教えてくれるアムステルダムの『ビブリオテック・レゾネ』を対象とした研究によれば、調査の対象となった書物のうち五三％以上がフランス語で書かれていた。また文人のあいだでの文通でも、フランス語がより一般的になっていた。もっとも、辞書の助けなしにはフランス語が理解できなかったニュートンのような人は、手紙の交換には母語を使っていた。こうした言語の交代にもっとも長いあいだ抵抗したのは大学教育であり、そこでは一九世紀末にいたるまでラテン語が支配していたのである。

しかしながら言語の違いに悩まされていた学者の世界では、地方主義をのりこえる言語をつくり出そうという努力がはじまった。一七世紀をとおして、数かずの哲学者や学者が普遍的言語をつくりあげる可能性について検討をかさねてきた――そのなかにはフランシス・ベーコン、J・A・コメニウス、G・W・ライプニッツがふくまれる。単純で曖昧さがなく明晰であるべきこの言語はまた、学者同士の論戦をしりぞけ、ひいては戦争さえも防ぐのに貢献するであろう。

この分野においてはさまざまな着想にとどまらず、多くの人が考察をかさねてきた。ある人々は、神が人間にあたえた根源的な言語が存在するはずであり、われわれはこの「人間の言語《リングア・フーマーナ》」を再発見しなければならない、と考えていた。しかしこの仮説にはさまざまな反論が出されたため、デカルトやジョン・ウィルキンスに代表されるような新しい研究がはじまった。彼らは自然界を正確に表現する新しい言語をつくろうと研究にはげんだ。この言語は知を獲得する手段であるだけでなく、知そのものということになるであろう。というのも、ひとつ一つの単語は、意味されるものについての正確な記述をあたえてくれるからである。一方、ライプニッツおよび一八世紀の哲学者たちは、記号の結合をつうじて観念のひじょうに複雑なつながりを表現するような普遍的言語をつくろうとし、またこの新しい言語を分析と発明の道具にもしようとした。

これらの企ては、そのユートピア的性格がどのようなものであれ、障害のないコミュニケーションへの強烈な願望を示すだけでなく、全ヨーロッパ的な学者の共同体の凝縮性をいっそう高めることにもなったのである。

C　交流の場

こうした交流は書斎のなかで展開されていたが、数すくない恵まれた人たちが旅行でたまたま訪れ、論談に加わることで賑わうこともあった。しかし出不精であれ旅行好きであれ、《学問の共和国》の市民にはすべて、個人的接触と知の伝達を目的とする交流の場がとくに用意されていた。

大　学

大学は知の伝達をおこなうのに最良の条件がととのった特権的な場である。けれどもこの教育機関は、数世紀にわたりきびしい批判にさらされてきた。エラスムスが当時の大学の硬直した瑣末主義の教育にたいして、なんどもくり返し浴びせかけていた辛辣なことばを思い出してほしい。このように大学を非難していたにもかかわらず、このオランダの人文主義者と彼につづく多くの学者たちは自らの知的訓練をつづけるために、ひとつの大学で、さらにはいくつかの大学で長い時間をすごしたのである。そのうえ法律家と医者は、法学教育と医学教育をいわば独占していた大学に頼らざるをえなかった。さらに、教授たちが法学や医学の講義に新しい内容をほとんど取りいれず、大部分の学生に彼らの研究成果を分かちあたえなかったとしても、大学はすくなくとも《学問の共和国》内部における交際の場でありつづけた。

学生は大学という環境のなかで国際的な雰囲気にふれ、いわばヨーロッパの学問共同体のミクロコスモスを目《ま》のあたりにすることができた。さらに、いくつかの大きな大学は、その創立がふるい時代にさかのぼるゆえに特別な名声を獲得していた。これら中世に創立されたボローニャ、パリ、ケルン、オックスフォード、ケンブリッジといった大学は、概して保守的であった。とはいえ後の二つの大学は数学教育を着実につづけ、一八世紀後半のイングランドにおける科学のはなばなしい開花に大きく貢献した。その他の新しく創立された大学は、その近代的な志向によって《学問の共和国》の精神によりいっそう近づいていた。ネーデルラントの大学の教授たちのなかには、他のほとんどの所ではアリストテレスがなお権威をたもっていたにもかかわらず、デカルトの考え方をいちはやく取りいれた人々がいた。これらの教師は、特定の日に自宅でひらいていた「私的講義《プリヴァッティシーマ》」、すなわち選ばれた特権的な学生集団を対象にした授業において、いくつかの新しい観念について自由に議論するよう奨励していたと思われる。彼らはそこで参加者に自分の最近の研究についてかたり、またこれら弟子たちの意見に耳をかたむけたり批判したりした。こうした「特別授業」はオランダ連合州だけに限られたものではなく、じっさいにはヨーロッパ全体でおこなわれていた。このような少数のエリートを相手にした対談から、個人的な出会いが生まれた。それは本物の知的交流につながる学問的な対話であった。そこでは時として一生涯つづくような人間関係と友情も誕生した。こうした絆は、ヨーロッパの学問における連帯感の一大ネットワークを拡大、強化するのに貢献したのである。

出版社の店舗と国際見本市

オランダ連合州では、学者間の出会いと交流をうながしてくれる場所として、大学のほかに大きな出版社の店舗があった。大量の書物を生産していたオランダの書籍商人は全ヨーロッパを相手に商売を展開していたので、この国には学者の世界の印刷物をすべておさめる「倉庫」がいくつも存在した。こうした店舗には、その比類ない富をみずからの眼でたしかめようとして、遠くから著述家、書籍商人、アマチュア、学識教養人らが好んで訪れていた。出版社の店舗は、《学問の共和国》の市民に出会うために人々が足を運ぶ集合場所となっていたのである。たとえばアムステルダムでは、スピノザの著書を出版したヤン・リーユヴェルツ社の店舗は、自由思想家や異端者の思想を評価する学識教養人たちの重要な出会いの場になっていた。一七世紀後半の旅行者にとって、ライデンのエルゼヴィール社やアムステルダムのブラエウー社の店舗をおとずれることは、きわめて大きな関心事であった。そのことは、この時期の多くの旅行日誌が証明してくれる。高名なドイツの愛書家ザカリアス・コンラート・フォン・ウッフェンバッハ（一六八三―一七三五年）は、オランダ連合州に滞在しているときはどこでもかならず出版社の店舗に立ちよっていたが、それは書物を買ったり称賛したりするためだけでなく、土地の学者の消息をたずねたり、彼らに出会うためでもあったのである。

毎年パリ、リヨン、ヴィーン、フランクフルト、ニュルンベルク、ライプツィヒで開かれていた書籍見本市は、ヨーロッパの学問の世界で重要な役割をはたしていた。フランクフルトとライプツィヒの見本市は、一六世紀末にはいちじるしい国際的性格をおびていた。ヨーロッパの約七五の都市からくる二〇〇名以上の書籍商が年に二回そこで出会い、自分たちの新刊書を展示したり交換したりしていたのである（H・レーヴェン）。さらに、著述家や学識教養人がひんぱんに見本市を訪れたので、この行事の国際的性格はいっそう強まった。ただこの点については、ある変化が一七世紀のあいだに、とくに三十年戦争以後に生じていた。それはフランクフルトの見本市がその魅力をうしない、そこにはドイツとオランダの出版業者しか集まらなくなったことである。

図書館と学者の書斎

知の伝達と学問の発展において、図書館はつねに重要な役割をはたしてきた。ドイツ人の碩学ダニエル・ゲオルク・モルホーフ（一六三九―九一年）によれば、図書館は過去の富を保存し、勉学への意欲を満足させ、学者の研究を可能にするものであった。それゆえ図書館の数かずの至宝は、源泉からじかに水を飲もうとする蒐集家や学者をいつも引きつけてきたのである。図書館はまた、職業につく準備をしている学生たちにとっても不可欠の場所であった。一五九五年にライデンの教授ペトルス・ベルティウス（一五六五―一六二九年）がおこなったとされる証言によれば、図書館は神学者を教育し、法学者を訓練し、医師を養成し、そして古代遺跡に造詣のふかい人に豊かな刺激をあたえてきたという。

書物は高価であったから、重要な蔵書を収集できる人はあまりいなかった。そうしたコレクションを所有したり管理したりする特権をもっていた人々、つまり「フーマーニタース」という義務に忠実な人々は、少なくとも選ばれた人々には彼らの至宝への接近を許す義務があると感じていた。スイスの神学者ジャン・アルフォンス・トゥレッティーニ（一六七一―一七三七年）は一七〇三年五月にジュネーヴのアカデミーでおこなった演説のなかで、一八世紀初頭におけるそうした研究の場を以下のように列挙した。パリでは、豊富な蔵書をほこる国王の図書館、およびジャック＝オーギュスト・ド・トゥ、リシュリュー、マザラン、コルベール、ル・テリエの図書館。イタリアではローマのヴァティカン図書館、ミラノのアンブロシウス図書館、そしてフィレンツェのパラティナ図書館。神聖ローマ帝国については、ヴィーンの帝室図書館。そしてオランダ連合州では、フォシウスのコレクションで豊かになったばかりのライデン大学付属図書館である。イングランドについてトゥレッティーニが筆頭にあげるのはオックスフォードのボドリアン図書館であり、これはペンブルック伯、大主教ウィリアム・ロード、ジョン・セルデンの蔵書によってさらに拡充されていた。それにつづいて、ロバート・ブルース・コットンの図書館にも触れている。スイスでは、彼はバーゼル、チューリヒ、ベルヌ、そしてジュネーヴの各図書館の名をあげている。

このリストは完全ではない。スペインのフェリペ二世はエル・エスコリアルのヒエロニムス会修道院の近くに設立した図書館を、この修道士たちに管理させていたことをつけ加えるとしよう。ドイツの君主の多くは宗教改革の時代いらい、人文主義的性格のこい図書館を創立してきた。もっとも有名なのは、ライプニッツとレッシンクが次つぎと司書をつとめたヴォルフェンビュッテル（ブランシュヴァイク公国）のそれである。パリでは、ベネディクト会士が一七世紀のあいだに模範的図書館をサン＝ジェルマン＝デ＝プレに設立し、またアウグスティヌス会士たちもサント＝ジュヌヴィエーヴの大修道院で同様の事業を手がけた。これらのコレクションは一般的に学者が利用できるものであり、したがって早くから公共的性格をもつようになっていた。

学者たちのヨーロッパにはまた重要な個人図書館が存在しており、その所有者は「公共」図書館の管理人らと同様に、「《学問の共和国》の幹事」であるとみなされていた（『学者の著書の歴史』一六八七年十一月）。デュピュイ兄弟の蔵書はその格好の例である。彼らは一六四五年に国王の図書館を管理するようになるまでは、彼ら自身の蔵書の一部に追加したジャック＝オーギュスト・ド・トゥのコレクションの管理をしていた。彼らは寛大な所蔵者として、常連であれ通りがかりの訪問者であれ、毎日多くの碩学に蔵書の利用を許していただけでなく、研究者用の閲覧室までつくった。ペイレスクはこの集まりを「真の徳の住むところ、内外のあらゆる文人のたまり場」と評した。デュピュイ兄弟の閲覧室に贈られた多くの賛辞のなかからは、三十年間そこに出入りしたフォルタン・ド・ラ・ホゲットのそれを引用するとしよう。彼はその著『よき父親からわが子への変わることなき忠告』（一六四八年）でつぎのように書いている。「毎日、夕方になると彼らのところで一種の友情コンサートが開かれた。そこでは何事もみごとなハーモニーのなかで、しかもすばらしい優しさと謙虚さをともなっておこなわれた。だからここに来ると、心に何らかの不安があってもすべて一掃されてしまうのだった。この誠実な集まりでは、参加者の一人ひとりが自分の優れたものによって寄与しようとつとめていた。」

デュピュイの閲覧室が、その蔵書の豊かさの点でもまたそこに集まる人々の国際性の点でも、模範的であったことは間違いないがしかし、それは例外的なものではなかった。じじつ、これ以外にも蔵書とその管理人を中心としたサークルが成立していた。たとえば、同じくパリではメルセンヌ（一五八八―一六四八年）とガブリエル・ノーデ（一六〇〇―五三年）の両サークルが、そしてエクス・アン・プロヴァンスではペイレスク（一五八〇―一六三七）のそれがあった。これら三つのサークルはすべて、そのコレクションの門戸を地方の学者や通りがかりの外国人に開放していた。彼らはまた、多数の文通によってつちかわれ全ヨーロッパ的規模をもつようになった、輝かしい知的センターの主催者でもあった。このことはまた、トスカーナ大公の蔵書の管理を指揮し、フィレンツェから生涯にわたってヨーロッパの学者と精力的に文通をつづけてきたイタリア人司書、アントニオ・マリアベッキ（一六三三―一七一四年）についてもあてはまる。彼の書物にかんする知識は、「巡回する博物館にして生きた図書館」という讃辞にあたいするものであった。彼は問い合わせてくるすべての人々に、もっている情報を寛大に伝えていただけに、そうした知識はいっそう貴重であった。

公共図書館の数は一八世紀のあいだにいちだんと増えたが、とくにパリではそうであった。一般的に文人や学者はこれら図書館に収蔵されているさまざまな宝典を、それらが公衆に公開されるまえに見ることができた。彼らは推薦状をたずさえているだけで、じゅうぶんであった。私的図書館の所有者や管理人は、彼らのコレクションを感心して見にくるか、あるいはそこで稀覯本《きこうぼん》や写本を参照するために訪れる文人にたいし、気前よく門戸をひらいていた。一七世紀と一八世紀の学術的な文通や旅行日誌は、そのことについて多くの例を提供してくれるのである。

アカデミー

「協会《ソダーリターテス》」、すなわち学芸愛護者や啓蒙君主の図書館やコレクションを中心として結成されたサークルは、長いあいだ非形式的なものであって、規約もなく会合は自発的な性格のものであった。それらは《学問の共和国》

の精神に触発された「小社会《ミクロ=ミリュー》」として機能していた。これに該当するのがマルシリオ・フィチーノ（一四三三—九九年）を中心としてフィレンツェで発展したプラトン・アカデミーであるが、一世紀半以上ものちのパリのデュピュイの閲覧室もこれにあてはまる。一七世紀の前半にアカデミーにかんする数かずの計画をつくり、またパリの修道院で学術的な「講演」をおこなっていたメルセンヌ神父は一六三五年、一都市の限界をこえてヨーロッパ全体を、さもなければフランスを包括するようなアカデミーの創設を願っている。このような協会はその規模の大きさの点で独創的であったが、さらにその手段の点でもそうであった。つまり、この協会は「議論を交わすよりもはるかに有益な手紙によって、コミュニケーションを重ねていくであろう。というのも議論では、提出された意見に異議をとなえるのにしばしば興奮しすぎるきらいがあり、そのために多くの人々が協会に背をむけるからである。」フィレンツェの「デル・チメント」の会員たちも、同様の「紙上のアカデミー」を考えていた。つまり彼らは一六六六年、「世界のなかでひじょうに有名かつ注目すべき諸地域に現在のように散在しているさまざまな協会のあいだの自由なコミュニケーションを」呼びかけていたのである。

このようなサークル以外に、イタリアのアカデミアを範として、より形式の整った組織が発展していった。じっさいのところ、アカデミーは一六世紀と一七世紀のあいだにイタリアで、つづいてその他の地で制度化される傾向にあった。それは祭式や定期的な会食といった迂回路をへることもあり、また活動規約と入会基準をふくむ会則を採択することもあった。これらの新しいサークル組織は、創立者との個人的むすびつきがさほど強くなかったため、より堅固でより永続的であった。さらに、財政的手段に恵まれて共同研究を企画し、首尾よく成しとげた組織さえいくつかあったのである。

ヨーロッパの大規模なアカデミーは、その会員が自由に何の心配もなく共同研究にはげみ、知を前進させるための理想的な中心としての「知の広場《フォルム・サピエンティアエ》」を形づくっていた。公的な制度に限っても、ロンドンの「ロイヤル・ソサエティ」（一六六二年）、パリの「王立科学アカデミー」（一六六六年）、そしてベルリンの「王立科学アカデミー」（一七〇〇年）は、《学問の共和国》の理想に、すなわち学問の進歩と普及の名のもとにおけるコミュニケーションと学術的協力というあの願いに、完全にこたえるものであった。

　これらのアカデミーはしばしば国際的でコスモポリタンな性格をもっていた。アンシアン・レジーム期におけるロンドンの「ロイヤル・ソサエティ」の会員の二一％以上が、外国の出身であった（G・ラモワーヌ）。これら外国会員の多くは、その研究会にはまったく出席しなかった。しかし、彼らは覚書を送ったり研究成果を伝達したりすることによって、開かれた精神をもつヨーロッパの人々の理想的な出会いの場をつくり、それを強化することに貢献したのである。こうして、各地のアカデミーの周囲に広大な通信のネットワークが織りあげられたが、その世話はアカデミー幹事の仕事になった。「ロイヤル・ソサエティ」の幹事ヘンリー・オルデンバーグは、この仕事に心身をささげて専念した。現在知られているだけでも大量にのぼる彼の書簡が、それを証明している。彼のような幹事たちの仲介と世話によって科学的研究の一般的な枠組みは一七世紀後半に少しずつ変容し、つぎの世紀にはいくつものアカデミーが参加する共同研究を構想するまでになった。さらに、こうした野心的な企画に加えこれらの組織は、あるいは少なくともその会員は、彼ら全体の最大の利益のために多少なりとも定期的な交流をもつようになった。この点でアカデミーは《学問の共和国》の理想にじゅうぶんに奉仕しており、近代科学が基本的原理として提起したコミュニケーションの要求にしっかりと応えていたのである。

第六章　《学問の共和国》の作品

「精神の集合体」として紹介した《学問の共和国》は、じっさいには瞑想にふける協会ではなかった。この共和国はその驚異的な活動にふさわしい、おびただしい数量の書籍を産出してきた。書物は学者の世界の表徴であり、多くの学識教養人は読書をしたり、著作を執筆したり、あるいは少なくとも書物を手にした姿で描かれたりしてきた——ハンス・ホルバインが一五二三年に描いた有名なエラスムスの肖像画に見られるように。

本書の目的は近世におけるヨーロッパの知性史を提示することではなく、学者の世界を描写することである。したがってここで重要なことは、多数の書物を通覧することにより、いちじるしい多様性の背後にひそむ《学問の共和国》の深層アイデンティティを示す一連の特徴を明らかにすることである。このためわれわれは、まず学術的な所産の独創的な特徴を明らかにし、つぎに学識教養人に固有の、あるいはその刻印をとどめている、いくつかのジャンルに注意をむけることとした。

1　学術書

A　「グーテンベルクの銀河系」の周縁

手　稿

活版印刷術の発明と普及は書物の大量生産をもたらしたが、この増加に大きく貢献したのが学問の世界である。しかしながら、印刷術の文化は手書きのそれを消滅に追いこんだわけではなかった。手稿は一八世紀には稀少性や極秘性を連想させていたが、フランソワ・ムローはそうした連想が誤りであることを論証した。なぜなら、「手稿は印刷物と共存し、ときには助けあうことさえあった」からである。

このことは、とりわけ学者の世界については正しい。文通については、さきに《学問の共和国》におけるそのダイナミックで統合的な役割を明らかにしたように、それは情報のすぐれた伝達手段であったのである。文通は定期刊行物というものが出現しても、消滅したり影がうすくなったりすることがなかった。ライプニッツ、ムラトーリ、ヴォルテールといった人たちが書きのこした大量の手紙そのものが、およそ一面的なものごとの見方を否定している。定期刊行物は学識教養人の情報の必要性を完全に満たすことができなかったのである。アンシアン・レジーム全体にわたってほぼ定期的に出版されていた（そして今日でもなお出版されている）雑誌『ジュルナル・デ・サヴァン』はむしろ例外であり、一般的な定期的刊行物はそれよりずっと簡素で、その刊行もずっと不規則であった。これらの雑誌はその普及にあたっては書物の場合と同じような困難さにぶつかり、しばしばひじょうに遅れてしか読者の手もとに届かなかった。そのうえ雑誌は、印刷物全体をカバーすることなどできなかった。またジャン＝ピエール・ヴィッチュは、一八世紀初頭の主要な五つの定期刊行物（『ジュルナル・デ・サヴァン』、『アクタ・エルディトールム』、『《学問の共和国》便り』、『学者の著書の歴史』、『トレヴーの覚書』）の研究をつうじて、それらがあつかう情報はその刊行国に偏重していることを明らかにした。またこれら定期刊行物は、その内容の選択基準が国民的偏見や修道会の警戒のもとに定められていたために、そうした影響をうけずには済まなかったし、たとえ学者たち自身がそれらを買って読んだとしても、彼らに慎重な態度をとらさずにはいなかった。そういうわけで、これらの定期刊行物を十種類ほど所蔵していたヒスベルト・クーペル（一六四四—一七一六年）は、それらを読むだけで満足することは「学問にちょっと触れる」のに等しいと考えていた。このような判断にピエール・ベール（一六四七—一七〇六年）は驚かなかったであろう。彼自身の認めるところでは、彼の『《学問の共和国》便り』は「博士」や「職業的な学者」を対象にするよりもむしろ、「学ぶことが大きな喜びであるにもかかわらず、その自然な怠《なま》け心やつらい仕事の支障のために読むことができない、ぼう大な数の一般人」が対象であったからである。手紙が、個人にかんする内密の情報や、定期刊行物にはまれにしか見られない進行中の研究に関する情報をふくんでいたことをつけ加えるならば、なぜ学者たちが文通を——この時代のずっと後までも——つづけたのかが理解できる。だから、時には新刊書案内のような内容の手紙が複写されて、最初の名宛人以外に回覧されたとしても、なにも驚くにはあたらない。

手紙はたんなる情報の伝達手段ではなかった。手紙は、学者が一定の主題について自説を展開する場のように扱われることがあった。このことはデカルトがメルセンヌにこたえて、自然学や哲学の問題点にかんする彼の考えを明らかにしている数通の手紙のことを考えるだけで明らかであろう。

このほか、学者の世界が生みだした手書き原稿として考慮に入れるべきものに、口述され、書きとられ、さらにまた書き写された大学の講義録があり、またもう一方の知の世界にいた学者たちが印刷所にわたす前に他の学者たちの意見を集めるために彼らに送った原稿がある。そして最後に、印刷された書物が高価であった時代に、その一部ないし全部を筆写してつくられた写本——図書館はそれらであふれているが——を無視することもできない。

声の文化

印刷物の文化はまた口承性というものを日陰に追いやったにせよ、その存在そのものを問題視することはなかった。大学、アカデミー、学者のサークル、サロンは、言葉の交換にもとづいて知の生産・普及がおこなわれる場であり、生き生きとした言葉がその重要性を失うことのない場であった。ここでは弁論術の歴史に立ちいることも、またたとえばイエズス会のコレージュでおこなわれていたような修辞学教育に言及することもしないが、学者の世界が対話を調整して最良の成果を生みだせるよう配慮していたことに簡単にふれるにとどめよう。

ダニエル・ゲオルク・モルホーフ（一六三九—九一年）はその有名な『博学者』のなかで、《学問の共和国》のために「協議する術《アール・ド・コンフェレ》」の原理をいくつか提示した。彼は学問的経験と修辞学的伝統のなかでもっともすぐれたものを集めて、道徳的な規範を提唱したのである。すなわち、回避すべき最悪の難題は学識教養人のあいだの実りゆたかな会談、言いかえると健全な協力にとって重大な障害となる、自惚《うぬぼ》れであった。さらに、これら言葉の交換において重要なことは、学者ぶって大量の引用や報告で相手を威圧することなどではなく、「批判的知性《インゲニウム》」を発揮することであった。学者間の会話とは相手の目をくらますことなどではなく、相手を啓発する対等な者どうしの会話である。さまざまな才能の共同化を前提としたこの会話は、それが適切に調整されれば、《学問の共和国》の理想的基礎となる知的世界の連帯性を強化するであろう。

このように、手稿と声の文化の重要さについては強調しすぎることはないのだが、それにもかかわらず今日、学者の作品の存在をもっともよく表しているのはやはり印刷物である。

B　大型判の優位

印刷物の生産を全般的に規定する外装と製本上の規則に学術書がしたがっていたことはいうまでもない。とはいえ、いくつかの点で学術書はそれら規則から一線を画しており、このことが学術書に独創性をあたえていた。印刷術が普及するにつれて、小型判――四つ折と八つ折――がしだいに成功をおさめるようになった。この動向は抑えがたいものであって、たとえばパリでは一七世紀末の一〇年間をみると、八つ折判、一二折判、一六折判などが印刷物のおよそ九〇%をしめていた（H・J・マルタン）。この高まるいっぽうの小型本人気のきっかけをつくったのは、ヴェネツィアのアルドゥス一家のアイデアであった。彼らは古典作家の購読に便宜をはかるため、一五世紀末にあの有名な「携帯用」コレクションを世に送りはじめたのである。この小型本は人文主義者たちのあいだで広く受けいれられ、数多くの模倣を生むこととなった。それから一世紀以上のちになってライデンのエルゼヴィル社は一二折という小型判で、ライデン大学の著名な教授たちの改訂になるラテン語古典を刊行したが、これもまたきわめて大きな成功をおさめることになった。

しかしながら、学術書が注目を――しかも物理的な点で――集めるのは、何よりもまずその判型によってである。当然のことだが、学者たちの刊行物のすべてが二つ折判であったわけではない。しかしながら彼らの刊行物でいちばん多く見られるのは、やはり二つ折判なのである。じじつこの二つ折判は、すぐれて学問的活動の判でありつづけた。近世全体をつうじてヨーロッパのいたる所でぶあつい著作が、それも時には何巻にものぼる記念碑的刊行物が生みだされてきた。たとえば神学の分野では教父らの著作集や公会議議事録が、また非宗教的な歴史の分野では国民的過去や古典古代にささげられた研究が刊行された。そして法学の分野では法文の集大成や判例集成が、さらに自然史の分野では多くの図版をともなったすばらしいアルバムが刊行されてきた。それらの例としては、パリではサン＝モール会の学識あるベネディクト会士たちによって一五巻で出版された聖アウグスティヌスの『著作集』（一六七九―一七〇〇年）があり、ミラノではムラトーリが二五巻で刊行した『イタリア史料集成』（一七二三―五一年）がある。また二人のオランダ人学者ヤコブス・グロノウィウスとヨハンネス・ゲオルギウス・グラエウィウスによって集成された古代ローマの『宝鑑』（一六九四―九九年）と古代ギリシアの『宝鑑』（一六九七―一七〇二年）は、いずれも一二巻にのぼる大著である。さらに、イングランドが締結した条約集（未完成）であるトマス・ライマー（一七〇四―一三年）の圧巻『イングランド協約集』（一五巻）や、一七四九年に出版されはじめ四四巻を数えるビュッフォンの『自然史』がある。

C　ラテン語の根づよい存続

これらの書物――この他にももっと引用できたであろうが――はまた、学者の生産活動にみられるいま一つの特徴を思いおこさせてくれる。すなわち、ラテン語がそこで保っていた地位である。

すでにみたとおり、一六世紀から一八世紀にかけて地方語はいたる所で勢力をましてきた。パリでは一七世紀末には、印刷物におけるフランス語の割合は九〇％近くにのぼっていた（H・J・マルタン）。ドイツ諸邦では変化はもっとゆるやかであったが、一七三〇年にフランクフルトとライプツィヒの見本市の目録にのせられた表題の七〇％以上がドイツ語であった（R・ヴィットマン）。

ラテン語は、修道会の刊行物をのぞけば、ますます学者の著作に限定されるようになった。ラテン語の使用は学者の普遍的言語というその役割にもとづくものであり、外国語の知識がきわめて限られていただけにこの役割はよりいっそうひろく認められていた。ほかよりも早い幸運にめぐまれていたフランス語でさえも、人々が賞讃をおしまなかったあの強い影響力を一八世紀初頭にはかならずしもまだもっていなかった。オランダの「博学者」ヒスベルト・クーペルが一七〇九年にマテュラン・ヴェイッシエール・ド・ラ・クローズに書いた手紙は、そのことをじゅうぶんに証明している。彼は自分の文通相手に、普遍史をラテン語で書くよう勧めている。その理由は、彼のくわしい説明によれば、フランス語が「当世風の小型の書物用にはごく普通のすぐれた言語だとしても、……学者を読者とする著作は、私の考えるところでは、ラテン語で刊行しなければならない。というのも、ドイツやイングランドやイタリアではフランス語を理解しない学者がいたる所に多数いるので、しかもこのような書物は彼らのあいだで売られるのであるから、ラテン語で書くことが絶対に必要であると私には思われる」のである。この点では、クーペルは印刷業者や書籍商のいわば味方をしている。というのも彼らは、その大冊さのゆえに高価になり、しかも全ヨーロッパに散在する限られた読者のみを対象とする記念碑的著作の場合には、長いあいだラテン語のほうを好んでいたのである。一七二九年に彼らはモンフォーコンの『古代文明解説』(一七一九年、二つ折判で五巻一〇冊。一七二四年には二つ折判で五冊の『補遺』)と『フランス君主政の記念碑』(一七二九—三三年、二つ折判で五冊)という大部な刊行物にラテン語訳をつけるよう、彼につよく勧めていた。これについて、このベネディクト会士の学者はつぎのように説明している。「書籍商はページの下部にラテン語訳を加えるよう望んでおり、……フランス語をじゅうぶんに理解しない多くの外国人にはこれが必要だと主張している」。

このような認識は他の地方語、たとえば自国以外ではほとんど知られていなかったドイツ語や英語の場合には、なおいっそうよくあてはまる。とくにこのことは、ドイツ人が大学の学位論文やその他の論稿において、さらに一般的にいうと学術的刊行物にかんして、長いあいだラテン語に忠実でありつづけたことを説明してくれる。ライプツィヒの有名な定期刊行物『アクタ・エルディトールム』が一七七六年までこの言葉で執筆されていたのはその一例である。いっぽう英語での著作物も、たとえばロバート・ボイル（一六二七—九一年）の物理学と化学の基本著書のように、大陸ではラテン語訳でしか評価されなかった。

こうしてラテン語は学者の世界で生きつづけた。いわゆる近代思想と呼ばれるものの基礎をなす著書は、その多くがラテン語で刊行されていた。すなわち、ホッブスの『市民について』（一六四二年）、デカルトの『哲学の原理』（一六四四年）、スピノザの『神学政治論』（一六七〇年）、プーフェンドルフの『自然と人間の権利について』（一六七二年）、そしてニュートンの『自然哲学の数学的原理』（一六八七年）がそうである。

ラテン語のこうした運命は一八世紀中もずっとつづいた。アムステルダムで刊行されていた学術定期刊行物『ヨーロッパの学者の著作解題』（*Bibliothèque raisonnée des ouvrages des savants de l'Europe*）に一七二八年から一七四〇年にかけて掲載された書評の三一％は、ラテン語で書かれた書物を対象としていた。知のあらゆる領域に君臨していたラテン語は、一八世紀ののちも、いやはるかそれ以降にわたっても長く存続する砦にさえなった。その例の一つに植物学があげられる。ジョン・バーケンハウトが一七八九年におこなった指摘、すなわち「ラテン語を知らないままで済まそうとする人々には植物学の研究は無理である」という指摘は、長いあいだこの学問で有効性をもちつづけた。多くのアカデミーがずっと後の時代までラテン語の使用を堅持していたのである。たとえば、パリの科学アカデミーの記録原本は一六九九年までこの言葉で記録されていた。ラテン語は、ピョートル大帝がサンクト＝ペテルブルグに創立した科学アカデミーの言語となり、その『記録《コンメンターリイー》』の言語ともなった。一八世紀後半に中欧や北欧に創立された数かずのアカデミーは、その記録をラテン語で発行していた。一七八一年においてもなお、マンハイムの『気象学協会』が気象学的観察計画について協力するようヨーロッパ各地のアカデミーに訴えかけたのは、ほかでもないこの言葉を使ってであった。最後に、ラテン語のこの長期にわたってつづく運命にかんする多くの証拠の一つとして、一八世紀の終わり、正確にいうと一七九九年に出されたガルヴァーニの『筋肉運動における電気的性質について』という、電気的現象の研究における基本的著作をあげることができるであろう。

しかしながらこの頃には、地方語がラテン語にたいして幅広く優位をしめるようになってきた。すでに一七五一年にダランベールは『百科全書序論』のなかで、「すべてを俗用語で書く」という当時の習慣について記している。だが同時に彼は、そのことの「短所」も強調していた。すなわち「……一八世紀末を迎えるころには、先駆者たちの発見を徹底的に学ぼうとする哲学者は七、八種類の異なる言語を頭に詰めこまれることになろう」と。そしてダランベールは哲学の書物用に「普遍的で慣習的な言語」の役割をはたすラテン語が復活することを願うものの、つづけて「それを期待することはできない」とはっきり述べている。

D 印刷屋・書籍商を兼ねる著述家

最後に学術書の特徴として、著述家たちはその出版という仕事にも必要におうじて関与していたという点があげられる。初期の印刷術の時代に活躍した人文主義者で印刷屋だった人々バーゼルのヨハンネス・アーメルバッハ、ヴェネツイアのアルドウス・マヌティウス、パリのロベール・エティエンヌなど——は、この仕事の技術的、経済的側面が優勢になる頃にはほとんど世を去っていた。そして市場性の論理を重視しはじめた印刷屋・書籍商は、印刷が高価でしかも販売が困難な著作をほとんど引きうけようとしなくなった。いっぽう学者たちは、知のための最高の益を求めて議論を重ね、印刷屋・書籍商の貪欲さと無知、そして彼らが自分たちの研究の刊行にわずかばかりの考慮しかはらわないことを告発した。自分たちの作品が原稿のままで陽の目を見ないことに悲憤梗概するだけではすまない学者たちもいた。彼らはその著作をそれ相応に刊行しひろく普及させるため、本職の印刷屋にとって代わることもあった。こうした先導的な動きはたしかに少数派に限られた現象であったが、それでも《学問の共和国》をその複雑さのなかでとらえようとするならば、そうした動きは無視できない。

自分たちの研究の印刷現場に立ちあうようになった学者たちは、たんに誤植の訂正だけでなく外観的な優美さにも配慮していた。その例はエラスムスからソーメーズやムラトーリにいたるまで多数あげられよう。さらに、印刷屋の無知に直面した一部の学者たちは、彼らの著書の印刷そのものに不本意ながら介入するということもあった。フィレンツェ――ルネサンス発祥地の一つであったこの町では、一六八〇年代になるとギリシア語の活字を組むことができる印刷屋は、もはやいなかった。そのためにノリス神父（一六三一―一七〇四年）は苦にがしい経験をし、碑銘学と年代学にかんする自己の著作を印刷するためにギリシア語部分の活字をみずから組まなければならなかった。この碩学の働きぶりをみた印刷屋は、書物を完成するためのべつの仕事も彼に押しつけ、糸のうえに紙を広げて折丁をつくらせることまでさせるようになった。

そこで学識教養人のなかには、自分たちの要求をみたして機能する印刷所をつくったほうが好都合だと考える人が出てきた。職人には彼らの命にしたがい、品質への配慮だけを考えて働いてもらうのである。そうした印刷所をつくろうとする計画は多数あったものの、じっさいに実現したものは当然ながらごくわずかであった。ここでは、チコ・ブラーエ（一五四六―一六〇一年）がフヴェーン島の彼の天文台の横にもうけた印刷所、ダンツィッヒの天文学者ヘヴェリウス（一六一一―八七年）が自宅につくった印刷所、そしてフィレンツェの碩学アントーニョ・フランチェスコ・ゴーリ（一六九一―一七五七年）が、彼の古代エトルリアの古美術品にかんする集成を刊行するために自宅につくらせた印刷所をあげておこう。

これらは成功した例であるが、しかし印刷所をつくることはけっして容易ではなかった。印刷という仕事は高くついたし、多くの国で個人による印刷機の所有を禁ずる法的規制と衝突した。したがって、自分たちの研究成果の刊行のためにやむを得ず必要な資金を負担した学者も多かった。一八世紀前半のイタリアでは、これこそが日常的なやり方であった。同じ時代のイングランドでも、著述家は自分自身の著作の出版者になるようにさせられていた。バウアー社の会計簿には、これらロンドンの印刷屋が個人のためにおこなった仕事の一覧が見てとれる。彼らは一七二〇年から一七三九年までに、かなりの数の神学と考証学的研究の著作をふくむ一五七点を印刷している。

すべての学者にこのような出版費を確保できる資力があったわけではなかった。原稿の状態のままで死蔵されるおそれのある著作の刊行に出資するため、著述家たちはアマチュアと力を合わせるようになった。彼らは多くの場合正式の組合をつくったが、そのうちもっとも有名なものはムラトーリの『イタリア史史料集成』の印刷への資金提供のために一七二一年にミラノで結成された「パラティヌスの丘の組合《ソチエタ・パラティーナ》」である。さらに頻繁におこなわれたのが、集団的学芸愛護という形式をとる予約申しこみであった。それは大部分の場合、印刷屋か書籍商が発案するものであったが、とくに学術的刊行物については著述家のほうから提案することもあった。こうした出版手続きの利用については、イングランドにおいてさえ、書物をあつかう本職が著述家に先を越されていた。すべての予約申しこみがひとしく成功を収めたわけではなく、いくつかの詐欺がある種の不信感を引きおこすこともあった。このような背景のなかで一七五三年、「学問振興協会（Society for the encouragement of learning）」がロンドンに創立された。貴族と学者を会員とし、著述家たちに自分たちの著作を刊行する手段を提供することがその目的であった。

このようにさまざまな形で、自分たちの研究成果の印刷に財政的にも貢献する学者がいた。まさにそのことにより、彼らは引きつづき自分たちの著作の流通にもたずさわるよう求められた。それらのある程度の普及を確保するため、そして彼らの費用を取りもどすためである。流通については、彼らは一般的には書店にゆだねていた。しかし重要な人間関係のネットワークをもつ有力者が、自分の著作だけでなく他人の著作も売りさばくということもあった。たとえば、古銭学者のシャルル・パタン（一六二三―九三年）の場合がそうである。こうした努力はすべて、ヘンリイク・ブレンクマンの「学術協会《ソキエタース・リテラーリア》」の計画（二二三頁参照）のなかに、いわば集約されているといえる。このオランダ人法学者は《学問の共和国》を制度化するために努力をかたむけ、学者の研究成果の出版のための財政システム、ならびにそうした著作をもっともよい条件で刊行する印刷所の創設を計画していたのである。

学者たちが自分の著作を出版するために講じてきたさまざまな方策は、「学術的」出版がほとんどその当初から遭遇していた困難さを示してくれる。それらはまた同様に、これらの人々が自分たちの労苦から正当な利益を導きだそうとしたことの証明でもある。したがって、印刷屋・書籍商の「横暴さ」からのこうした解放のこころみは、著作権料の承認のための長年にわたる苦難にみちた闘争における文人擁護の最初の闘いであると解することができよう。

2 学問的ジャンル

学者が研究する学問のさまざまな分野とは別に、《学問の共和国》でとくに好まれたジャンルがいくつかあり、そのうちのあるものはこの団体に活力をあたえる精神そのものと密接に結びついていた。

A 再構成と編纂

その筆頭にあげられるのが、学者の世界に固有のものではないが、彼らが特別にあつかい、その痕跡を刻みこんだジャンルである。それは全集、伝記、書簡集、旅行譚、定期刊行物である。

全集

学者の「全集（オペラ・オームニア）」は、作家における場合と同じように、名声のもっとも確実な印でありその最後を飾るものである。全集は《学問の共和国》においてとくに独自性をもちはしないものの、多くの場合は二つ折判の記念碑的な刊行物という体裁をとっている。言語文献学や神学で有名な一七世紀のオランダ人著者の例だけをみても、ゲラルドゥス・ヨハンネス・フォシウスの六巻（一七〇一年）、ヨハンネス・コッツェーユスの一〇巻（一七〇一年）、ヨハンネス・メウルシウスの一二巻（一七四一―六三年）という具合である。

伝記

伝記というジャンルは《学問の共和国》で大きく成長し、一六八六年にアントワーヌ・テシエが作成した最初の書誌には、一二〇〇名にのぼる学者の伝記が含まれるほどであった。重視されていたのは、経歴、賛辞、それからとくに追悼演説である。
このジャンルは一七世紀のあいだに発展をみせ、ドイツではその理論家を擁するまでになった。伝記では信頼にたる史料にもとづいて人物の本来の意味における生涯をたどり、その人物の精神的肖像をえがき、その業績を紹介しなければならなかった。真の正確さを目ざすこのような物語は歴史の分野に属すものであるため、人文主義者たちが捧げていたような賛辞とは根本的に異なるものであった。とはいえ、伝記作家が徹底して完全な情報を収集することはなかった。彼らは主人公が最高の大義である知の歴史にどのような貢献をしたかを証明するために、情報をあつめ整理したのである。重要なことは、見ならうべき徳や模範例を示す目的で立派な人物の生涯を描くことではなく、いまは亡き学者たちの「後継者ら」が過去の経験から利益をえられるよう彼らの生涯と業績を紹介することであった。あらゆる伝記は学問全体の、あるいは少なくともその一分野の報告書を作成する機会であり、将来の世代にとっては一つの出発点ともなる総決算であった。伝記作家は学識教養人の生涯を追跡することによって、他の人の役にたつ集団的歴史に貢献するためにのみ、個人の運命を再構成したのである。これこそ、《学問の共和国》が知的伝記という特別なジャンルにもたらした寄与である。これこそが、たとえばナポリの哲学者ジャンバッチスタ・ヴィーコ（一六六八—一七四四年）が『伝記』という自叙伝を書くにあたって模範とあおいだモデルなのである。

書簡集の出版

書簡の出版には伝記の場合と共通する特徴がある。その数がおびただしいという点である。すでに印刷術の発明の直後からはじまっていた書簡集出版の動きは拡大し、その数は一七世紀に増加した。つまり「文通の黄金時代」（P・ディボン）はまた、その出版の黄金時代でもあったのである。一六八八年にはモルホーフがその『博学者』のなかで、これら刊行物の、すでにぼう大な数になっていた一覧表を作成した。それから半世紀後にはジルヴェスター・ヨーハン・アーレンホルトが、この分野にかんする最初の書誌、『書簡に関する歴史的、文学的、批判的な総合文献目録』（一七四六年）を作成した。この目録は手紙というジャンルが生み出した刊行物をすべて網羅していたが、学者の書簡はそこでは特別な地位を占めていた。

これら書簡集の出版を著者自身がおこなうことはまれであった。エラスムスは自分の手紙を数巻に分けて刊行し、またデカルトも自分の書簡集を準備していたにせよ、書簡集は一般的には死後出版であった。だからそれは故人の親族や友人、あるいは弟子たちによって出版され、時には書店の発意に応じてという場合もあった。書簡集の形式は多種多様であった。もっとも多いのは一人の学者の書簡であって、たとえばクレールスリエによって刊行されたデカルトの『書簡集』（一六五七—六七年）がこれに当たる。だが、複数の学者の書簡を集めた刊行物もあった。そのなかでいちばん有名なものは、一七世紀前半の著名な学識教養人らの手紙を集めたペーテル・ブルマンの『書簡集成』（一七二七年）であろう。最後に、明確なテーマを扱った手紙を集めたものもある。たとえばライプニッツとベルヌーイの『哲学・数学に関する往復書簡集』《「コメルキウム・フィロソフィクム・エト・マテマティクム》（一七四五年）は、この二人の偉大な学者が哲学と数学の分野で交換した手紙を集めたものである。これら書簡集の体裁にもやはり多様性が生じてきたが、時がたつとともに文書の時間的な順序、注、索引のような原則については合意が形成されてきた。同様に、一般的にはぼう大な全集の刊行を望んでいた出版者たちも徐々に選択基準を設けるようになった。その結果、刊行する手紙を自分たちで選ぶようになっただけでなく、その選んだ文書から削除をおこなうようにもなったのである。

このようなやり方は一七世紀のあいだに起こった変化から生じたが、その変化には二重の断絶がはっきり示されている。すなわち、一方ではユストゥス・リプシウス（一五四七—一六〇六年）のような、何よりもまず模範的な文体を提供してきた人文主義者たちの刊行物との断絶、そして他方では当時の手紙というジャンルにおける規則との断絶である。当時の関心は圧倒的に内容に向けられていた。人々は陳腐だが古くから伝わる考え方を援用して、手紙という私文書がその筆者の「真正のイメージ」をあたえてくれることを強調し、また手紙によって一つの思想を正しく知ることができる可能性を強調した。短い手紙、挨拶、その他の取るに足りない手紙が削除され、知という大義に役立たない一切のものがテキストから削られたことは、このことによって説明される。リシャール・シモンの『書簡選集』（一七三〇年。この「選集」という語は意味深長である）の出版者は前からこうした見解のもとに仕事をしてきた人で、この選集をつぎのような言葉で紹介した。「ここに収録した手紙は、人々の心を喜ばせてくれる生彩に富む学識をあつめた小論文集に匹敵するものである。それゆえ、時間をかけてこれを読んでくださる読者の労に報いることのない手紙など、ここには一通としてない。」このように、手紙は思想を明らかにし、著書を補完する知の総体であった。したがって、「全集（オペラ・オームニア）」のなかには、ガッサンディのそれ（一六五八年）のように、書簡集が一巻、あるいはラテン語でいう『書簡の巻《「トムス・エピストリークス」》』が一冊含まれていたとしても、驚くには及ばないのである。

旅行譚

旅行は、若い学生の「学苑巡歴」はもとより、図書館から図書館への移動や世界の果てのような地への学術探険にいたるまで、《学問の共和国》の現実の一部であった（一九八―二〇〇頁を参照）。

多くの学者が自分たちの旅の物語を書くために筆をとり、当時発展のさなかにあった旅行文学に素材を提供した。ただし、彼らの見聞録はとくに学術的側面に焦点が当てられていた。それは、評判の高い学識教養人、豊かな蔵書や収蔵品をもつ図書館とコレクション、ひじょうに有名なあるいは活発なアカデミーを列挙し、時には研究中の仕事にかんする手がかりをあたえ、訪れた国の知的生活にかんする情報を提供していた。こうした見聞録のなかには、現代のわれわれの学術調査報告書とほとんど変わらないようなものもある。たとえば、ドン・ジャン・マビヨンの『イタリア学術旅行記』（一六八七年）や彼の同僚ベルナール・ド・モンフォーコンの『イタリア日記』（一七〇二年）がそうであり、これは二人のベネディクト会の学者がイタリア旅行のおわりに刊行したものであった。

同じころ旅行案内書が増加したが、その一方で、とりわけドイツ諸邦では一七世紀末から、外国に旅行しようとする学生用の書物が刊行されていた。それらは一般的なものもあれば、ただ一つの国に関係するか、あるいは、たとえば医学生のような特定の集団を対象とするものもあった。しかしそれらはすべて同じ目的をもっていた。すなわち、有益でみのり豊かな「巡歴」をおこなうための規則を明らかにし、若者が出発時よりも優秀になって帰ってくるよう数かずの忠告を提供することである。

定期刊行物

一七世紀のはじめに現れた新聞とは早くから異なっていたのが学術的定期刊行物であり、その最初のものである『ジュルナル・デ・サヴァン』は一六六五年にパリで公刊されはじめた。これらの定期刊行物は、その誌名にもざん新な性格があらわれていた。つまりそこには「学術的」、「文学的」（ただし当時それは、今日われわれが文学と称しているものとはなんの関係もないことを思いだそう）、《学問の共和国》という語がひんぱんに使われていた。また（さきに第五章で言及した）その内容も、新聞からはっきりと区別される。すなわちそれは書評、手紙の抜粋、新刊書情報といった方法でもっぱら「学問的ニュース」を対象としていたのである。

これらの定期刊行物はヨーロッパのいたる所で急速に増加し、広範に普及しながら多様化した。一八世紀のあいだには、ひじょうに専門化されたものさえ出版されるようになった。定期刊行物が書簡を完全にしのぐことはなかったものの、その適正で補足的な性格ゆえに学者はそれを購読し利用してきた。しかしそれに加えて、定期刊行物はアマチュアの、しかも多くは教養に富む人々を対象にしはじめ、その数は時とともに増加していった。いずれの場合も定期刊行物は、著述家の世界の拡大と印刷物の増加により日々その重要性を増していた問題、すなわち情報への接近という問題に応えようとしていたのである。

B 研究の手段

このようなわけで、定期刊行物は学者たちが自分たちの活動のために利用するようになり、現代でもなお書誌および図書館やコレクションの蔵書目録とともに、知的世界に不可欠な研究手段の一部となっている。

書誌

印刷術の発明、その途方もない飛躍的発展と生みだされる書物の驚異的な量は、学者のあいだにある種の不安をよびおこした。これら書物のますます巨大化する波浪をいかにして制御すべきか、どうしたら刊行された書物について知ることができるのか。こうした状況のなかで総覧、索引、「出版目録《ビブリオテーク》」、その他のカタログが誕生し、印刷物の調査をするのに利用されるようになった。

このジャンルの最初の、しかもいちばん有名な目録は、あらゆる印刷物の情報を一つにまとめるという野望をいだいたスイスの人文主義者コンラート・ゲスナーの『普遍的書誌』（一五四五年）である。おなじ年代に専門化した目録もあらわれた。あるものは一国の著作に限られており、ロンドンの書籍商アンドリュー・マウンゼルが一五九五年に公けにした『英国図書目録』はおそらくもっとも古い例の一つであろう。またあるものは一学問分野に限られており、たとえばジャック・ルロン神父の『歴史的書誌』があげられる。その第二版（一七六八―七八年）には、フランスの歴史をあつかった手稿ならびに印刷物にかんする四八、〇〇〇点以上もの書誌が収められていた。これは当時ではぼう大な数であった。最後に、とりわけ一八世紀においてだが、明確な主題を対象とする目録もあり、たとえば先ほどふれた伝記と書簡をあつかった刊行物の場合がこれに当たる。今ここに引用した目録はすべて、過去にかんするものであった。つまり、それらは過ぎさった時代に出された著作について解説していたのである。

早くも一六世紀には「現在の」目録があらわれていた。これは著作物の刊行におうじて目録を作成しようとする、ようするに定期的に発行される目録である。一五六四年からフランクフルト＝アム＝マインで、また一五九四年からライプツィヒで毎年刊行されるようになった『メッスカタローゲ』、つまり書物見本市目録は、このタイプの最初の刊行物であった。それは当時こうした見本市がおよぼしていた影響力におうじて、ドイツ諸邦のみならずヨーロッパの他の地方で刊行された新刊書について報じるものであった。

当時の情報収集上の困難さのため、これらの目録は不完全なものでしかなく、まだ書誌学的とは呼べないものであったが、学問の世界に大きな利益をもたらした。その結果これら目録が急速に増加するようになったのである。

図書館とコレクションの目録

図書館の蔵書目録も学者たちに同じような性質の援助を提供していた。これによって、重要性を増すいっぽうの蔵書への接近が便利になった。しかしそれは貴重なコレクションへの扉をひらいてくれる鍵であっただけではなく便利な研究手段としても利用されており、内容別に配列され索引がつけられているときは、きわめて有用であった。したがってそれは、専門化された公的な大図書館のばあいには総合文献目録の役割を、そして私人が知の個別の領域であつめた書物のコレクションについては専門目録の役割を、果たしていた。たとえば、フリードリヒ・ベネディクト・カルプツォフ（一六四九―九九年）のそれはとくに神学にかんして有益であり、ニコラス・ヘインシウス（一六二〇―八一年）のそれは言語文献学にかんして、コルベール（一六一九―八三）とその息子らのそれはフランスの歴史について、そして在ヴェネツィアのイングランド領事ジョーゼフ・スミス（一六八二―一七七〇年）のそれは一五世紀イタリアにかんして有益であった。

公的図書館の印刷された蔵書目録はまれであったが、ここではオックスフォードのボドリアン図書館の蔵書目録（一六〇五年）の重要性を指摘しておくとしよう。この目録は他の図書館、たとえばパリのマザラン図書館に影響をあたえた。これにたいして、ヨーロッパ各地に散在していた私的コレクションについては多数の蔵書目録が発行され、しばしば販売を目的として編纂されたこともあった。もっとも注目すべきものはジャック＝オーギュスト二世・ド・トゥの蔵書目録（一六七九年）である。これはその歴代の編集者たち、すなわち有名なデュピュイ兄弟、天文学者のイスマエル・ブリヨー、司書のジョゼフ・ケネルといった人々の質の高さ、ならびにその利用しやすさと内容の豊かさという点でとくに有名であった。

オーギュスト二世・ド・トゥの古美術品や自然史のコレクションも図書館に匹敵する飛躍的な発展をとげた。これらコレクションの蔵書目録のばあいには図版がつけられていたため、時にはすばらしいものがあった。たとえばボローニャの学者ウリッセ・アルドロヴァンディ（一五二二―一六〇五年）が、ローマの宮廷に保存されていた古美術品や彼の保有していた海洋生物、鳥類、珍しい動植物を対象に作成した目録がそうである。このような目録はしだいにその数を増し、時代の経過とともに本物の科学的刊行物となった。すなわち、正確さにできるだけ配慮して文物と標本を再現し、それらに正確な解説をつけるようになったのである。

古代にかんするコレクションが質量ともに豊かであったイタリアでは、多くの蔵書目録が刊行された。それらはどっしりした書物で、多くは二つ折判であり、ときには数巻にものぼることがあった。トスカーナ大公たちのコレクションを対象にした『フィレンツェ博物館』（一七三一—六二年、七巻）や、ヴァティカン宮殿にあつめられた約一五〇〇の古代の文物について記述した『ピウス＝クレメンス博物館』（一七八二—一八〇七年）は、イタリア半島で幸運にめぐまれた「博物館」というジャンルにおける傑作である。

C　独創的な形態

《学問の共和国》は、その独創的な足跡を残したジャンルとそれが活用した研究手段のほかに、学問の共同体としての共和国に固有の著作物を生みだした。

学者の世界を対象とする著作物

学者たちは彼ら自身について、当時の社会における彼らの身分について、高い地位をしめる権威者たちと彼らの関係について、精力的に執筆した。そうした大量の著作物からは、イタリア人のイエズス会士ダニエッロ・バルトーリの『擁護され矯正された文人』（一六四五年）、ロバート・ボイルの『キリスト教的有徳者』（一六九〇年）、ダランベールの『文人と大貴族、名声、学芸愛護、および文学上の報酬について』（一七五三年）をあげておこう。

ドイツ諸邦ではこのような著作物は、大学という世界で作成される提題や論文という形をとり、とくべつな運命をたどった。その著者たちは学問の世界の多種多様な側面について問いかけているが、多くの場合はかぎられた主題をあつかっていた。すなわち、学者は無学の両親から生まれることができるか、彼は結婚すべきか、彼は同時に政治の道に進むことができるか、軍職を選ぶことができるか、といったものである。これらの刊行物はおおむね短いが（二〇から四〇頁）、博識、引用、実例にみちており、いわゆる「極微文学（micrologie littéraire）」と称されるジャンルを生みだすことになった。

集団的伝記

この他に、学者の世界を集団の次元でとらえようとした著作物も同じくらい多い。個人の伝記とならんで、複数の人物の「生涯」を再編成した伝記集が刊行された。

これらの刊行物はじつに多様性に富んでいる。あるものは包括的で、あらゆる国の学者の伝記を集めている。そのうちでもっともよく知られて（今日もなお使用されて）いるものは、ニセロン神父の著作『学問の共和国における著名人の歴史のための覚書』（一七二七―三四年、一二折判、四三巻）である。またあるものは――じっさいにはこれが大部分なのであるが――、その書名から明らかなように、扱う範囲が限られていた。これには、コルネリウス・ア・ボイゲムの『フランスの学者』（一六八三年）、ヨハンネス・メウルシウスの『バタヴィアのアテネ』（一六二五年）、ルイ・エリー・デュパンの『聖職者作家にかんする新しい書誌』（一六九三年）といったものがあり、一国の学者、一大学の教授（この場合はライデン）、そして一学問分野の秀逸な代表者をそれぞれ集めたものである。このジャンルは、じっさいには空間的、時間的、制度的、そして知的な基準が複雑にくみ合わさって、はてしなく多様化していた。これらの著作にはかならずしも期待されるような正確さがなく、しかもその多くにはいずれも剽窃《ひょうせつ》という欠点がみられた。しかしそのなかには今日でも賞賛せずにはおれないような注目すべきものもあり、たとえば北ドイツの学者を対象としたヨハンネス・メラーの『学識あるキンブリア族』（一七五九年）がこれに当たる。メラーはひとり一人の生涯をたどり、その著書について調べあげ、彼がのこした原稿（書簡と著作）を目録に記入し、さらに計画の段階にとどまった著書にさえ言及している。しかもこれらすべてが、豊富でかつ的確な引用史料にもとづいているのである。

これらの著作物には肖像画を伴うものもあったが、それ以外にも肖像画集がヨーロッパ各地で刊行された。それらの多くは学者をその他の有名人と区別していないが、しかし学者のみを対象とした選集も出され、さらには近代の学者、一学問分野の大家、一大学の教授、一国もしくは一地域の著名人などに限定した選集もいくつか出版された。

これらの個人肖像画は同一の著作中にまとめられていたが、そのほかにも複数の学者をあつめた肖像画集もつくられた。これら画集の特色は、同じ主題にかんして研究したが異なる時代に異なる国で生きた人々、要するに、たがいに一度も会ったことのない人々をならべて掲載していることである。一例をあげると、ヨハンネス・フレデリクス・グロノウィウスの『セルスティウス貨について』（一六九一年）という古銭学の書物の扉には、ビュデからグロノウィウスにいたる二五名の古銭学者がテーブルをかこんで古銭について議論している様子をえがいた版画がかかげられている。これは《学問の共和国》の共同研究活動を、そしてその普遍的、超時間的な広がりを賛える美しいユートピア的肖像画である。

知の歴史

個人の運命をこえた学者の共同体の歴史を書き、それをとおして知の歴史を書こうとした書物もある。それは、人間とその著作のほかに知的生活の枠組みや形態をも考慮に入れながら、数世紀にわたる科学と文学の変遷をたどろうとしたものである。そうすることによって、知の進歩、それを促したさまざまな装置、それを妨げたさまざまな障害が明らかにされるであろう。また、知を追求してきた学者たちの共同の努力の跡をたどるとともに、残されていた真理の探究の道についても指摘できるであろう。
こうした原理と目的のもとで書かれた歴史は、フランシス・ベーコンの『知の歴史《ヒストリア・リテラリア》』にその淵源をもつ。これは彼が一七世紀はじめにその到来をねがってその大綱を素描したものであり、一七世紀と一八世紀に書かれた科学や哲学の歴史の多くはこの計画にこたえたものである。同様に、ダニエル・ゲオルク・モルホーフの『博学者』（完璧な初版、一七〇八年）やコンドルセの『人間精神進歩の歴史』（一七九五年）をはじめとするさまざまな著作も、それなりに知の歴史、世紀の流れにそった学者の共同体のあゆみの物語となっている。

集団的著作

こうした集団的努力は、数かずの力の結集を必要とする著作という形で具体的に実をむすんだ。アカデミーの研究報告書はその最初の例である。これは研究会で朗読された演説、外国人会員から送られてきた覚書、アカデミーでおこなわれた実験や研究から結論としてえられた考察を、さまざまな周期で集めたものである。

第二の例は、一七世紀中ごろの数十年間に登場してきた『集注版《ワリオールム》』とよばれる古典の出版である。これは古典古代の原典の本文わきに、さまざまな時代の学者たちによる注釈と解説をつけ加えたものである。一般的にいうと、こうした刊行物は原典それ自体についてほとんど利益をもたらしはしなかった。しかしそれは人文主義の時代いらい、原典を読むことから得られるすぐれた考察を集成し伝達するという利点をもっていたのである。

共同の研究に多くの才能ある人々を結集する集団的企画の第三例は、原典の刊行である。初代教会の教父たちのぼう大な著作集の出版や、サン＝モールのベネディクト会士らが一七世紀の後半と一八世紀におこなったすばらしい歴史研究の出版は、まず修道会の会士たちの協力の賜物だが、しかしまたフランス内外で手稿を手にいれた学者たちの協力の恩恵にも浴していたのである。ムラトーリは一七二三年と一七五一年にイタリア史関係史料の並はずれたコレクション、『イタリア史史料集成』を刊行した。しかし、都市の公文書にくわえて家族の記録を調査することにより、イタリア半島全体をカヴァーできる文書を彼に提供した多数の学者たちの援助がなかったなら、彼はこのコレクションを首尾よく完成することができなかったであろう。同様に、科学の領域でも、一七世紀と一八世紀におこなわれた地球測定の作業は、才能のある人々の結びつきを大前提としていた。じじつ、ピカールのような人物やカシニ一族に帰せられるあのぼう大な地図学的研究は、多くの学者によって伝えられた情報の成果なのである。

本書を書きおえるにあたり、一八世紀を象徴する著作『百科全書』は、その書名が示すとおり、「文人の集団により」編纂されたことを思い出さずにはいられない。共同研究によってのみ、知の総体についての説明が可能になったのである。

むすび

一六世紀から一八世紀にかけて、学者の世界の内部には《学問の共和国》という一つの共同体に所属しているという意識が存在していた。それは知の進歩に専念している才能ある人々の普遍的結集という形をとっていた。この組織の歴史をひもといてみると、何らかの意図をもった定義や宣言に由来する理想的見方には微妙な修正を加えざるをえないことがわかる。寛容を説きながらもすぐに論争や口論に及ぶ人々には、個人的ないし国民的な利害が時として大きく作用した。ただ、そうした遠心的な要素は、この知的創造物の存在意義を問いなおすには無力であった。それどころか、《学問の共和国》が十全な意味で存在したのは、ユートピアと現実のあいだにおける絶えざる緊張のなかにおいてであった。それは当時の現実に直面したときに頼りと、そして慰めになるものであり、存在しうる最良の知的世界を代表していたのである。

一八世紀末の数十年間に現れた変化は、この共和国を破裂に導いた。《学問の共和国》という表現は徐々に作家の世界を意味するようになってきた。アルフレッド・ド・ヴィニーが文学的所有権の擁護にあたって（一八四一年）この語を用いたのは、まさしくこの意味においてであった。彼が作家の威信を守るために、したがって「この偉大な学問の共和国」にたいして払われるべき敬意を守るために、論陣を張っていたときのことである。その後この狭い方の語義が重要性を増したため、カチュル・マンデスが一八七五年に創刊した文芸誌に『学問の共和国』という名をつけたときも、その意味にまったく曖昧さはなかった。《学問の共和国》はその黄金時代にあっては才能に基礎をおくとともに、その最高水準の知的活動にもとづいていた。《学問の共和国》の市民はすべて、当時いわれていたようなある身分をもってはいたが、しかし職業がこの組織への入会基準となっていたわけではなかった。このことは、一九世紀にさまざまな結果をもたらす重大な変化が生じたときも、残りつづけた。大学を中心として、ほとんど学問を独占する「教授の共和国」ができあがっていった。知はますます専門的職業人の問題となってきた。さらに加えて、多くの大学「共和国」の構築は、当時の国民的情念と結びつくことによって、学者の世界が自らのアイデンティティとしていた普遍性を損なったのである。

しかしながら、《学問の共和国》が生みだし具現してきた多くの価値は、学識教養人が共有する遺産となった。このような遺産は正当に評価されないことが多いにしても、今なお幸運に恵まれているある表現の中で核心を占めている。それは国際科学共同体である。このことは、ハンガリー出身の偉大な学者ミハーイ・ポランニー(一八九一―一九七六年)が「科学の共和国」と呼んでいる科学の共同体に捧げた数頁を一読すればよく分かる。知の論理にかんする彼の考察のなかで、彼が「科学の共和国」についておこなっている描写は雄弁そのものである。この描写はこの組織の普遍的な広がり、その自発的結合という性格、そのエリート主義的徴募、あらゆる権威にたいするその独立性、科学の共通問題にたいするその献身を明らかにしてくれるが、これらはいずれもエラスムス、ライプニッツ、ヴォルテールが取り上げた特徴にほかならない。

《学問の共和国》という表現はもっぱら狭義の意味でしか使われず、科学の共和国もその重要性を失ったけれども、現代世界でいちじるしい成功をおさめている言葉がある。それは「知識人《アンテレクチュエル》」であるが、この言葉が使われるようになったのは比較的最近のことである。すなわちそれは、「知識人」が重要な地位を占めるようになる以前に、ロシア語の「インテリゲンツィア」という語がヨーロッパ諸国で普及し始めた一九世紀後半のことである。ドレーフュス大尉のために一八九八年一月一四日付けの『オーロール』紙で公表された「知識人のマニフェスト」が、いわばその公式の出生証明書であった。この言葉は精神の事柄に専念する人々をさすとはいえ、それはすぐにフランスやイタリアといったいくつかの国で支配的となる独特の意味をになうようになった。すなわち、政治的秩序に固有の任務や義務を自らに課す文化人という意味である。「知識人」の出現は、産業革命から生まれた各種の社会的変動およびさまざまな着想にもとづいた何冊かの理論的論考を考慮に入れることなしには理解されないであろう。しかしながらこれらの人々は、その自由と独立の理想において、その批判的機能において、そしてその普遍性にたいするこだわりにおいて、《学問の共和国》に多くを負っている——この共和国が啓蒙の時代に国家建設を目指して進行中であった変動のなかで実現させたものを負っているのである。アンシアン・レジームにおける「知識人」について語ることは時代錯誤的である——その言葉も事象も存在していなかったから——としても、彼らの歴史は、学者が哲学者となり批評家が政治家となった、《学問の共和国》の黄昏《たそがれ》時から始まるのである。

訳者あとがき

本書は、Hans Bots et Françoise Waquet, *La République des Lettres*, Paris, Belin , 1997 の邦訳である。これは、著者が冒頭で断わっているとおり、西欧近代に生まれた「学問の共和国」についての概説書であって、思想史や知識人史や科学史に的をしぼった書物ではない。

日本ではあまり知られていないが、西欧では一六世紀から一八世紀末までほぼ三世紀にわたり学者たちの間に一つの普遍的な共同体に属しているという連帯意識が形成されていた。彼らのこの意識を根底で支えていたものは、知への信仰であった。

この信仰の具体的表現を明らかにすべく、本書で著者はまず「学問の共和国」の定義をおこなったあと、その歴史と空間について詳細な描写を重ねる。ついでこの共和国市民の特徴とその生活がさまざまな史料を駆使して多角的、重層的に描かれ、最後に彼らの作品がどのようにして産み出されてきたかが、その背景とともに明らかにされる。

本書の特徴をあげるとすれば、まずアンシアン・レジーム期における社会的結合関係の研究に新たな視点を提供したという点に求められよう。大学やアカデミーといった機関をはじめいかなる特定の宗教団体や社会階層にも限定できない、いわばそれらを横断するような形で存在していた学者たちの共同体のもつ独自性は大きく、近代ヨーロッパ知性史を従来とは異なる角度から描いたものとして注目できる。

つぎに、この「学問の共和国」という表現はそれ自体に多義性を帯びてはいるが、そのさまざまな要素の中からこの集団を「共和国」として成立させている条件を詳細に検討し、それを規範的フィクシオンとして描き出している点が指摘できる。ユートピアと現実との間の不断の緊張の中に生きていた「学問の共和国」の市民たちの心性と多様な結びつきの分析は、随所に散りばめられた物語的な描写と相まって、本書を「生きた歴史」に仕立て上げている。

第三は、この「学問の共和国」が現代に生きる学術研究者、科学者の共同体に繋がる普遍的なものとして位置づけられている点である。一六世紀に生まれたこの共和国は一七世紀にその最盛期を迎えたあと、啓蒙の伝播と第二次科学革命の中で十八世紀には内部分裂に見まわれて凋落の道をたどるのであるが、しかしそのコスモポリティスムは現代にも継受されているという指摘は刺激的である。

本書を通じて筆者が強調するのは、この普遍的精神についてである。ポランニーの国際科学共同体（科学の共和国）に著者が寄せる期待も、そして「学問の共和国」がなかったなら「知識人」も生まれなかったであろうという指摘も、この普遍という精神の延長線上にある。

ハンス・ボーツ氏は一九四〇年にオランダで生まれ、ナイメーヘン大学を卒業したあと、パリの高等学術研究院（EPHE）で研鑽をつんだ。母校ナイメーヘン大学に迎えられてからは、一九七一年に同大学で文学博士号を取得後、人文学部教授、同学部長をつとめ、現在は同大学名誉教授である。フランスの国立科学研究センター（CNRS）およびコレージュ・ド・フランスの客員教授もつとめ、二〇〇四年にはオランダ王立科学アカデミー（KNAW）の「デカルト＝ホイヘンス賞」を受賞している。西欧近世の、とくにオランダとフランスにおける知的交流史・書簡史の専門家であり、なかでもマントノン夫人の書簡研究で有名である。共著を含めおびただしい数の著書・論文があるが、左にその数点を掲げる。

- W. van Bunge et H. Bots, *Pierre Bayle (1647-1706), le philosophe de Rotterdam: Philosophy, Religion and Reception*, Leiden/Boston, 2008.
- H. Bots (éd.), *Henri Basnage de Beauval en de 'Histoire des Ouvrages des Savants', 1687-1709*, vols. I-II, Amsterdam, 1976.
- H. Bots (éd.), *La diffusion et la lecture des journaux de langue française sous l'Ancien Régime*, Actes du colloque international, Nimègue 3-5 juin 1987, Amsterdam, 1988.
- H. Bots (éd.), *Critical Spirit, Wisdom and Erudition on the Eve of the Enlightenment. The <Dictionnaire Historique et Critique> of Pierre Bayle (1647-1706)*, Amsterdam, 1998.

フランソワーズ・ヴァケ女史は、パリのリセ＝モリエールを経て古文書学校（Ecole des Chartes）を卒業。一九七七年に「王政復古下での fêtes royales」で文学博士号をとったあと同校教授を経て、現在はＣＮＲＳの研究部長の職にある。二〇〇三年にはＣＮＲＳから「メダーユ・ダルジャン」を贈られている。近現代のフランス、イタリアを中心とする学者の知的交流史の専門家として、とくに知識界における学者たちのコミュニケーション言語、なかでも音声言語についての研究者として広く知られている。数多くの著作の中から代表的と思われるものを左に掲げよう。

- *Le latin, ou l'empire d'un signe (XVIe-XXe siècle)*, Paris, A. Michel, 1998.
- *Parler comme un livre. L'oralité et le savoir (XVIe-XXe siècle)*, Paris, A. Michel.

- *Les Enfants de Socrate: filiation intellectuelle et transmission du savoir; XVIIe-XXIe siècle*, Paris, A. Michel, 2008.
- *Réspublica academica, Rituels universitaires et genre du savoire (XVIIe-XIXe siècle)*

本書ははじめ池端次郎先生の訳業として出版される予定であったが、先生は昨春病にわかに革まり、四月一八日に広島市内の病院で逝去された。享年七五歳。先生はこの日も自宅書斎で病身を励ましつつ、倒れる直前まで本書訳文の推敲にあたっておられたらしい。本書出版を前にして、さぞ心残りであったに違いない。そこで、ご遺族の希望もあり、先生の昔の教え子たちが話しあった結果、出版社の了解も得て筆者がこの訳業を引き継ぐことになった。そのため共訳という形をとっているが、右に述べた事情からこの訳文の最終責任は筆者にある。専門用語の選定をはじめ原文の解釈などで思わぬ誤りを犯しているだろうことを恐れ、読者諸賢の忌憚のないご意見ご叱責を賜りたくお願い申し上げる。

本書の出版までには多くの方々のお世話になった。なかでも安原義仁氏（放送大学広島学習センター所長、広島大学名誉教授）はイギリスに関する部分についての訳者の疑問に丁寧にお答えくださっただけでなく、また訳稿に目を通した上で的確な助言を与えられた。ここに心から厚くお礼を申し上げる。また、ラテン語の解読を含めさまざまな用語の使い方に関し詳しくご教示くださった岩村清太氏（大東文化大学名誉教授）、ならびにイタリア語に関する訳者の疑問にひとつ一つ丁寧にお答えくださった児玉善仁氏（甲南大学教授）のご両人にも、遅ればせながら、ここに深甚の感謝の念を表したい。

最後になったが、本訳書を出版する意義を理解し快諾してくださった知泉書館の小山光夫社長に深く感謝申し上げる。本書にもあるとおり、知の交流に果たす出版社の役割の重さは計り知れない。知泉書館はその名にふさわしい、頼りになる知の拠点である。

二〇一四年一二月一〇日

田　村　滋　男

池端 次郎（いけはた・じろう）

1937年生まれ。広島大学大学院教育学研究科博士課程単位取得退学。1963-66年フランス政府給費留学生としてパリ大学，高等研究実習院に留学。広島大学教育学部教授を経て 2001年から同大学名誉教授。2013年逝去。
〔主要業績〕『近代フランス大学人の誕生』（知泉書館），『西洋教育史』（編著，福村出版），S・ディルセー『大学史 上・下』（東洋館出版社），A・レオン『フランス教育史』（白水社）ほか。

田村 滋男（たむら・しげお）

1949年生まれ。広島大学大学院教育学研究科博士課程後期中退。1988-89年フランス在外研究（パリ政治学院）。広島大学教育学部助手，日加文化交流学院（JACE）教授を経て現在西九州大学短期大学部特任教授，西南学院大学非常勤講師。
〔主要業績〕『西洋教育史』（共著，福村出版），「フランス七月王政下の大学団の状況」（『中九州短期大学論叢』第7巻）ほか。

〔学問の共和国〕　ISBN978-4-86285-202-1

2015年 1月 10日　第1刷印刷
2015年 1月 15日　第1刷発行

訳　者　池 端 次 郎
　　　　田 村 滋 男
発行者　小 山 光 夫
製　版　ジ ャ ッ ト

発行所　〒113-0033 東京都文京区本郷1-13-2
電話03（3814）6161 振替00120-6-117170
http://www.chisen.co.jp
株式会社 知泉書館

Printed in Japan　印刷・製本／藤原印刷

人名索引

アーメルバッハ（一族）les Amerbach　114
アーメルバッハ，ボニファティウス　Amerbach, Boniface　8
アーメルバッハ，ヨハンネス Amerbach, Johannes　8, 13, 219
アーレンホルト，ジルヴェスター・ヨーハン Arenhold , Silvester Johann　225
アウグスティヌス（会士）les Augustins　207
アウグスティヌス（聖）Augustin, saint　50, 216
アウグスト（公）Auguste de Brunswick-Lunebourg　10, 158
アクイナス，トマス Thomas d'Aquin, saint　67
アグネーシ，アリーア・ガエターナ　Agnesi, Maria Gaetana　141, 142
アグリコラ，ルドルフ Agricola, Rudolphe　113
アグリッパ，コルネイユ Agrippa de Nettesheim, Corneille　171
アザール，ポール Hazard, Paul　v, 58, 118
アシュモリアン（博物館）Ashmolean Museum　106
アソラーノ，アンドレア Asolano, Andrea　8
アムロン，アントワーヌ Hameron, Antoine　113
アリストテレス Aristote　53, 56, 60, 62, 66, 71, 137, 204
アルガロッティ，フランチェスコ　Algarotti, Francesco　76
アルチンボルド Arcimboldo, Giuseppe　117
アルドゥス（一家）Aldes, les　215
アルドロヴァンディ，ウリッセ Aldrovandi, Ulisse　230
アルノー，アントワーヌ Arnauld, Antoine　69, 184
アルブレヒト五世 Albert V, électeur de Bavière　158
アルベルティーニ，フランチェスコ　Albertini, Francesco　57
アレクサンドル，ノエル神父 Alexandre, Noël　94, 156
アンシヨン，シャルル Ancillon, Charles　15
アンタン公 Antin, duc d'　76
アンドレ，ジャン・ヴァランタン André, Jean Valentin　8, 14, 46, 100, 152, 163, 180, 190, 192, 195
アンブロシウス（図書館）Ambrosienne, bibliothèque　161, 206
アンリ四世 Henri IV, roi de France　45, 182
ヴァージル，ポリドール Virgile, Polydore　8, 15
ヴァケ F. Waquet, Françoise　148
ヴァラ，ロレンツォ Valla, Lorenzo　52, 180
ヴァレッタ，ジューゼッペ Valletta, Giuseppe　135
ヴァロワ，アドリアン・ド Valois, Adrien de　154, 159
ヴァロワ，アンリ・ド Valois, Henri de　154
ヴィアラ Viala , A.　148
ヴィーコ，ジャンバッチスタ Vico, Giambattista　224
ヴィヴィアーニ，ヴィンチェンツォ　Viviani, Vincenzo　27, 159
ヴィッチュ，ジャン＝ピエール Vittu, Jean-Pierre　213
ヴィットマン Wittmann , R.　216

ヴィドウ，ピエール Vidoue, Pierre　8
ヴィニー，アルフレッド・ド Vigny, Alfred de　237
ヴィニュール＝マルヴィル，ノエル・ダルゴンヌ Vigneul-Marville, Noël d'Argonne　28, 29
ウィルキンス，ジョン Wilkins, John　202
ヴィルブレッシュー Villebressieu　55
ヴィルヘルム四世（ヘッセン＝カッセル方伯）Hesse-Cassel Guillaume IV　158
ヴィルヘルム四世（バイエルン選定侯）Guillaume IV, électeur de Bavière　158
ヴィレム（オラニエ公）Guillaume II d'Orange-Nassau　162–64
ウィンスロップ，ジョン Winthrop, John　99
ヴェイッシエール・ド・ラ・クローズ，マテュラン Veyssière de La Croze, Mathurin　217
ヴェーレンフェルス，サムエル Werenfels, Samuel　65
ウェステイン（社）Wetstein, les　183
ヴェラーティ，ラウラ・バッシー Verati, Laura Bassi　141
ヴェリ，アレッサンドロ Verri, Alessandro　159, 169, 170, 221
ヴォルタ，アレッサンドロ Volta, Alessandro　80, 134
ヴォルテール Voltaire, François-Marie Arouet, dit　5, 16, 22, 69, 74–77, 80, 85, 90, 91, 121, 141, 153, 179, 193, 212, 238
ウッテンハイム，クリストス・フォン Utenheim, Christoph von　8, 15, 40
ウッフェンバッハ，ザカリアス・コンラート・フォン Uffenbach, Zacharias Conrad von　205
ヴルカニウス，ボナヴェントゥーラ Vulcanius, Bonaventure　116
ウルジ，トマス Wolsey, Thomas　40
ウルティー Ultee M.　127
エウクレイデス Euclide　144
エカテリーナ二世 Catherine II la Grande, impératrice de Russie　121, 158, 160
エティエン，アンリ Estienne, Henri　112, 117, 128
エティエンヌ，ロベール Estienne, Robert　11, 17, 22, 219
エック，ヨハンネス Eck, Jean　43
エピスコピウス，シモン Episcopius, Simon　46
エラスムス Érasme　5, 8, 15, 31, 33, 35–38, 40, 41, 43, 52, 57, 59, 62, 63, 67, 85, 90, 91, 111, 113–15, 125, 134, 138, 152, 166, 171, 175, 179, 180, 185, 192, 203, 211, 220, 225, 238
エリーザベト（ファルツ選帝侯王女）Elisabeth de Bohême, princesse palatine　141
エルヴェシウス Helvétius, Claude Adrien　74
エルゼヴィール（社）Elzevier, les　52, 116, 183, 184, 192, 199, 205
オイラー Euler（Leonhard　160
オウィディウス Ovide　7, 24, 199
オーベルタン，エドメ Aubertin, Edmé　188
オーボワン Auboin, Pierre　157
オズー，アドリアン Auzout, Adrien　126
オラトリオ（会）Oratoire　184
オラトリオ（会士）oratorien　60, 153, 163
オラニエ（公）Guillaume d'Orange　14, 163, 164
オリヴェ（神父）Olivet, Pierre Joseph Thoulier, abbé d'　79
オルシーニ，フルヴィオ Orsini, Fulvio　161
オルデンバーグ，ヘンリー Oldenburg, Henry　126, 135, 147, 193, 210

カール五世（神聖ローマ皇帝）Charles Quint　26, 40, 43
ガガン，ロベール Gaguin, Robert　112
ガケール Gaquère , F.　157

カシニ，ジャン＝ドミニック Cassini, Jean-Dominique 159
カシニ（家・一族）Cassini, les 154, 235
カステリオン，セバスティアン Castellion, Sébastien 45
カソボン，イザク Casaubon, Isaac 52, 62, 95, 138, 176
カソボン，メリック Casaubon, Méric 15
ガッサンディ，ピエール Gassendi, Pierre 226
カッペル Cappel, Louis 59
カブリアダ，フアン・デ Cabriada, Juan de 104
カペラ，マルティアヌス Capella, Martianus 144
ガリアーニ（神父）Galiani, abbé Ferdinando 76
ガリチーヌ公，ディミートリー Galitzine, Dimitri 75
ガリレイ Galilée 27, 30, 60, 61, 70, 94, 114, 118, 136, 159, 162, 183
ガルヴァーニ Galvani, Luigi 219
カルヴァン，ジャン Calvin, Jean 44
カルヴァン（派・主義）calviniste 44, 46, 88, 92, 116
カルプツォフ，フリードリヒ・ベネディクト Carpzov, Friedrich Benedikt 153, 230
カルプツォフ（家）Carpzov, les 153, 230
ガロワ Gallois, Jean 159
カンテミール，デメトリウス Cantemir, Demetrius 99, 150
カント Kant, Emmanuel 82
キケロ Cicéron 57, 62, 89, 90, 139
キャヴェンディッシュ，マーガレット Cavendish, Margaret, duchesse de Newcastle 141
キャンベル，ラクラン Campbell, Lachland 106
ギュスドルフ，ジョルジュ Gusdorf, Georges v, 58, 68
グーテンベルク Gutenberg 136, 191, 212
クーペル，ヒスベルト Cuper, Gisbert 175, 193, 197, 213, 217
クーン Kuhn, Thomas S. 54
クサンティッペ Xanthippe 151
クラウディアヌス Claudien 199
グラエウィウス，ヨハンネス・ゲオルギウス Graevius, Johannes Georgius 52, 195, 216
グラフトン，アンソニー Grafton, Anthony 63
グランヴィル，ジョーゼフ Glanvill, Joseph 56
クリスティーナ（女王）Christine, reine de Suède 59, 103, 141, 142, 144, 158
グリフ，セバスティアン Gryphe, Sébastien 112
グリム，メルヒオール Grimm, Melchior 76
クルティルツ，G・ド Courtilz, Gatien de, sieur de Sandras 59
クレールスリエ Clerselier, Claude 225
グレゴワール（神父）Grégoire, abbé 81
クレル，ローレンツ Crell, Lorenz 95
グロシン，ウィリアム Grocyn, William 112
グロッパー Gropper, Johannes 43
クロップシュトック Klopstock, Friedrich Gottlieb 75
グロティウス，ヴィレム Grotius, Willem 50, 192
グロティウス，フーゴ Grotius, Hugo 46, 50, 52, 59, 62, 63, 92, 144, 146, 190, 192, 195, 200
グロノウィウス，ヤコブス Gronovius, Jacobus 216
グロノウィウス，ヨハンネス・フレデリクス Gronovius, Johannes Fredericus 14, 52, 101, 103–05, 153, 163, 176, 233
ゲスナー，コンラート Gessner, Conrad 228
ケネル，ジョゼフ Quesnel, Joseph 230

ケプラー，ヨハンネス Kepler, Johannes 117
コイレ，アレクサンドル Koyré, Alexandre v, 94
ゴーリ，アントーニョ・フランチェスコ Gori, Anton Francesco 161, 221
コーンリング，ヘルマン Conring, Hermann 11, 159
コクラエウス，ヨハンネス Cochlaeus, Johannes 27
コジモ一世 Côme Ier de Médicis 34
コッツェーユス，ヨハンネス Cocceius, Johannes 223
コットン，ロバート・ブルース Cotton, Robert Bruce 206
ゴドフロワ，ジャック Godefroy, Jacques 154
ゴドフロワ，テオドール Godefroy, Théodore 154
ゴドフロワ，ドゥニ Godefroy, Denis 159
コペルニクス，ニコラウス Copernic, Nicolas 61
コメニウス，ヤン・アモス Comenius, Jan Amos 49, 93, 94, 180, 202
コルニエ，ロベール Cornier, Robert 105
コルベール Colbert, Jean-Baptiste 12, 206, 230
コレット，ジョン Colet, John 38, 112
コンタリーニ，ガスパロ Contarini, Gasparo 43
コンタリーニ，ピエル・マリーア Contarini, Pier Maria 28
コンティ，アントーニョ Conti, Antonio 169
コンティ公 Conti, prince de 157
コンドルセ Condorcet, Marie Jean Antoine Caritat, marquis de 56, 79, 82, 83, 134, 167, 234

サヌード，マリーノ Sanudo, Marino 24
サルヴィーニ，アントン・マリーア Salvini, Anton Maria 18, 97
サルピ，パオロ Sarpi, Paolo 190
サロー，クロード Sarrrau, Claude 14, 163
サント＝マルト，セヴォル・ド Sainte-Marthe, Scévole de 159
サンブクス，ヨハンネス Sambucus, Johannes 117
シェフェール Scheffer, Johannes 117
シスネロス（枢機卿）Cisneros, Francisco Jiménez de 114
シモン，リシャール Simon, Richard 46, 53, 60, 153, 183, 184, 226
ジャコブ（神父）Jacob, Louis 115
シャトレ（夫人）Châtelet, Madame du 141, 153
シャプラン，ジャン Chapelain, Jean 13, 24, 47
ジャルディーヌ Jardine , L. 166
シャロン Charron, Pierre 50
シャンピエ，サンフォリアン Champier, Symphorien 112
シュトゥルム，ヨハンネス Sturm, Jean 43
シュナイダー，ヨハン・フリートマン Schneider, Johann Friedman 11
シュラレス, トマス・J Schlereth , Thomas J. 91
シュリー Sully, Maximilien, duc de 92
シュルマン，アンナ・マリーア・ファン Schurman, Anna Maria van 141, 143
ジョークール Jaucourt, chevalier de 16
ショッテンローヘル Schottenloher, O. 41
ショニュ Chaunu, P. 36
スヴァンメルダム，ヤン Swammerdam, Jan 188
スカリゲル，ユリウス・カエサル Scaliger, Jules César 138, 150
スカリゲル，ヨーゼフ・ユストゥス Scaliger, Joseph Juste 52, 62, 116, 150, 155, 176
スターンズ Sterrns, R. P. 122
スタビウス，ヨハンネス Stabius, Johannes

7
スタブ，アレキシウス Stab, Alexius 8
ストループ Stroup , A. 148, 159
スピノザ Spinoza, Baruch 58, 60, 184, 204, 218
スプラット，トマス Spratt, Thomas 95
スミス，ジョーゼフ Smith, Joseph 230
スローン，ハンス Sloane, Hans 106
セネカ Sénèque 90, 139
セルデン，ジョン Selden, John 206
ソーメーズ，アンヌ・メルシエ Saumaise, Anne Mercier, Madame 151
ソーメーズ，クロード Saumaise, Claude 9, 52, 62, 63, 66, 114, 116, 118, 151, 162, 185, 192, 220
ソーラン，ジャック（牧師）Saurin, Jacques 133
ソクラテス Socrate 151
ソッサン Socin 184
ソルビエール，サミュエル Sorbière, Samuel 106
ソルベッリ Sorbelli , T. 157

ダーントン Darnton, Robert 80
タキトゥス Tacite 199
ダシエ，アンドレ Dacier, André 152
ダシエ，アンヌ Dacier, Anne 141, 142, 152
ダランベール Alembert, Jean Le Rond d' 67, 74, 75, 158, 219, 231
ダルジャンソン（侯爵）Argenson, René Louis marquis d' 77
チャンポーリ，ジョヴァンニ・バッチスタ Ciampoli, Giovanni Battista 30
ツェルティス，コンラート Celtes, Conrad 7
ディー，ジョン Dee, John 90, 113, 156, 166
ティクシエ，ジャン Tixier, Jean 8
ディドロ Diderot, Denis 74, 121, 136
ディボン Dibon, P. 224
テヴノー，メルシセデック Thévenot, Melchisédech 188
デカルト Descartes, René 9, 54, 55, 58, 64, 68, 69, 71, 103, 118, 133, 138, 141, 153, 177, 182, 183, 201, 202, 204, 213, 218, 225
デカルト，フランシーヌ Descartes, Francine 153
テシエ，アントワーヌ Tessier, Antoine 223
デメゾー，ピエール Desmaizeaux, Pierre 1, 19, 25, 29, 88, 195
デュ・カンジュ，シャルル Du Cange, Charles 66, 159
デュ・ベレー Du Bellay, Joachim 124
デュ・ボス（師）Du Bos, Jean-Baptiste, abbé 74
デューラー Dürer, Albrecht 166
デュクロ，シャルル・ピノ Duclos, Charles Pinot 79, 80
デュパン，ルイ・エリー Dupin, Louis Élie 232
デュピュイ，ジャック Dupuy, Jacques 154, 196, 209
デュピュイ，ピエール Dupuy, Pierre 154, 209
デュピュイ（兄弟）les Dupuy 115, 154, 161, 176, 188, 192, 193, 207, 209
デュラントン Duranton, H. 147, 148
テュルゴ Turgot, Anne Robert Jacques 82
デラム，ウィリアム Derham, William 71
トゥー，ジャック＝オーギュスト・ド Thou, Jacques-Auguste 165, 206, 207
トゥー，ジャック＝オーギュスト二世・ド Thou, Jacques-Auguste II 189, 230
トゥルヌ，ジャン・ド Tournes, Jean de 99, 112
トゥルヌフォール Tournefort, Joseph Pitton de 99
トゥレッティーニ，ジャン・アルフォンス Turretini, Jean Alphonse 206
ドーリア，パオロ・マッティア Doria, Paolo Mattia 109

トスカーナ（大公）grand-duc de Toscane 168, 208, 231
トスカーナ（大公妃）grande-duchesse de Toscane 70,
ドナトゥス Donat 7, 14
トリチェリ，エヴァンジェリスタ）Torricelli, Evangelista 178
ドルバック Holbach, baron d' 74
ドレーフュス（大尉）Dreyfus, Alfred 239

ニーユウエンティヤト，ベルナルド Nieuwentijt, Bernard 72
ニケーズ，クロード Nicaise, Claude 195
ニセロン，ジャン＝ピエール（神父）Nicéron, Jean-Pierre 148, 232
ニューキャッスル（公爵夫人） → キャヴェンディッシュ
ニュートン，アイザック Newton, Isaac 65, 67, 83, 152, 162, 164, 167, 186, 201, 202, 218
ノイマン，ゲオルク・フリードリヒ Neumann, Georg Friedrich 110
ノーデ，ガブリエル Naudé, Gabriel 50, 87, 118, 152, 161, 208
ノリス（神父）Noris, Enrico 220

パーカー Parker , G. 29
バーケンハウト，ジョン Berkenhout, John 218
バード，ジョッス Bade, Josse 112
バイエ，アドリアン Baillet, Adrien 7, 24, 30, 64, 107, 108, 144, 146, 158, 177, 186
ハイネケン，クリスティーナ・ハインリッヒ Heineken, Christian Henri 144, 146
バウアー（家）Bowyer, les 221
パウルス三世（教皇）Paul III, Alessandro Farnese 44
パスカル，エティエンヌ Pascal, Étienne 93, 94, 144, 146
パスカル，ブレーズ Pascal, Blaise 93, 94, 144, 146
バナージュ，ジャック Basnage, Jacques 184
バナージュ・ド・ボーヴァル Basnage de Beauval, Henri 29, 46, 73, 104, 163, 176, 182, 186, 197, 201
パタン，ギ Patin, Guy 9, 12, 66, 139, 190, 222
パタン，シャルル Patin, Charles 9, 12, 66, 139, 190, 222
バッチーニ，ベネデット Bacchini, Benedetto 135
ハノーヴァー（選帝侯）Electeur de Hanovre 126, 161, 195
パパン，イザク Papin, Isaac 178, 179
バラティエ，ジャン＝フィリップ Baratier, Jean-Philippe 144, 146
バリューズ，エティエンヌ Baluze, Étienne 125, 159
バルトーリ，ダニエッロ Bartoli, Daniello 175, 231
バルバロ，フランチェスコ Barbaro, Francesco 6, 12, 17, 34
バロニウス，セザール Baronius, Cesare 153
ハンター Hunter, M. 147
パンチャティキ，ロレンツォ Panciatichi, Lorenzo 124
ビールフェルト（男爵）Bielfeld, baron de 76
ピウス二世（教皇）Pie II, Enea Silvia Piccolomini 99
ヒエール，ルイ・ド Geer, Louis de 163
ヒエロニムス（聖）Jérôme, saint 166, 206
ピカール Picard, Jean 235
ピコ・デッラ・ミランドーラ Pic de la Mirandole, Jean 34
ビゴ，エムリー Bigot, Emery 156
ピスコピア，エレーナ・コルナーロ Piscopia, Elena Cornaro 141
ピタッシ，マリーア・クリスティーナ Pitassi, Maria Cristina 59

ピッコロミーニ，エネア・シルヴィオ Piccolomini, Enea Silvio 99
ピッピーディ，アンドレイ Pippidi, Andrei 100
ヒッポクラテス Hippocrate 66
ピトゥー，ピエール Pithou, Pierre 165
ビニョン（神父） 127, 175
ビベス，フアン・ルイス Vivés, Juan Luis 38, 40, 113
ヒューム，デイヴィッド Hume, David 56
ビュッフォン Buffon, Georges Louis Leclerc, comte de 216
ビュデ，ギヨーム Budé, Guillaume 37, 38, 57, 112, 151, 158, 233
ピョートル（大帝）Pierre 1er le Grand, empereur de Russie 100, 120, 123, 158, 218
ピルクハイマー，ウィリボールド Pirckheimer, Willibald 27
ファブリキウス，ヨハンネス・アルブレヒト Fabricius, Johannes Albrecht 64
ファルネーゼ（家）Farnèse, les 161
フィチーノ，マルシリオ Ficin, Marsile 34, 209
フィッシェ，ギヨーム Fichet, Guillaume 13
フィッシャー，ジョン Fisher, John 41, 112
ブリヨー，イスマエル Boulliau, Ismaël 178, 183, 190, 196, 230
フィンチ，アンヌ Finch, Anne, vicomtesse Conway 141
ブーイエ Bouhier 79
ブーシャール，ジャン＝ジャック Bouchard, Jean-Jacques 118
ブーツァー，マルティン Bucer, Martin 43
ブールハーフェ，ヘルマン Boerhaave, Hermann 66, 120
フェヌロン Fénelon, François de Salignac de la Mothe 71
フェリペ二世 Philippe II, roi d'Espagne 26, 128, 206
フェルディナント（大公）Ferdinand de Tyrol 158
フォシウス，イサーク Vossius, Isaac 103, 118, 155
フォシウス，ゲラルドゥス・ヨハンネス Vossius, Gerardus Johannes 12, 52, 63, 116, 138, 142, 143, 153–55, 192, 206, 223
フォシウス，コルネリア Vossius, Cornélie 143
フォルタン・ド・ラ・ホゲット，フィィップ Fortin de la Hoguette, Philippe 207
フォルメイ，サミュエル Formey, Samuel 134
フォントネル Fontenelle, Bernard le Bovier de 56, 94, 123, 143
プトレマイオス Ptolémée 60, 103
プパール，フランソワ Poupart, François 164
プフルーク Pflug, J. 44
フュルティエール Furetière, Antoine 17, 62
ブラーエ，チコ Brahé, Tycho 61, 117, 221
フラインスハイム Freinsheim, Johannes 117
ブラウン・トマス Browne, Thomas 13
ブラウンシュヴァイク（家）Brunswick, Maison de 120
ブラエウー，ヨハン Blaeu, Johan 190
ブラエウー（社）Blaeu, les 183, 192, 205
プラッター，トマス Platter, Thomas 150
プラトン Platon 23, 34, 141, 209
フランクリン，ベンジャミン Franklin, Benjamin 76, 91, 122
フランソワ一世 François Ier 40, 112, 158
プランタン，クリストフ Plantin, Christophe 113
プランタン＝モレトゥス（社）Plantin-

Moretus, les　199
フリードリヒ＝オットー Friedrich-Otto　154
フリードリヒ二世 Frédéric II le Grand, roi de Prusse　121, 158, 160
フリジョーフ，ヴィレム Frijhoff, Willem　162
ブルーノ，ジョルダーノ Bruno, Giordano　117, 171
フルーリ，クロード Fleury, Claude　157
ブルクハルト，ヨハンネス Mencke, Johannes Burkhard　30, 74, 154, 169
ブルゴーニュ公 Bourgogne, duc de　157
ブルデュー，ピエール Bourdieu, Pierre　146
ブルマン，ペーテル）Burman, Peter　225
フレデリック＝ヘンドリック（総督） Frédéric-Henri de Nassau　195
ブレンクマン，ヘンドリイク Brenkman, Hendrik　23, 222
フローベン，ヨハンネス Froben, Johannes　40, 114
ブロステルハイゥセン，ヨハンネス Brosterhuisen, Johannes　55
ペイレスク，ニコラ・ファブリ・ド Peiresc, Nicolas Fabri de　14, 90, 103, 105, 114, 135, 152, 193, 207, 208
ヘインシウス，ダニエル Heinsius, Daniel　52, 116, 152, 153, 155, 185, 192
ヘインシウス，ニコラス Heinsius, Nicolas　13, 24, 47, 52, 110, 118, 124, 159, 178, 192, 199, 230
ヘヴェリウス Hevelius, Dantzig　159, 221
ベークラー Boecler　117
ベーコン，フランシス Bacon, Francis　53–56, 61, 64, 68, 70, 92, 93, 114, 136–39, 150, 166, 171, 175, 177, 202, 234
ベール，ピエール Bayle, Pierre　11–13, 15, 17, 19, 20, 22, 28, 29, 52, 61, 62, 67, 73–75, 82, 105, 112, 114, 119, 133, 147, 157, 158, 178, 179, 183, 184, 195–97, 201, 206, 213, 219, 230, 231
ペトラルカ Pétrarque　138
ベネディクト（会）Bénédictin　8, 104, 113, 153, 160, 163, 207, 216, 217, 227, 230, 234
ベネディクトゥス（十四世）Benoît XIV, Prospero Lambertini　153
ヘムステルハイゥス，ティベリウス Hemsterhuis, Tiberius　64
ベラルミーノ，ロベルト Bellarmin, Robert　42
ペルゾニウス，ヤコブ Perizonius, Jacob　63
ベルティウス，ペトルス Bertius, Petrus　205
ベルヌーイ，ジャック一世 Bernoulli, Jacques 1er　154, 225
ベルヌーイ，ジャン Bernoulli, Jean　154, 225
ヘルモント，ファン Helmont, Jan-Baptist van　141
ペロネ Péronnet, M　26, 29
ペンブルック（伯）Pembroke, comte de　206
ベンボ Bembo, Pietro　153
ヘンリー八世 Henry VIII, roi d'Angleterre　40
ボイゲム，コルネリウス・ア Beughem, Cornelius a　232
ホイヘンス，クリスティアン Huygens, Christiaan　115, 136, 159, 164, 189, 193, 199
ホイマン，クリストフ・アウグスト Heumann, Christoph August　10, 12, 19, 20, 29, 89, 138
ボイル，ロバート Boyle, Robert　71, 83, 136, 150, 152, 166, 167, 201, 218, 231
ボシャール Bochart, Samuel　62, 118
ボシュエ Bossuet, Jacques Bénigne　92, 126, 163
ポステル，ギヨーム Postel, Guillaume　45
ボダン，ジャン）Bodin, Jean　94

ポッジオ，ブラッチョリーニ Pogge, Poggio Bracciolini 6, 12, 17, 34, 175, 199
ホッブス，トマス Hobbes, Thomas 50, 58, 107, 141, 218
ボナヴェントゥラ（聖）Bonaventure, saint 7
ボニファティウス Amerbach, Boniface 8
ポランニー，ミハーイ Polanyi, Michael 238
ボリングブルック Bolingbroke, Henry Saint John 69
ボルドロン，ローラン（神父）Bordelon, Laurent 100, 101, 104
ホルバイン，ハンス Holbein, Hans le Jeune 166, 211
ボレリ，ジョヴァンニ・アルフォンソ Borelli, Giovanni Alfonso 96
ポンピニャン，ルフラン・ド Pompignan, Lefranc de 17

マヴロコルダート，ニコラス（大公）Mavrocordato, Nicolas 99, 150
マウンゼル，アンドリュー Maunsell, Andrew 228
マクシミリアン二世 Maximilien II, empereur 1 158
マザラン Mazarin, Jules 160, 161, 165, 206, 230
マックレラン McClellan, J. E. 99
マッフェイ，スキピオーネ（侯爵）Maffei, Scipione 150, 156
マヌティウス，アルドゥス Manuce, Alde 7, 24, 40, 114, 219
マビヨン，ジャン Mabillon, Jean 69, 153, 227
マラー Marat, Jean-Paul 81
マリアベッキ，アントーニオ Magliabechi, Antonio 135, 147, 161, 168, 208
マリオット Mariotte, Edme 159
マルシーリ，ルイージ・フェルディナンド（伯爵）Marsigli, Luigi Fernando 135
マルタン Martin, H. J. 120, 215, 216
マルティネット，ヨハンネス・フロレンティヌス Martinet, Johannes Florentinus 73
マルテル，ジャン・ピエール・ド Martel, Jean-Pierre de 105
マルテンス，ディーリク Martens, Dierik 113
マルトー社（ピエール）Marteau, Pierre 184
マンデス，カチュル Mendès, Catulle 237
マンドルー，ロベール Mandrou, Robert v
ミランドーラ，ピコ・デッラ Pic de la Mirandole, Jean 34
ミル，ジョン Mill, John 53
ムスラー，ヨハン Musler, Johann 11
ムラトーリ，ルドヴィコ・アントーニオ Muratori, Ludovico Antonio 124, 134, 135, 157, 161, 164, 212, 216, 220, 221, 235
ムロー，フランソワ Moureau, François 212
メイキン，バスア・ペル Makin, Bathsua Pell 143
メウルシウス，ヨハンネス Meursius, Johannes 223, 232
メスメール Mesmer, Franz Anton 80
メッツィ，カンタン Metsys, Quentin 166
メラー，ヨハンネス Möller, Johannes 232
メランヒトン，フィリップ Melanchton, Philippe 38, 43, 113
メルシエ，ルイ＝セバスティアン Mercier, Louis-Sébastien 74, 80
メルシエ・ド・ラ・リヴィエール，ピエール Mercier de La Rivière, Pierre 80
メルセンヌ，マラン（神父）Mersenne, Marin 46, 105, 107, 114, 118, 138, 153, 177, 178, 187, 189, 192, 193, 208, 209, 213

メンケ，オットー Mencke, Friedrich -Otto 30, 74, 154, 169, 171
メンケ，ヨハンネス・ブルクハルト Mencke, Johannes Burkhard 30, 74, 154, 169
モア，トマス More, Thomas 23, 38, 40, 41, 113, 175, 180
モーア，ヘンリー More, Henry 141
モーデナ（公）Modène, duc de 161, 164
モルホーフ，ダニエル・ゲオルく Morhof, Daniel Georg 25, 64, 168, 205, 214, 224, 234
モンターヌス，ベネディクトゥス・アリアス Montanus, Benedictus Arias 113
モンテーニュ Montaigne, Michel Eyquem de 198
モンテスキュー Montesquieu, Charles Secondat, baron de la Brède et de 74, 77
モンフォーコン，ベルナール・ド Montfaucon, Bernard de 104, 217, 227

ユークリッド Euclid 58
ユエ，ピエール＝ダニエル Huet, Pierre-Daniel 105, 109, 153, 163
ユスティニアヌス Justinien 66
ユニウス，フランシスクス Junius, François 154

ラ・サント，グザヴィエ・ド La Sante, Xavier de 109
ライプニッツ，ヴィルヘルム・ゴットフリート Leibniz, Gottfried Wilhelm 5, 31, 49, 58, 78, 83, 90, 92, 93, 100, 118–20, 123, 126, 134, 147, 148, 152, 161, 167, 179, 180, 186, 195, 202, 206, 212, 225, 238
ライマー，トマス Rymer, Thomas 216
ラグランジュ Lagrange, Joseph Louis de 80, 160
ラパン，ルネ Rapin, René 46
ラブ，セオドア Rabb, Theodore K. 92
ラプラス Laplace, Pierre Simon 80
ランベック，ペーター Lambeck, Peter 90, 161
ランベルティーニ，プロスペーロ Lambertini, Prospero 153
リーユヴェルツ社（ヤン）Rieuwertsz, Jan 204
リヴァロル Rivarol, Antoine 74
リヴェ，アンドレ Rivet, André 14, 46, 79, 163, 190, 192, 195
リシュリュー Richelieu, Armand Jean du Plessis, cardinal, duc de 182, 206
リシュレ Richelet, Pierre-César 17, 136, 155
リッチ，ミケランジェロ Ricci, Michelangelo 96
リナカー，トマス Linacre, Thomas 112
リプシウス，ユストゥス Lipse, Juste 28, 52, 62, 116, 138, 176, 190, 225
リュゼ，ルイ Ruzé, Louis 38
リュッフェ，リシャール・ド Ruffey, Richard de 30
リリエンタール，ミハエル Lilienthal, Michael 169, 171
リンネ，カルル・フォン Linné, Carl von 72, 83, 118, 122
ル・クレール，ジャン Le Clerc, Jean 49, 53, 59, 67, 68, 139, 163, 176, 179, 181, 186, 201
ル・サンスール社（ジャック）Jacques le Censeur 184
ル・テリエ，ミシェル Le Tellier, Michel 206
ル・ナン・ド・ティユモン，セバスティアン Le Nain de Tillemont, Sébastien 156
ルフラン・ド・ポンピニャン Pompignan, Lefranc de 17
ル・フェーヴル，タンヌギ Le Fèvre, Tanneguy 142
ルイ十四世 Louis XIV, roi de France 26, 158, 164, 165, 201
ルサージュ Lesage, Alain René 74
ルソー，ジャン＝ジャック Rousseau, Jean-Jacques 56, 74, 80, 184

ルター Luther　41, 43, 88, 92, 114, 127, 180
ルドルフ二世 Rodolphe II, empereur　117, 128, 158
ルノーブル，ロベール Lenoble, Robert　114
ルフェーヴル・デタープル（ジャック）Lefèvre d'Étaples, Jacques　112
ルロン，ジャック（神父）Lelong, Jacques, Père　229
レイ，ジョン Ray, John　71
レーヴェン Laeven, H.　205
レーヴェンフック，アントニー・ファン Leeuwenhoek, Antonie van　94
レーバー，クリスティアン Loeber, Christian　21, 25, 30, 86
レールス社（レイニール）Leers, Reinier　157, 184
レオントリウス Leontorius　8
レッシンク Lessing　75, 206
レナーヌス，ベアトゥス Rhenanus, Beatus　114
ローヴェンベルク，コンラート・フォン Lowenberg, Conrad de　8, 13
ロード，ウィリアム Laud, William　9, 14, 52, 66, 116, 151, 157, 185, 192, 193, 195, 206
ロック，ジョン Locke, John　58, 106, 127, 179, 200, 201
ロッシ Rossi, P.　138
ロッシュ，ダニエル Roche, Daniel　147, 148
ロベルヴァル Roberval, Gilles Personne de　159
ロマーヌス，カロルス・フレデリクス Romanus, Carolus Fredericus　20, 31, 86, 137, 169
ロレンツォ・イル・マニーフィコ，デ・メディチ Laurent le Magnifique, de Médicis　158
ロワゾー，シャルル Loyseau, Charles　136

事項索引

ア　行

カ　行

サ　行

タ・ナ　行

ハ　行

マ～ラ　行

参考文献

この文献一覧は本書の執筆に大いに裨益した著作類を選んだものであり，本格的な研究には欠くことのできない道標となるであろう。

1.《学問の共和国》の定義と変遷

BOTS (Hans), *Republiek der Letteren: Ideaal en Werkelijkheid,* Amsterdam, APA-Holland Universiteits Pers, 1977.

FUMAROLI (Marc), « La République des Lettres », dans *Diogène,* 143 (1988), pp. 131-150.

KIRSCHSTEIN (Max), *Klopstocks deutsche Gelehrtenrepublick,* Berlin, Walter de Gruyter & Co., 1929.

POMIAN (Krzysztof), « Utopia i Poznanie Historycme: ideal République des Lettres inarodziny postulatu obiektywnosci historyka », dans *Studia Filozoficzne,* 40 (1965), pp. 21-76 (avec un résumé en anglais).

SCHALK (Fritz), « Erasmus und die Respublica literaria », dans *Actes du congrès Érasme ...Rotterdam, 27-29 octobre 1969,* Amsterdam, London, North Rolland Publishing Co.,1971, pp. 14-28.

SCHALK (Fritz), « Von Erasmus' Respublica literaria zur Gelehrtenrepublik der Aufklärung », dans *Id., Studien zur französischen Aufklärung,* Frankfurt am Main, V. Klostermann, 1977, pp. 143-163.

WAQUET (Françoise), « Qu'est-ce que la République des Lettres? Essai de sémantique historique», dans *Bibliothèque de l'École des chartes,* 147 (1989), pp. 473-502.

16～17 世紀の「キリスト教的共和国」ないし「キリスト教的世界」について

HAY (Denys), « Sur un problème de terminologie historique: Europe et Chrétienté », dans *Diogène,* 17 (1957), pp. 50-62.

LE VAN BAUMER (Franklin), « The Conception of Christendom in Renaissance England »,dans *Journal of the History ofIdeas,* 6 (1945), pp. 131-156.

SCHOTTENLOHER (Otto), « Érasme et la *Respublica christiana »,* dans *Colloquia erasmianaturonensia,* Paris, Vrin, 1972, Il, pp. 667-690.

ヨーロッパという概念について

CHABOD (Federico), *Storia dell'idea d'Europa,* a cura di Ernesto Sestan e Armando Saitta, Bari, Laterza, 1971.

La Conscience européenne au XVe et au XVIe siècle. Actes du colloque international organisé à l'École normale supérieure de jeunes filles ... , Paris, É.N.S., 1982.

DE MATIEI (Rodolfo), « Contenuto ed origini dell'idea universalista nel Seicento », dans *Rivista internazionale di filosofia del diritto,* 10 (1930), pp. 391-401.

RIETBERGEN (Peter), *Dromen van Europa. Ben cultuurgeschiedenis,* Amersfoort, Uitgeverij Bekking, 1994.

TAZBIR (Janusz), « Poland and the Concept of Europe in the Sixteenth-EighteenthCenturies », dans *European Studies Review,* 7 (1977), pp. 27-45.

《学問の共和国》という「機構」の思想的基盤について

Commercium litterarium. La communication dans la République des Lettres, 1600-1750. Conférences des colloques tenus à Paris, 1992, et à Nimègue, 1993. Publié par Hans Bots et Françoise Waquet, Amsterdam & Maarssen, APA-Holland University Press, 1994.

DASTON (Lorraine), « The Ideal and Reality of the Republic of Letters in the Enlightenment », dans *Science in Context,* 4/2 (1991), pp. 367-386.

Ead., « Nationalism and Scientific Neutrality under Napoleon », dans *Solomon's House Revisited. The Organization and Institutionalization of Science*. Tore Frangsmyr Editor, Canton, Watson, 1990, pp. 95-119.

DE BEER (Gavin), *The Sciences Were Never at War,* London, Paris, Thomas Nelson & Sons, 1960.

DIBON (Paul), « Communication in the Respublica literaria of the 17th Century », dans *Regards sur la Hollande du siècle d'or,* cité *infra.*

GOLDGAR (Anne), *Impolite learning. Conduct and Community in the Republic of Letters, 1680-1775,* New Haven, London, Yale University Press, 1995.

LECLER (Joseph), *Histoire de la tolérance au siècle de la Réforme,* Paris, Albin Michel, 1994 (1re éd.: 1953).

ROTONDO (Antonio), *Europe et Pays-Bas. Évolution, réélaboration et diffusion de la toléranceaux XVIIe et XVIIIe siècles,* Firenze, Università degli Studi, Dipartimento di Storia, 1992.

SCHLERETH (Thomas), *The Cosmopolitan Ideal in Enlightenment Thought. Its Form and Function in the Ideas of Franklin, Hume and Voltaire, 1694-1790,* Notre-Dame, London, Notre-Dame University Press, 1977.

SÖRLIN (Sverker), « National and International Aspects of Cross-Boundary Science: Scientific Travel in the 18th Century », dans *Sociology of Science. A Yearbook,* 16 (1992), pp. 43-72.

2. 歴史的背景

次にあげるのは政治的，宗教的，社会的，文化的な背景の中に「学問の共和国」を位置

づけ，この「機構」の存在理由と独自性を理解させてくれる著作である。

BATTISTA (Anna Maria), « Comme giudicano la politica libertini e moralisti nella Franciadel Seicento », dans *Illibertinismo in Europa,* cité *infra.*

BÉLY (Lucien), *Les Relations internationales en Europe, XVII*^e^*-XVIII*^e^ *siècles,* Paris, PUF, 1992.

BERCÉ (Yves-Marie), Molinier (Alain), Péronnet (Michel), avec la collaboration de Laget (Mireille) et Michel (Henri), *Le XVII*^e^ *Siècle. 1620-1740. De la Contre-Réforme aux Lumières,* Paris, Hachette, 1992.

Cambridge History of Political Thought, 1450-1700, edited by J. H. Burns and Mark Goldie. New edition, Cambridge University Press, 1994.

CHARLES-DAUBERT (Frànçoise), « Le libertinage érudit et le problème du conservatisme Politique », dans *L'État baroque, regards sur la pensée politique de la France du premier XVII*^e^ *siècle,* textes réunis sous la direction de Henry Méchoulan, Paris, Vrin, 1985, pp.179-202.

CHEVALLIER (Jean-Jacques), *Histoire de la pensée politique. Tome I. De la Cité-État à l'apogéede l'État-Nation monarchique,* Paris, Payot, 1983 (1re éd.: 1979).

DE MAS(Enrico), *L'attesa del secolo aureo (1603-1625). Saggio di storia delle idee del secolo XVII,* Firenze, Olschki, 1982.

DERMENGHEN (Émile), *Thomas Morus et les utopistes de la Renaissance,* Paris, Plon, 1927.

Les Églises face aux sciences, du Moyen Age au XXe *siècle. Actes du colloque de la Commission internationale d'histoire ecclésiastique comparée tenu à Genève en août 1989,* édité par Olivier Fatio, Genève, Droz, 1991.

État et Église dans la genèse de l'État moderne, édité par Jean-Philippe Genet et Bernard Vincent, Madrid, Casa de Velasquez, 1986.

EURICH (Nell), *Science in Utopia, a Mighty Design,* Cambridge (Mass.), Harvard University Press, 1967.

Les Frontières religieuses en Europe du XVIe *au XVII*^e^ *siècle,* édité par Robert Sauzet, Paris, Vrin, 1992.

The General Crisis of the Seventeenth Century, edited by Geoffrey Parker and Lesley M. Smith, London, Routlege & Kegan Paul, 1985 (1re éd.: 1978).

GOUBERT (Pierre), *L'Ancien Régime. Tome I: La société,* Paris, Colin, 1969.

LIVET (Georges), *L'Équilibre européen de la fin du XVI*^e^ *à la fin du XVII*^e^ *siècle,* Paris, PUF, 1976.

MANUEL (Frank E.) et MANUEL(Fritzie P.), *Utopian Thought in the Western World,* Cambridge (Mass.), Harvard University Press, 1979.

PARKER (Geoffrey), *Europe in Crisis, 1598-1648,* Ithaca, Cornell University Press, 1980 (1re éd.: 1979).

PÉRONNET (Michel), *Le XVI*^e^ *Siècle. 1492-1620. Des grandes découvertes à la Contre-Réforme* Paris, Hachette, 1992.

PINNA (Mario), *La teoria dei climi. Una falsa dottrina che non muta da Ippocrate a Hegel,* Roma, Società geografica nazionale, 1988.

RABB (Theodore K.), *The Struggle for Stability in Early Modern Europe,* Oxford,Clarendon Press, 1975.

Le Sentiment national dans l'Europe moderne. Actes du colloque de 1990 de l'Associationdes historiens modernistes, Paris, Presses de l'Université de Paris-Sorbonne, 1991.

3. ヨーロッパにおける知的生活

全般的著作

BARRET-KRIEGEL (Blandine), *La Défaite de l'érudition,* Paris, PUF, 1988.

BERTELLI (Sergio), *Ribelli, libertini e ortodossi nella storiografia barocca,* Firenze, La Nuova Italia, 1973.

BORGHERO (Carlo), *La certezza ela storia. Cartesianesimo, pirronismo e conoscenza storica,* Milano, Franco Angeli, 1983.

The Cambridge History of Later Medieval Philosophy. From the Rediscovery of Aristotle to the Desintegration of Scolasticism, 1100-1600, Cambridge University Press, 1982.

CRISTIN (Claude), *Aux origines de l'histoire littéraire,* Grenoble, Presses universitaires, 1973.

CROMBIE (A. C.); *Histoire des sciences de saint Augustin à Galilée (400-1650),* édition française revue et considérablement augmentée par l'auteur, Paris, PUF, 1959 (1re éd.: London, 1952).

FERRONE (Vincenzo), *I profeti dell'Illuminismo,* Bari, Laterza, 1989.

FUMAROLI (Marc), *L'Age de l'éloquence. Rhétorique et « res litteraria » de la Renaissance au seuil de l'époque classique,* Genève, Droz, 1980.

GRAFI'ON (Anthony), *Defenders of the Text. The Traditions of Scholarship in an Age of Science, 1450-1800,* Cambridge (Mass.), Harvard University Press, 1991.

GRAY (Hanna H.), « Renaissance Humanism. The Pursuit of Eloquence », dans *Journal of the History of Ideas,* XXIV(1963), pp. 497-514.

GUSDORF (Georges), *Les Sciences humaines et la pensée occidentale.*I. *De l'histoire des sciences à l'histoire de la pensée.*II. *Les Origines des sciences humaines.*III. *La Révolution galiléenne* (2 vol.). IV. *Les Principes de la pensée au siècle des Lumières.* V. *Dieu, la nature, l'homme au siècle des Lumières.* VI.*: Avènement des sciences humaines au siècle des Lumières,* Paris, Payot, 1966-1985, 7 vol.

HAZARD (Paul), *La Crise de la conscience européenne, 1680-1715,* Paris, Librairie généralefrançaise, 1994 (1re éd.: 1935).（野沢協訳『ヨーロッパ精神の危機　1680 - 1715』法政大学出版局，1973 年）

The Impact of Humanism on Western Europe, edited by Anthony Goodman & Angus MacKay, London, New York, Longman, 1990.

The Investigation of Difficult Things. Essays on Newton and the History of the Exact Sciences, edited by P. M. Harman and Alan E. Shapiro, Cambridge University Press, 1993.

JEHASSE (Jean), *La Renaissance de la critique: l'essor de l'humanisme érudit de 1560 à 1614,* Lyon, Audin, 1976.

KOSELLECK (Reinhart), *Le Règne de la critique,* Paris, Éditions de Minuit, 1979 (1re éd.: Freiburg, München, 1959).

KOYRÉ (Alexandre), *Du monde clos à l'univers infini,* Paris, Gallimard, 1973 (1re éd.:Baltimore, 1957).（横山雅彦訳『閉じた世界から無限宇宙へ』みすず書房，1973 年）

LAPLANCHE (François), *La Bible en France entre mythe et critique, XVIe-XIXe siècle,* Paris, Albin Michel, 1994.

Il libertinismo in Europa, a cura di Sergio Bertelli, Milano, Napoli, R. Ricciardi, 1980.

La memoria del sapere. Forme di conservazione e strutture organizzative dall'Antichità a oggi, a cura di Pietro Rossi, Bari, Laterza, 1988.

MORFORD (Mark), *Stoics and neostoics. Rubens and the Circle of Lipsius,* Princeton University Press, 1991.

NEVEU (Bruno), *Érudition et religion au XVIIe et au XVIIIe siècle,* Paris, Albin Michel, 1994.

Occult and Scientific Mentalities in the Renaissance, edited by Brian Vickers, Cambridge University Press, 1984.

PFEIFFER (Rudolf), *History of Classical Scholarship from 1300 to 1850,* Oxford, Clarendon Press, 1976.

POPKIN (Richard H.), *The History of Scepticism from Erasmus to Descartes,* Assen, Van Gorcum, 1964.（野田又夫・岩坪紹夫訳『懐疑：近世哲学の源流』紀伊国屋書店，1981 年）

POPKIN (Richard H.) et Vanderjagt (Arjo), *Scepticism and Irreligion in the Seventeenth and Eighteenth Centuries,* Leiden, New York, Köln, E. J. Brill, 1993.

Reappraisals of the Scientific Revolution, edited by R. S. Westman and D. C. Lindberg, Cambridge University Press, 1990.

RÉAU (Louis), *L'Europe française au siècle des Lumières,* Paris, Albin Michel, 1961 (1re éd.: 1938).

Res Publica literaria, die Institutionen der Gelehrsamkeit in der frühen Neuzeit, Herausgegeben von Sebastian Neumeister und Conrad Wiedemann, Wiesbaden, Otto Harrassowitz, 1987, 2 vol.

ROSSI (Paolo), *Les Philosophes et les machines 1400-1700,* Paris, PUF, 1996 (1re éd : Milano, 1962).（伊藤和行訳『哲学者と機械：近代初期における科学・技術・哲学』学術書房，1989 年）

Id., « Sulle origini dell'idea di progresso », dans *Immagini della scienza,* Roma, Editori Riuniti, 1977, pp. 15-69.

SCHNEIDER (Gerhard), *Der Libertin: zur Geistes- und Sozialgeschichte des Bürgertums im 16.*

und 17. Jahrhundert, Stuttgart, Metzler, 1970.

SHAPIN (Steven) et SHAFFER (Simon), *Léviathan et la pompe à air. Hobbes et Boyle entre science et politique,* Paris, La Découverte, 1993 (1re éd.: Princeton, 1985).

Storia delle storie generali della filosofia, a cura di Giovanni Santinello, Brescia, La Scuola, puis, Antenore, 1979-1988, 4 vol.

Tous les savoirs du monde. Encyclopédies et bibliothèques de Sumer à Internet, sous la directionde Roland Schaer, Paris, Bibliothèque nationale de France, Flammarion, 1996.

VASOLI (Cesare), *I: Enciclopedismo del Seicento,* Napoli, Bibliopolis, 1978.

WEBSTER (Charles), *From Paracelsus to Newton. Magic and the Making of Modern Science,* Cambridge University Press, 1984.

WEISS (Roberto), *The Renaissance Discovery of Classical Antiquity,* Oxford, Blackwell, 1988(1re éd.: 1969).

WESTFALL (Richard S.), *The Construction of Modern Science. Mechanisms and Mechanics,* Cambridge University Press, 1977 (1re éd.: 1971).

WOOLF (Harry), *The Transits of Venus. A Study of Eighteenth Century Science,* Princeton University Press, 1959.

国別モノグラフィー

BÉNICHOU (Paul), *Le Sacre de l'écrivain, 1750-1830. Essai sur l'avènement d'un pouvoir laïque dans la France moderne,* Paris, Gallimard, 1996 (1re éd.: 1973).

BIETENHOLZ (Peter G.), *Basle and France in the Sixteenth Century: the Basle Humanists in their Contacts with Francophone Culture,* Genève, Droz, 1971.

CÂNDEA (Vrrgil), « Les intellectuels du Sud-Est européen au XVIIIe siècle », dans *Revue des études du Sud-Est européen,* 8 (1970), pp. 181-230 et pp. 623-668.

DIBON (Paul), *Regards sur la Hollande du siècle d'or,* Napoli, Vivarium, 1990.

DOUGLAS (David C.), *English Scholars,* London, J. Cape, 1943 (1re éd.: 1939).

EVANS (Robert J. W.), *Rudolf II and his World, a Study in Intellectual History, 1576-1612,* Oxford, Clarendon Press, 1984 (1re éd.: 1973).

FRÄNGSMYR (Tore), « Swedish Science in the Eighteenth Century », dans *History of Science,* 12 (1974), pp. 29-42.

GARIN (Eugenio), *Scienza evita civile nel Rinascimento italiano,* Bari, Laterza, 1980.（清水純一・斎藤泰弘訳『イタリア・ルネサンスにおける市民生活と科学・魔術』岩波書店, 1975 年）

GIBBS (G. C.), « The Role of the Dutch Republic as the Intellectual Entrepôt of Europe in the Seventeenth and Eighteenth Centuries », dans *Bijdragen en Mededelingen betreffendede Geschiedenis der Nederlanden,* 86 (1971), pp. 323-349.

GOODMAN (Dena), *The Republic of Letters. A Cultural History of the French Enlightenment,* Ithaca, London, Cornell University Press, 1994.

GRAFI'ON (Anthony), « The World of Polyhistors: Humanism and Encyclopedism », dans *Central European History,* 18 (1985), pp. 31-47.

HUFBAUER (Karl), *The Formation of the German Chemical Community (1720-1795),* Berkeley, Los Angeles, University of California Press, 1982.

HUNTER (Michael), *Science and Society in Restoration England,* Cambridge University Press, 1981.

Intellectuels français, intellectuels hongrois, XIIIe-Xx^e^ siècles, volume publié sous la diréction de Jacques Le Goff et Béla Kôpeczi, Budapest, Akadémiai Kiado; Paris, CNRS, 1985.

KÜHLMANN (Wilhelm), *Gelehrtenrepublik und Fürstenstaat,* Tübingen, Max Niemeyer Verlag, 1982.

LEVINE (Joseph M.), *The Battle of the Books. History and Literature in the Augustean Age,* Ithaca, Cornell University Press, 1991.

Id., Dr Woodward's Shield. History, Science and Satire in England, Berkeley, Los Angeles, University of California Press, 1977.

Id., Humanism and History. Origins of Modern English Historiography, Ithaca, Cornell University Press, 1987.

LOPEZ PIÑERO (José Maria), *La introduccion de la ciencia moderna en España,* Barcelona, Ariel, 1969.

MARKER (Gary), *Publishing, Printing and the Origins of Intellectual Life in Russia, 1700-1800,* Princeton University Press, 1985.

Nouvelles de la République des Lettres, 1986, Il, numéro consacré à la Suède (notamment articles de Gunnar Erikson, « La percée des sciences de la nature en Suède au XVIIIe siècle. Sa signification et son impact »; Tore Frangsmyr, « *I.:* activité scientifique en Suèdeau XVIIIe siècle dans son contexte international »).

PINTARD (René), *Le Libertinage érudit dans la première moitié du XVIIe siècle,* Genève, Paris, Slatkine, 1983 (1re éd.: Paris, 1943).

PIPPIDI (Andrei), *Hommes et idées du Sud-Est européen à l'aube de l'âge moderne,* Bucuresti, Editura Academiei; Paris, Éditions du CNRS, 1980.

PORTER (Roy S.), « Science, Provincial Culture and Public Opinion in Enlightenment England », dans *British Journal for Eighteenth-Century Studies,* 3 (1980), pp. 20-46.

SEGEL (Harold), *Renaissance Culture in Poland. The Rise of Humanism,1470-1543,* Ithaca, Cornell University Press, 1989.

SHAPIN (Steven), *The Social History of Truth. Civility and Science in Seventeenth-Century England,* Chicago, London, University of Chicago Press, 1994.

STEARNS (Raymond P.), *Science in the British Colonies of America,* Urbana, Chicago, London, University of Illinois Press, 1970.

STEWART (Larry), *The Rise of Public Science. Rhetoric, Technology and Natural Philosophyin Newtonian Britain,* Cambridge University Press, 1992.

STRUICK (Dirk J.), *The Land of Stevins and Huygens. A Sketch of Science and Technology in the Dutch Republic during the Golden Century,* Dordrecht, Boston, London, D. Reidel,1981 (1re éd.: 1958).

TEICH (Mikulàs), « Bohemia: from Darkness into Light », dans *The Enlightenment in Context.* Edited by Ray Porter and Mikulàs Teich, Cambridge University Press, 1981, pp.141-163.

TRUNZ (Erich), « Der Deutsche Spathumanismus ais Standeskultur um 1600 », dans *Deutsche Barockforschung. Dokumentation einer Epoche.* Ed.R.von Alewyn, Kôln,Berlin, Kiepenheuer & Witsch, 1965.

ULTEE (Maarten), « The Place of the Dutch Republic in the Republic of Letters of the Late Seventeenth Century », dans *Dutch Crossing: a Journal of Law Countries Studies, 31* (1987), pp. 54-78.

VUCINICH (Alexander), *Science in Russian Culture. A History to 1860,* Stanford University Press, 1963.

WAQUET (Françoise), *Le Modèle frànçais et l'Italie savante. Conscience de soi et perception de l'autre dans la République des Lettres, 1660-1750,* Rome, École française de Rome, 1989.

WARNER (Michael), *The Letters of the Republic. Publication and the Public Sphere in Eighteenth-Century America,* Cambridge (Mass.), Harvard University Press, 1990.

WEBSTER (Charles), *The Great Instauration: Science, Medicine and Reform,* London, G. Duckworth, 1975.

4. 学者の世界

「知識界」

L'Age d'or du mécénat (1598-1661). Actes du colloque international CNRS (mars 1983). Le mécénat en France avant Colbert, Paris, CNRS, 1985.

ASOR ROSA (Alberto), « lntellettuali », dans *Enciclopedia,* Torino, Einaudi, 1979, VI, pp. 801-827.

BATTAIL (Jean-François), « Érudits à la cour de Suède », dans *Nouvelles de la République des Lettres,* 1991/1, pp. 15-28.

CHARLE (Christophe), *Naissance des intellectuels, 1880-1900,* Paris, Éditions de Minuit, 1990.（白鳥義彦訳『「知識人」の誕生 1880-1900』藤原書店，2006 年）

COUTON (Georges), « Effort publicitaire etorganisation de la recherche: les gratifications aux gens de lettres sous Louis XIV », dans *Le XVIIe siècle et la recherche. Actes du 6e colloque de Marseille.* Marseille, Centre méridional de rencontres sur le XVIIe siècle, 1976, pp. 41-55.

DARNTON (Robert), « Dans la France pré-révolutionnaire: des philosophes des Lumièresaux "Rousseau des ruisseaux" », dans *Bohème littéraire et révolution. Le monde des livres au XVIIIe siècle,* Paris, Éditions du Seuil, 1983, pp. 7-41.（関根素子・二宮宏之訳『革命前

夜の地下出版』岩波書店，1994 年所収「第 1 章　革命前夜の政治と文学――啓蒙の思想から「どぶ川のルソー」まで」)

DURANTON (Henri), « Le métier d'historien au XVIIIe siècle », dans, *Revue d'histoire moderne et contemporaine,* 23 (1976), pp. 481-500.

FERRONE (Vincenzo) et ROSSI (Paolo), *Lo scienziato nell'età moderna,* Bari, Laterza, 1994.

HALL (A. Rupert), *Philosophers at War. The Quarrel between Newton and Leibniz,* Cambridge University Press, 1980.

HARRIS HARBISON (Elmore), *The Christian Scholar in the Age of the Reformation,* New York, Scribner, 1956.

JOUVENEL (Bertrand de), « The Republic of Science », dans *The Logic of Personal Knowledge. Essays presented to Michael Polanyi ...*, London, Routledge & Kegan Paul, 1961, pp. 131-141.

LE GOFF (Jacques), *Les Intellectuels au Moyen Âge,* Paris, Éditions du Seuil, 1957.（柏木英彦・三上朝造訳『中世の知識人――アベラールからエラスムスへ』岩波書店，1977 年）

MANDROU (Robert), *Des humanistes aux hommes de science (XVIe-XVIIe siècles),* Paris, Éditions du Seuil, 1973.

MASSEAU (Didier), *L'Invention de l'intellectuel dans l'Europe du XVIIIe siècle,* Paris, PUF, 1994.

NISARD (Charles), *Les Gladiateurs de la République des Lettres aux XVe, XVIe, XVIIe, siècles,* Paris, Michel Lévy, 1859-1860, 2 vol.

Patronage and Institutions. Science, Technology and Medicine at the European Court, 1500-1750, Ed. Bruce T. Moran, Rochester, Boydell Press, 1991.

Renaissance and Revolution. Humanists, Scholars, Craftsmen and Natural Philosophers in Barly Modern Europe, edited by J. V. Field and Frank James, Cambridge University Press,1994.

ROCHE (Daniel), *Les Républicains des Lettres. Gens de culture et Lumières au XVIIIe siècle,* Paris, Fayard, 1988.

ROSSI (Paolo), « L'eguaglianza delle intelligenze », dans *Immagini della scienza,* Roma,Editori Riuniti, 1977,pp. 71-107.

WALTER (Éric), « Le complexe d'Abélard ou le célibat des gens de lettres », dans *Dix-huitième siècle,* 12 (1980), pp. 127-152.

Id., « Sur l'intelligentsia des Lumières », dans *Dix-huitième siècle,* 5 (1973), pp. 173-201.

WAQUET (Françoise), « Les savants face à leurs portraits », dans *Nouvelles de l'estampe,* 117 (juillet-amît 1991), pp. 22-28.

女流学者

Voir, outre la 6e partie « Die gelehrte Frau im 17. Jahrhundert » de l'ouvrage collectif *Res Publica Literaria ... ,* cité *supra:*

Beyond their Sex. Learned Women of the European Past, edited by Patricia H. Labalme,

NewYork, London, New York University Press, 1984 (1re éd.: 1980).
GOODMAN (Dena), « Governing the Republic of Letters: the Politics of Culture in the French Enlightenment », dans *History of European Ideas,* 13 (1991), pp. 183-199 (sur les « salonnières »).
A History of Women Philosophers, volume 3. 1600-1900, edited by Mary Ellen Waithe, Dordrecht, Boston, London, Kluwer Academie Publishers, 1991.
MEYER (Gerald Dennis), *The Scientific Lady in England. 1650-1760. An Account of her Rise, with Emphasis on the Major Roles of Telescope and Microscope,* Berkeley, Los Angeles, University of Califomia Press, 1955.
VAN DIJK (Suzanna), *Traces de femmes. Présence féminine dans le journalisme français du XVIIIe siècle,* Amsterdam, Maarssen, APA-Holland University Press, 1988.

個別研究書２点

AKERMANN (Susanna), *Queen Christine of Sweden and Her Circle: the Transformation of a 17th-Century Philosophical Libertine,* Leiden, Brill, 1991.
SANTANGEW (Giovanni Saverio), *Madame Dacier, una filologa nella « crisi » (1672-1720),* Roma, Bulzoni, 1984.

子どもの学者

WAQUET (Françoise), « "L'histoire merveilleuse d'un enfant précocement savant": Jean Philippe Baratier », dans *Revue de la Bibliothèque nationale,* 47 (printemps 1993), pp. 2-7.
Ead., « "Puer doctus': les enfants savants de la République des Lettres », dans *Le Printemps des génies. Les enfants prodiges,* édité par Michèle Sacquin, Paris, Bibliothèque nationale, Robert Laffont, 1993, pp. 88-99.

伝記（人名ＡＢＣ順）

STEGEMAN (Saskia), *Patronage en Dienstverlening. Het netwerk van Theodorus Janssonius van Almeloveen (1657-1712) in de Republielé der Lettern,* Nijmegen, s.e., 1996.
Essential Articles for the Study of Francis Bacon, edited by Brian Vickers, London, Sidgwick & Jackson, 1971.
WORMALD (B.H.G.), *Francis Bacon. History, Politics and Science, 1561-1626,* Cambridge University Press, 1993.
CERNY (Gerald), *Theology, Politics and Letters at the Crossroads of European Civilization: Jacques Basnage de Beauval and the Baylean Huguenot Refugees in the Dutch Republic,* Dordrecht, Nijhoff, 1987.
LABROUSSE (Élisabeth), *Pierre Bayle.* 1. *Du pays de Foix à la cité d'Érasme.* 2. *Hétérodoxie et rigorisme,*La Haye, Nijhoff, 1964, 2 vol.
DOUCETTE (LéonardE.), *Émery Bigot, Seventeenth Century French Humanist,* Toronto

University Press, 1970.

LINDEBOOM (Gerrit A.), *Herman Boerhaave. The Man and His Work,* London, Methuen,1968.

NELLEN (Henk), *Ismaël Boulliau (1605-1694). Astronome, épistolier, nouvelliste et intermédiaire scientifique. Ses rapports avec les milieux du « libertinage érudit »,* Amsterdam, Maarssen, APA-Holland University Press, 1994.

Robert Boyle Reconsidered, edited by Michael Hunter, Cambridge University Press, 1994.

PANEK (Jaroslav), *Comenius: la voie d'un penseur tchèque vers la réforme universelle d'affaires humaines,* Prague, Institut de l'histoire de l'Académie tchécoslovaque des sciences, 1990.

The Teacher of Nations ... Comenius, 1641-1941 ... , Cambridge University Press, 1942.

BAKER (Keith M.), *Condorcet. Raison et politique,* Paris, Hermann, 1988 (1re éd.: Chicago, 1975).

HALKIN (LéonE.), *Érasme parmi nous,* Paris, Fayard, 1987.

JARDINE (Lisa), *Erasmus, Man of letters: the Construction of Charisma in Print,* Princeton University Press, 1993.

SCHOECK (Richard J.), *Erasmus of Europe.* 1. *The Making of a Humanist, 1467-1500.* 2. *The Prince of Humanists, 1501-1536,* Edinburgh University Press, 1990-1993.

GAQUÈRE (François), *La Vie et les oeuvres de Claude Fleury (1640-1723),* Paris, Gigord, 1925.

GEYMONAT (Ludovico), *Galilée,* Paris, Éditions du Seuil, 1992 (1re éd.: Torino, 1957).

REDONDI (Pietro), *Galilée hérétique,* Paris, Gallimard, 1985 (1re éd.: Torino, 1983).

SERRAI (Alfredo), *Conrad Gesner. Con una bibliogra.fia delle opere ... ,* Roma, Bulzoni, 1991.

NELLEN (Henk), *Hugo de Groot (1583-1645). De loopbaan van een geleerd staatsman,* Weesp, Heureka, 1985.

Hugo Grotius Theologian. Essays in Honour of G. H. *M. Posthumus Meyjes,* ed. Henk Nellen & Edwin Rabbie, Leiden, Brill, 1994.

RANGEON (François), *Hobbes. État et droit,* Paris, Albin Michel, 1982.

Studies on Christiaan Huygens ... Papers from the Symposium ... Amsterdam, 22-25 August 1979, Lisse, Swets &Zitlinger B. V., 1980.

BOTS (Hans), « De kosmopoliet en virtuoos Constantijn Huygens in geletterd Europa », dans *Veelzijdigheid als Levensvorm. Facetten van Constantijn Huygens's leven en, werk,* éd. A. Th. van Deursen et autres, Deventer, Sub Rosa, 1987, pp. 9-19.

BARNES (Annie), *Jean Le Clerc (1657-1736) et la République des Lettres,* Paris, Droz, 1938.

PITASSI (Maria Cristina), *Entre croire et savoir. Le problème de la critique chez Jean Le Clerc,* Leiden, Brill, 1987.

MEYER (Rudolf W.), *Leibniz and the Seventeenth-Century Revolution,* London, Bowes and Bowes, 1952 (1re éd. : Hamburg, 1948).

NEVEU (Bruno), *Un historien à l'école de Port-Royal. Sébastien Le Nain de Tillemont, 1637-1698,* La Haye, Nijhoff, 1966.

Linnaeus. The Man and his Works, ed. Tore Frangsmyr, University of California Press, 1983.

LECLERCQ (Henri), *Mabillon,* Paris, Letouzey & Ané, 1953-1957, 2 vol.

LENOBLE (Robert), *Mersenne ou la naissance du mécanisme,* Paris, Vrin, 1953.

BERTELLI (Sergio), *Erudizione e storia in L.A. Muratori,* Napoli, Istituto italiano per gli studi storici, 1960.

SORBELLI (Tommaso), « Repertorio-indice degli atti notarili stipulati da Lodovico Antonio Muratori, 1689-1750 », dans *Atti e memorie della deputazione di storia patria perle antiche provincie modenesi,* 1961, pp. 197-236.

WESTFALL (Richard S.), *Newton, 1642-1727,* Paris, Flammarion, 1994 (1re éd.: Cambridge, 1980).

Peiresc ou la passion de connaître, textes réunis sous la direction d'Anne Reinhold, Paris, Vrin, 1990.

DOTTI (Ugo), *Vita di Petrarca,* Bari, Laterza, 1987.

GRAFTON (Anthony), *Joseph Scaliger. A Study in the History of Classical Scholarship.I. Textual Criticism and Exegesis. II. Historical Chronology,* Oxford, Clarendon Press, 1983-1993.

Voltaire en son temps, sous la direction de René Pomeau, Oxford, Voltaire Foundation, 1985-1994, 5 vol.

RADEMAIOER (Comelis S. N.), *Life and Work of Gerardus Vossius (1577-1649),* Assen, Van Gorcum, 1981.

5.「学問の共和国」の背景と形態

このテーマに関する文献は豊富であり，個別問題を扱った研究もおびただしい数に上る。そこでここではまず全般的な著作をあげたのち，重要と思われるモノグラフィを＊後に例示するにとどめる。

印刷術と「書籍商」

BALSAMO (Luigi), *La bibliografia. Storia di una tradizione,* Firenze, Sansoni, 1984.

CHARTIER (Roger), *L'Ordre des livres: lecteurs, auteurs, bibliothèques en Europe entre XIVe Et XVIIIe siècles,* Paris, Alinea, 1992.

EISENSTEIN (Elizabeth), *The Printing Press as an Agent of Change: Communications and Cultural Transformations in Early Modern Europe,* Cambridge University Press, 1985 (1re éd.: 1979).

FEBVRE (Lucien) et MARTIN(Henri-Jean), *L'Apparition du livre,* Paris, Albin Michel, 1971 (1re éd.: 1958).

＊

Books and their Readers in Eighteenth-Century England, edited by Isabel Rivers, New York, Leicester University Press, 1982.

COCHETTI (Maria), *Repertori bibliografici del Cinquecento,* Roma, Bulzoni, 1987.

De bonne main. La Communication manuscrite au XVII~ *siècle,* édité par François Moureau, Paris, Universitas; Oxford, Voltaire Foundation, 1993.

EVANS (Robert J. W.), *The Wechel Presses: Humanism and Calvinism in Central Europe, 1527-1627,* Oxford, Past and Present, 1975.

Histoire de l'édition française, sous la direction de Roger Chartier et de Henri-Jean Martin. Tome 1. *Le Livre conquérant, du Moyen Age au milieu du XVII*[e] *siècle.* Tome II. *Le Livre triomphant, 1660-1830,* Paris, Promodis, 1982-1984.

LANKHORST (Otto S.), *Reinier Leers, uitgever en boekverkoper te Rotterdam (1654-1714),* Amsterdam & Maarssen, APA-Holland University Press, 1983.

LOUGH(John), *The « Encyclopédie »,* New York, McKay, 1972.

Le Magasin de l'Univers. The Dutch Republic as the Centre of the European Book Trade, edited by C. Berkvens-Stevelinck, H. Bots, P. G. Hoftijzer and O. S. Lankhorst, Leiden, E. J. Brill, 1992.

LOWRY (Martin), *Le Monde d'Alde Manuce: imprimeurs, hommes d'affaires et intellectuels dans la Venise de la Renaissance,* Paris, Promodis, 1989 (1re éd.: Ithaca, Cornell University Press, 1979).

MCKITTERICK (David), *A History of Cambridge University Press. Volume 1. Printing and the Book Trade in Cambridge, 1534-1698,* Cambridge University Press, 1992.

MARTIN (Henri-Jean), *Livre, pouvoirs et société à Paris au XVII*[e] *siècle (1598-1701),* Genève, Droz, 1969, 2 vol.

Notable Encyclopedias of the Seventeenth and Eighteenth Centuries: Nine Predecessors of the « Encyclopédie », edited by Frank Kafker, *Studies on Voltaire and the Eighteenth Century,* 194 (1981).

Notable Encyclopedias of the Late Eighteenth Centuries: Eleven Successors of the « Encyclopédie », edited by Frank Kafker, *Studies on Voltaire and the Eighteenth Century,* 315 (1994).

Produzione e commercio della carta e del libro, secc. XIII-XVIII a cura di Simonetta Cavaciocchi, Firenze, Le Monnier, 1992 (articles de F. Waquet sur les souscriptions; de R. Wittmann sur la production allemande aux *XVII* [e] et *XVIII*[e] siècles).

SCHONEVELD (Cornelius W.), *Intertraffic of the Mind: Studies in Seventeenth Century Anglo-Dutch Translation,* Leiden, Brill, 1983.

VAN EEGHEN (Isabelle H.), *De Amsterdamse Boekhandel 1680-1725,* Amsterdam, N. Israël, 1960-1978, 5 vol.

WALTHER (Karl Klaus), « Die Firma Pierre Marteau alias Peter Hammer », dans *Der Zensur zum Trotz. Das gefesselte Wort und die Freiheit in Europa,* Ausstellungskatalog der Herzog Augustbibliothek, no 64, Wolfenbüttel, 1991.

WAQUET (Françoise), « I letterati-editori: produzione, finanziamento e commercio del libro erudito in Italia e in Europa (XVII-XVIII secolo) », dans *Quaderni storici,* 72 (1989), pp.

821-838.

*

このほか検閲については，前記 CommerciumLitterarium 所収の Mario Infelise と Simon Groenveld の論文，および前記 l'Histoire de l'édition française,II 所収の Daniel Roche の論文を参照。

VAN GELDER (H. A. Enno), *Getemperde Vrijheid. Ben verhandeling over de verhouding vankerk en staat in de Republiek der Verenigde Nederlanden,* Groningen, Wolters-Noordhoff, 1972, chapitre VI.

書 簡

AMMERMANN (Monika), « Gelehrten-Briefe des 17. und frühen 18. Jahrhunderts », dans *Wolfenbütteler Schriften zur Geschichte des Buchwesens,* 9 (1983), pp. 81-96.

CONSTABLE (Giles), *Letters and Letter- Collections,* Turnhout, Brepols, 1976.

Les Correspondances franco-étrangères au XVIIe siècle, n° 178 (1993) de *XVIIe siècle* (articles de Hans Bots, « Éditions de correspondances aux XIXe et x: xe siècles. Méthodes et stratégies »; Henk Nellen, « La correspondance savante au XVIIe siècle » ; Françoise Waquet,« Les éditions de correspondances savantes et les idéaux de la République des Lettres »; Ruth Whelan, « République des Lettres et littérature: le jeune Bayle épistolier »).

DIBON (Paul), « Communication épistolaire et mouvement des idées au XVIIe siècle » ; «Leséchanges épistolaires dans l'Europe savante XVIIe siècle », dans *Regards sur la Hollande du siècle d'or.*

POMIAN (Krzysztof), « De la lettre au périodique: la circulation des informations dans les milieux des historiens XVIIe siècle », dans *Organon,* 10 (1974), pp. 25-43.

ULTEE (Maarten), « The Republic of Lettres: Learned Correspondence, 1680-1720 », dans *The Seventeenth Century,* 2 (1987), pp. 95-112.

WAQUET (Françoise), « De la lettre érudite au périodique savant: les faux semblants d'une mutation intellectuelle », dans *XVIIe siècle,* 35 (1983), pp. 347-359.

*

書簡集成（学者名の ABC 順）

Die Amerbachkorrespondenz ... herausgegeben von Alfred Hartmann, Basel, Verlag der Universitiitsbibliothek, 1942-1991, 10 vol.

GIGAS (Émile), *Lettres inédites de divers savants de la fin du XVIIe siècle et du commencement du XVIIIe siècle.* 1. *Correspondance de Pierre Bayle.* II. *Lettres écrites àPierre Bayle,* Copenhague, Gad, 1890.

Der Briefwechsel von Johann Bernoulli, Basel, Birkhauser, 1955-1988, 2 vol.

Correspondance littéraire du Président Bouhier [publiée par Henri Duran ton et autres], Saint-Étienne, Presses de l'Université de Saint·Étienne, 1974-1988, 14 vol.

Lettres de Jean Chapelain ... , publiées par Philippe Tamizey de Larroque, Paris, Imprimerie nationale, 1880-1883, 2 vol.

Descartes (René). Correspondance, dans *OEuvres,* publiées par Charles Adam et Paul Tannery. Nouvelle présentation, Paris, Vrin, 1974, tomes 1-V et X.

Correspondance de Jacques Dupuy et de Nicolas Heinsius (1646-1659), publiée par HansBots, La Haye, Nijhoff, 1971.

Opus epistolarum Des. Erasmi, ed. P. S. Allen, Oxford University Press, 1904-1958, 12 vol.

Briefwisseling van Hugo Grotius, uitgegeven door P. C. Molhuysen et autres.'s-Gravenhage, Nijhoff, 1928-... (en cours), 15 vol. publiés.

Huygens (Christiaan). Correspondance, dans *OEuvres complètes,* publiées par la société hollandaise des sciences, La Haye, Nijhoff, 1888-1905, 10 vol.

Jean Le Clerc. Epistolario, a cura di Maria Grazia e Mario Sina, Firenze, Olschki, 1987-...(en cours), 3 vol. publiés.

G. *W. Leibniz siimtliche Schriften und Briefe,* Berlin [divers éditeurs], 1923-... (en cours).

Marin Mersenne. Correspondance [publiée par Cornelis de Waard, puis Armand Beaulieu], Paris, CNRS, 1945-1986, 16 vol.

Edizione nazionale del carteggio di L. A. Muratori ... , Firenze, Olschki, 1975-... (en cours), 10 vol. publiés.

Caillemer (Exupère), *Lettres de divers savants à l'abbé Claude Nicaise,* Lyon, Association typographique, 1885.

Correspondence of Henry Oldenburg, edited and translated by A. Rupert Hall and Marie Boas Hall, Madison, Milwaukee, London, University of Wisconsin Press, 1965-1986, 12 vol.

Correspondance de Peiresc et Aleandro. 1. *1616-1618.* 2. *1619-1620.* Édition et commentaire par Jean-François Lhotte et Danielle Joyal, Clermont-Ferrand, Adosa, 1995, 2 vol.

Lettres de Peiresc aux frères Dupuy, publiées par Philippe Tarn.izey de Larroque, Paris, Imprimerie nationale, 1888-1892, 3 vol.

Peiresc. Lettres à Naudé (1629-1637), éditées et commentées par Phillip Wolfe, Paris,Seattle, Tübingen, Papers on French Seventeenth Century Literature, 1983.

Peiresc. Lettres à Claude Saumaise et à son entourage (1620-1637), éditées par Agnès Bresson, Firenze, Olschki, 1992.

Bots (Hans) et Leroy (Pierre), *Correspondance intégrale d'André Rivet et de Claude Sarrau,* Amsterdam, APA-Rolland University Press, 1978-1982, 3 vol.

The Letters of Jan Swammerdam to Melchisedech Thévenot, edited by G. A. Lindeboom, Amsterdam, Swets & Zeitlinger, 1975.

Voltaire, Correspondence and Related Documents. Definitive Edition by Theodore Bersterman, Genève, Institut et Musée Voltaire, Toronto University Press; puis Oxford, Voltaire Foundation, 1968-1977, 51 vol.

新 聞

Dictionnaire des journaux, 1600-1689, sous la direction de Jean Sgard, Paris, Universitas, 1991.

La Diffusion et la lecture des journaux de langue française sous l'Ancien Régime, vingt-deux conférences publiées par Hans Bots, Amsterdam, Maarssen, APA-Holland University Press, 1988.

Le Journalisme d'Ancien Régime. Questions et propositions. Table ronde CNRS, 12-13 juin 1981, Lyon, Presses universitaires de Lyon, 1982.

KRONICK (David A.), *A History of Scientific and Technical Periodicals. The Origins and Development of the Scientific and Technical Press, 1665-1790,* Metuchen, Scarecrow Press, 1976 (1re éd.: 1962).

*

ALMAGOR (Joseph), *Pierre Des Maizeaux (1673-1745), Journalist and English Correspondent for Franco-Dutch Periodicals, 1700-1720,* Amsterdam, Maarssen, APA-Holland University Press, 1989.

BOTS (Hans), *Henri Basnage de Beauval en de Histoire des Ouvrages des Savants, 1687-1709. Verkenningen binnen de Republiek der Letteren aan de vooravond van de verlichting,* Amsterdam, Rolland Universiteits Pers, 1976,2 vol.

LAEVEN (Hubertus), *The « Acta eruditorum » under the Editorship of Otto Mencke. The History of an Internationa Learned Journal between 1682 and 1707,* Amsterdam, Maarssen, APA-Holland University Press, 1990.

LAGARRIGUE (Bruno), *Un temple de la culture européenne (1728-1753). L'histoire externe de la Bibliothèque Raisonnée des Ouvrages des Savants de l'Europe,* Nimègue, s.e.,1993.

RICUPERATI (Giuseppe), « Giomali e società nell'Italia dell' "Ancien Régime" (1668-1789) », dans *Lastampa italiana dal '500 al '800,* a cura di Valerio Castronovo e Nicola Tranfaglia, Bari, Laterza, 1976, pp. 67-372.

VITTU (Jean-Pierre),« "Le peuple est fort curieux de nouvelles": l'information périodique dans la France des années 1690 », dans *Studies on Voltaire and the Eighteenth Century,* 320 (1994), pp. 105-144.

大 学

A History of the University in Europe. Vol. 2. *Universities in Barly Modern Europe, 1500-1800,* edited by Hilde de Ridder-Symoens, Cambridge University Press, 1995.

Les Universités européennes du XVIe au XVIIIe siècle, études rassemblées par Dominique Julia, Jacques Revel et Roger Chartier, Paris, Éditions de l'École des Hautes Études ensciences sociales, 1986-1989,2 vol.

*

BOTS (Hans), MATTHEY (Ignaz) et MEYER (Mathias), *Noordbrabantse studenten, 1550-1750,* Tilburg, Stichting Zuidelijk Historisch Contact, 1979.

BROCKLISS (Lawrence W. B.), *French Higher Education in the Seventeenth and Eighteenth Centuries: a Cultural History,* Oxford, Clarendon Press, 1987.

EVANS (Robert J. W.), « German Universities after the ThirtyYears War », dans *History of Universities,* 1 (1981), pp. 169-190.

FRANGSMYR (Tore), « The Swedish University Tradition », dans *Nouvelles de la République des Lettres,* 1988/2, pp. 103-121.

Leiden University in the Seventeenth Century. An Exchange of Learning, edited by Th. H. Lusingh Scheurleer and G. H. M. Posthumus Meyjes, Leiden, Universitaire Pers Leiden, E. J. Brill, 1975.

MCCLELLAND (James), *State, Society and University in Germany,*1700-1914, Cambridge University Press, 1980.

TWIGG (John), *The University of Cambridge and the English Revolution, 1625-1688,* Woodbridge, Boydell & Brewer, 1991.

Università, accademie e società scientifiche in Italia e in Germania dal Cinquecento al Settecento, a cura di Letizia Boehme Ezio Raimondi, Bologna, Il Mulino, 1981.

アカデミーと学術協会

Der Akademiegedanke im 17. und 18. Jahrhundert, Herausgegeben von Fritz Hartmannund Rufolf Vierhaus, Bremen, Wolfenbüttel, Jacobi Verlag, 1977.

Europiiische Sozietiitsbewegung und demokratische Tradition. Die europiiischen Akademien der Frühen Neuzeit zwischen Frührenaissance und Spiitaufkliirung, Herausgegeben von Klaus Garber und Heinz Wismann, Tübingen, Max Niemeyer Verlag, 1996, 2 vol.

MC CLELLAN (James E.), « L'Europe des académies », dans *Dix-huitième siècle,* 25 (1993),pp. 153-165.

MCCLELLAN (James E.), *Science Reorganized: Scientific Societies in the Eighteenth Century,* New York, Columbia University Press, 1985.

*

BALDINI (Ugo) et BESANA (Luigi), « Organizzazione e funzione delle accademie », dans *Storia d'Italia. Annali. III,* Torino, Einaudi, 1980, pp. 1307-1333.

EVANS (Robert J. W.),« Learned Societies in Germany in the Seventeenth Century », dans *European Studies Review,* 7 (1977), p. 129-151.

HAHN (Roger), *L'Anatomie d'une institution scientifique. L'Académie des sciences de Paris,1666-1803,* Bruxelles, Éditions des archives contemporaines, 1993 (1re éd.: University of California Press, 1971).

HUNTER (Michael), *Establishing the New Science: The Experience of the Barly Royal Society,* Wolfeboro, Boydell Press, 1989.

LAMOINE (Georges), « L'Europe de l'esprit ou la Royal Society de Londres », dans *Dix-huitième siècle,* 25 (1993), pp. 167-197.

Middleton (William Edgar Knowles), *The Experimenters. A Study of the Accademia del Cimento,* Baltimore, Johns Hopkins Press, 1971.

Lowood (Henry E.), *Patriotism, Profit and the Promotion of Science in the German Enlightenment. The Economie and Scientific Societies, 1760-1815,* New York, Garland,1991.

Mijnhardt (Wijnand W.), *Tot Heil van 't Menschdom. Culturele genootschappen in Nederland, 1750-1815,* Amsterdam, Rodopi, 1987.

ROCHE (Daniel), *Le Siècle des Lumières en province. Académies et académiciens provinciaux, 1680-1789,* La Haye, Mouton, 1978, 2 vol.

Stroup (Alice), *A Company of Scientists. Botany, Patronage and Community at the Seventeenth-Century Parisian Royal Academy of Sciences,* Berkeley, Los Angeles, Oxford, University of California Press, 1990.

旅　行

Bots (Hans) et FRIJHOFF (Willem), « Academiereis of educatiereis? Noordbrabantse studenten in het buitenland, 1550-1750 », dans *Batavia Academica. Bulletin van de Nederlandse Werkgroep Universiteitsgeschiedenis,* 1 (1983), pp. 13-30.

Dibon (Paul), « Le voyage en France des étudiants néerlandais au XVIIe siècle », dans *Regards sur la Hollande du siècle d'or,* cité *supra.*

Dibon (Paul) et Waquet (Françoise), *Johannes Fredericus Gronovius, pèlerin de la République des Lettres. Recherches sur le voyage savant au XVIIe siècle,* Genève, Droz, 1984.

Frijhoff (Willem), « La circulation des hommes de savoir: pôles, institutions, flux, Volumes », dans Commercium litterarium, cité supra.

Julia (Dominique) et REVEL (Jacques), « Les pérégrinations académiques, XVIe-XVIIIe Siècles », dans *Les Universités européennes du XVIe au XVIIIe siècle,* II, cité *supra.*

Robinet (André), G. *W. Leibniz. Iter italicum, mars 1689-mars 1690. La dynamique de la République des Lettres, nombreux textes inédits,* Firenze, Olschki, 1988.

図書館

Balayé (Simone), *La Bibliothèque nationale, des origines à 1800,* Genève, Droz, 1988.

Bottasso (Enzo), *Storia della biblioteca in Italia,* Milano, Editrice bibliografica, 1984.*Bücher und Bibliotheken im 17.]ahrhundert in Deutschland,* Herausgegeben von Paul Raabe, Stuttgart, E. Hauswedell & Co., 1980.

Histoire des bibliothèques françaises. Les Bibliothèques de l'Ancien Régime, 1530-1789, sousla direction de Claude Joly, Paris, Promodis, 1988.

Marion (Michel), *Recherches sur les bibliothèques privées à Paris au milieu du XVIIIe siècle,* Paris, Bibliothèque nationale, 1978.

Le Pouvoir des bibliothèques, édité par Marc Baratin et Christian Jacob, Paris, Albin Michel,

1996.

コレクション

Findlen (Paula), *Possessing Nature. Museums, Collecting and Scientific Culture in Barly Modern Italy,* Berkeley, Los Angeles, London, University of Califomia Press, 1994.

The Origins of Museums. The Cabinet of Curiosities in Sixteenth and Seventeenth Century Europe, edited by Oliver lmpey and Arthur MacGregor, Oxford, Clarendon Press, 1985.

Pomian (Krzysztof), *Collectionneurs, amateurs et curieux: Paris- Venise XVI*[e]*-XVIII*[e] *siècle,* Paris, Gallimard, 1987.

Verzamelen. Van Rariteitenkabinet tot Kunstmuseum, ed. E. Bergevelt, D. J. Meijers,M. Rijnders, Heerlen, Open Universiteit, 1993.

言語（ラテン語，フランス語，普遍的言語）

Binns (James W.), *Intellectual Culture in Elizabethan and Jacobean England: the Latin Writings of the Age,* Leeds, Francis Cairns, 1990.

Brunot (Ferdinand), *Histoire de la langue française des origines à nos jours.* Tomes IV-VI, Paris, Colin, 1966 (Ire éd.: 1909-1934).

Kimminich (Eva), « Yom Gottesgeschenk zum Herrschaftsinstrument. Beobachtungen zuutopischen und Universalsprachen des 17. Jahrhunderts », dans *Zeitschrift fur franzosische Sprache und Literatur,* CIII/2 (-1993), pp. 153-164.

Knowlson (James), *Universal Language Schemes in England and France, 1600-1800,* Toronto University Press, 1975.

Sciences et langues en Europe, sous la direction de Roger Chartier et Pietro Corsi, Paris, École des Hautes Études en sciences sociales, 1996.

Slaughter (Mary N.), *Universal Languages and Scientific Taxonomy in the Seventeenth Century,* Cambridge University Press, 1982.